이 도서의 국립중앙도서관 출판시도서목록(CIP)은 e-CIP홈페이지(http://www.nl.go.kr/ecip)
에서 이용하실 수 있습니다. (CIP제어번호: 2009002364)

한국사회운동론

백욱인 지음

한울
아카데미

서문

이 책은 필자가 그동안 발표했던 도시사회운동론, 민중론, 시민운동론, 네트워크 사회운동론, 사이버 스페이스 대중운동 등을 모아 한 권으로 엮은 것이다. 1980년대 중반에서 2008년에 이르는 시기 동안 사회운동(론)의 흐름이 어떻게 진행되었는가를 필자의 관련 논문을 중심으로 편집했다. 이 글들을 쓴 시기는 1980년대 후반에서 2008년 촛불시위에 이르기까지 20여 년에 걸쳐 있다.

현실의 문제점을 시의적절하게 파악하여 적극적으로 대응하는 것이 사회과학의 본분인데 기존에 쓴 글을 지금 다시 책으로 엮는 것이 무슨 의미가 있는가에 대해 처음에는 선뜻 자신이 서지 않았다. 각기 다른 시기에 쓴 글이 흩어져 있고 시기적으로 적합성을 잃은 글도 있었다. 그러나 필자에게는 본인의 작업물에 어떤 연속성이 있는지 확인할 수 있는 기회를 주고 독자에게는 한국에서 사회운동론이 어떻게 전개되었는가를 이 한 권으로 확인할 수 있는 계기가 되리라 생각하여 출판을 결정했다. 이를 위해 1980년대 이후 한국사회의 변화와 흐름을 잘 보여줄 수 있는 글을 선별하여 편집했다. 여기에 선별한 글은 1980년대 중반에서 2008년에 이르는 한국사회의 변화와 이에 대한 필자의 대응을 그 나름대로 보여주리라 생각한다.

이 글을 읽는 데 다음과 같은 점에 유의하면 좋겠다. 먼저 해당 시기의 한국사회의 성격과 사회운동론이 어떻게 조응하는가에 주목할 필요가 있다. 1980년대 한국사회는 그것을 '주변부 자본주의'로 보든 '국가독점자본주의'로 보든 축적체제상으로는 '주변부 포디즘'의 틀을 띠었다. 그러다가 1980년대 말기에는 그 나름대로 '대량생산 - 대량소비'의 축적체제를 띠게 되었다. 이 시점을 계기로 생활과 문화의 중요성이 부각되고 기존의 민중적 사회운동이 상대적으로 약화되는 현상이 나타난다. 1990년대에는 변혁지향적 민중운동이 약화되는 반면에 시민의 생활상의 요구를 결집하는 시민운동이 활성화되기 시작했다. 1980년대가 민중운동이 주도하던 시기였다면 1990년대는 시민운동이 활성화되던 시기였다고 볼 수 있다.

한편 1990년대 중반 이후에 인터넷의 활용이 대중적으로 이루어지면서 새로운 네트워크는 사회운동의 형태와 방법도 바꾸었다. 2002년 대통령 선거에서 확인된 온라인 네트워크의 힘은 이후 한국사회운동의 새로운 지평을 열었다. 특히 2008년 미국산 쇠고기 반대투쟁을 계기로 결집된 새로운 대중의 진출은 향후 사회운동의 진로에 중요한 의미를 던져준다. 이 책에 실린 도시사회운동론(1987), 민족론과 민중론(1988), 시민운동론(1989, 1993), 네트워크 사회운동론(2001, 2008)은 사회변화와 이에 대한 사회운동의 대응을 보여준다.

사회운동의 변화된 모습은 반대로 사회의 변화를 반영한다. 사회운동은 해당 사회의 구체적인 토대에서 출발하기 때문에 사회운동론에는 해당 시기에 대한 성격 규정과 이론적 판단이 들어 있을 수밖에 없다. 그래서 이 책은 사회운동론의 변화가 전제로 하는 사회의 변화를 확인해보는 자료로 활용할 수도 있을 것이다. 이 책은 해당 시기 한국사회의 성격과 그에 입각한 운동론의 흐름을 파악하는 데 도움이 될 것이다.

이러한 점을 염두에 두면서 이 책에 실린 글을 간단히 소개한다.

제1장 '빈민론과 도시사회운동'은 1980년대 빈민운동이 어떻게 도시사회운동으로 재정립되어야 하는가를 논리적으로 전개한 글이다. 1980년대 중반에는 사회성격에 대한 논쟁이 활발하게 진행되었다. 특히 변혁주체의 설정을 놓고 주변부 자본주의론과 국가독점자본주의론 간의 논쟁이 심화되었다. 주변부 자본주의론은 도시빈민을 변혁주체로 설정하는 경향이 있었다. 이 논문은 도시빈민을 계급이 아닌 생활상태의 동질성에 기반을 둔 집단으로 보고 그들의 생활상의 이해를 기반으로 하는 도시사회운동을 대안으로 설정한다.

제2장 '과학적 민중론의 정립을 위하여'와 제3장 '분단과 민족문제'는 민족문제와 민중론을 정립하기 위한 이론적 검토이다. 제4장 '노동자계급 상태연구방법론 시론'은 생활상태에 뿌리내린 사회운동론을 고려하면서 이를 위해서 어떠한 사회분석이 필요한가를 검토한다. 각 글은 1980년대 사회조건을 반영하며 그에 대한 사회운동의 모색을 보여준다.

제5장 '한국사회 시민운동론 비판'은 1980년대 말에 모습을 드러내기 시작한 개량적인 시민운동에 대한 비판 및 시민운동의 다양한 영역을 분석했다. 제6장 '시민적 개혁운동에 대한 비판적 평가'는 민중운동의 관점에서 시민운동의 영역에 어떻게 접근할지를 모색했다. 1990년대에 진보적 시민사회운동이 왜 필요하고 그것이 개량적 시민운동과 어떤 차별성이 있어야 하는가를 '민중의 생활상의 요구 투쟁'이란 틀로 검토했다.

제7장 '네트워크와 사회운동'은 인터넷 대중화 시기에 어떠한 사회운동 영역이 가능하고 그 특징이 무엇인지를 살펴보았다. 이 글은 진보운동이 1990년대 중반 이후에 정보사회로 이동 중인 사회변화에 어떻게 대응해야 하는가를 '네트워크 사회운동'의 틀에서 살펴본다. 제8장 '촛불시위와 대중'은 2008년 촛불시위를 이끈 대중의 성격을 검토했다.

세월은 흘렀고 사회와 사회운동도 변했다. 그와 함께 나도 세상도 변했다. 사회운동 자체가 세상의 변혁과 자아의 변화를 지향하는 것이지만 어떤 때는 그런 변화가 미워질 때도 있다. 특히 자신의 변화가 역겨울 때가 있다. 그렇다면 아직은 감사해야 할 때다. 또 다시 변할 수 있으니까. 부끄러운 마음으로 책을 엮었다. 끝으로 책의 출간을 흔쾌하게 맡아주고 편집을 위해서 애쓴 도서출판 한울에 감사드린다.

차례

제 1 장

빈민론과 도시사회운동*

빈민운동의 진전을 위하여

1. 머리말

1980년대에 들어와서 빈민에 관한 경제학과 사회학 분야의 연구는 양적으로 상당히 활성화되었다. 그러나 빈민에 관한 연구가 양적으로 축적되는데도 전체 사회운동 속에서 빈민운동이 차지하는 정확한 위상과 정치적 이념성, 빈민운동방법론 등에 관한 논의는 매우 제한적으로 진행되었다. 이러한 과정 속에서 빈민운동은 과학적 이론에서 괴리되어 주변적 운동으로 밀려나게 되었다. 빈민에 관한 이론적 연구와 운동적 실천에서 생긴 왜곡과 정체의 원인은 어디에 있는가. 이는 무엇보다도 기존 연구에 근거한 종속이론의 주변부 자본주의론적 시각과 근대경제학의 부문론적 이론 틀에서 찾아야 한다. 빈민에 대한 주변부 자본주의론과 부문론적 접근은 빈민운동의 가능태에 대해 이론적으로 과도한 기대를 가져다주었지만, 실제로는 운동에 대한 무책임과 방기를 초래함으로써 빈민운동의 새로운 활로를 차단했다. 이들은 모두 빈민에

---

* ≪산업사회연구≫ 제2집(한국산업사회연구회, 1987)에 수록되었던 글이다.

대한 실체론적 가정 아래 작업을 진행했다. 빈민에 대한 실체론적 전제는 빈민운동의 새로운 활로를 폐쇄한 가장 중요한 요인 중 하나다.

주변부 자본주의론적 시각에서 빈민을 하나의 계급적 실체로, 더 나아가서 변혁주체로 상정하려 했던 종속이론 수용의 한국적 양태는 다계급연합운동으로서 빈민운동의 다양한 가능성 — 지역 차원에서 도시사회운동으로 확장할 수 있는 여지 — 을 애당초 봉쇄하는 결과를 가져왔다. 근대경제학의 부문론적 접근에 근거한 비공식부문론의 빈민연구는 사례조사방법론과 통계자료 활용을 세련되게 만들었다. 하지만 빈민문제에 대한 정치적 불감증과 이론적 자폐성으로 인해 이론과 실천을 괴리시키고, 이론의 실천적 함의를 방기한 채 통계분석과 고용구조 분석에 안주해 경제주의와 통계주의의 미로에서 벗어나지 못했다.

빈민문제에 관한 분석을 이론영역에만 국한하고 이론과 실천의 연관성, 이론의 정치적 함의, 빈민운동방법론, 정치적·사회적 국면과 빈민운동의 가능성 등에 관하여 적극적인 관심을 회피·보류했던 것도 빈민운동론이 정체한 중요한 요인 중 하나이다. 또한 사회구조의 변화로 인한 빈민운동의 상대적 정체와 이를 보완할 수 있는 대안적 운동태의 모색을 게을리한 것도 빈민운동이 정체하게 된 요인으로 꼽아야 할 것이다. 빈민운동의 새로운 전망을 수립하려면 이러한 기존 연구의 인식론적 편향과 실천적 불모성을 극복해야 한다.

이 글은 도시빈민에 관한 이론과 빈민운동의 수용태를 사회적·정치적 맥락에서 살펴보고 도시빈민운동의 올바른 이론과 실천형태를 모색하려 한다. 따라서 이 글에서는 기존 이론을 비판하기보다는 이론과 실천의 접점에서 일어나는 문제를 이 이론의 방법론을 중심으로 살펴보는 데 주안점을 둔다. 이를 통해 대안적 이론 틀과 실천적 대안의 가능성을 점검하는 것이 이 글의 목적이다. 물론 이러한 시도는 제반

이론에 대한 내재적 비판에 의해 보완됨으로써 비판과 대안의 논리적 완결성을 확보할 수 있을 것이다. 새로운 운동형태의 대안은 실천적인 담보가 되는 조직문제·정치노선 문제를 현실 정치의 맥락 속에서 밀도 있게 다룰 때 비로소 가능하다. 이러한 문제를 이 글에서 체계적으로 다루는 데는 한계가 많다. 따라서 이 논의는 추상적인 수준에 머무를 수밖에 없다.

2. 1970년대 빈민론과 빈민운동

1970년대의 빈민에 대한 접근은 빈민이 처한 소비영역의 생활상태에 주안점을 두고 이루어졌다. 소비영역에 입각해 빈민을 규정하면 빈민의 주거상태와 생활상태의 가시적 구체성으로 인해 빈민을 파악하는 것이 비교적 단일하게 이루어질 수 있지만, 이것이 생산(노동과정), 교환(노동시장), 분배(임금), 소비(생활상태)의 총체적 연관성 속에서 검토되지 않으면 빈민에 대한 현상서술의 수준을 벗어나지 못한다.[1)]

이러한 생활상태론적 접근은 자본주의사회의 생산영역에서 문제를 추급하지 않고 소비영역에서 빈민을 파악하기 때문에 자본주의사회 구조에 내재하는 빈민 형성의 계기를 과학적으로 해명하지 못할 뿐만 아

---

1) "생산, 교환, 분배, 소비는 동일한 것이 아니라, 총체로서 경제를 구성하는 요소이며, 이 통일 내의 구분이다. 생산은 그 자체를 지배할 뿐만 아니라 다른 요인도 지배한다. …… 특정한 형태의 생산이 소비, 분배, 교환의 형태를 결정할 뿐만 아니라, 각 요인 간 상호관계의 형태까지도 결정한다"(Marx, 1973: 99). 생산, 교환, 분배, 소비의 총체적 관련성과 생산영역의 타 영역에 대한 규정은 Marx(1973: 83~111) 참조.

니라 빈민문제에 대해 심정적 대처 이상의 적극적 대안을 마련하지 못해 속류궁핍화론에 빠진다. 1970년대의 생활상태론적 접근에서처럼 빈민을 거주 양태로 구분하면 도시빈민을 거주지 단위의 독립적 실체로 파악해 빈민들 사이의 내적 분화(빈민의 계급적 내부구성)와 다른 계급과 연관관계(동태적 계급순환)를 제대로 설정하지 못한다.

1970년대의 생활상태론적 접근은 빈민이라는 사회적 범주(집단)를 독립된 계급적 실체로 상정해 — 물론 빈민은 생산관계에 따르는 단일계급 개념으로 설정될 수 없다 — 노동운동과는 별개로 진행되는 빈민운동의 고유한 영역을 설정했다. 생활상태론에 입각한 빈민에 대한 실체론적 접근은 도시공간을 둘러싸고 발생하는 사회적 모순의 해결주체로 무허가 정착지주민(빈민)을 설정하고 철거반대투쟁(생존권확보운동)을 빈민운동의 전형적 투쟁 형태로 상정했다. 따라서 지역적 차원의 모순을 거주환경과 주택문제에 한정함으로써 빈민운동의 영역을 철거반대운동으로 왜소화하는 결과를 가져왔다.[2)]

그러나 빈민을 파악하는 이런 방식은 공통의 생활양식에 근거하는 공동체를 명확하게 설정하기 때문에 지역주민의 집단적 대응을 이끌어 내기가 쉽다. 빈민거주지를 중심으로 이루어지는 빈민지역운동은 기본적으로 개량적 속성을 띠지만 지역주민의 일상적 문제를 중심으로 조직기반을 확고히 할 수 있으며, 구체적 실천 근거를 확보할 수 있는

---

2) 이러한 경우 재개발사업이나 불량주택 양성화 등의 정부정책이 어느 정도 실현되면 빈민운동의 근거 자체가 없어지는 사태가 발생할 것이다. 주택문제는 여전히 해소되지 않고 더 악화되는 데도 주택문제를 중심으로 하는 빈민운동이 점차 감소되는 현상에 대처하기 위해서는 빈민운동의 영역을 재규정할 필요가 있다. 이를 위해서는 빈민운동의 주체인 빈민을 도시무허가주택 거주자로 상정하는 생활상태론적 접근방식의 협소한 빈민규정을 재검토해야 한다.

조직론적인 장점이 있다. 1970년대에 이루어진 빈민운동은 대체로 이러한 시각에 근거하고 있었다.

1970년대에 빈민운동을 주동하는 세력이었던 교회운동권은 도시지역 특수선교의 일환으로 도시빈민지역에서 빈민선교와 진료, 유아원, 탁아소 등의 봉사사업을 벌여나가면서 지역주민 조직작업을 수행했다(허병섭, 1985). 이러한 교회운동권의 빈민운동은 지역개발사업과 주민복지사업에 치중하는 서구식 사회복지사업의 개량주의적 속성을 띠는 것이 대부분이었다. 하지만 알린스키(S.Alinsky)의 '지역사회조직운동(Community Organization Movement: COM)'론을 비롯한 몇 가지 급진적 조직론을 도입함으로써 개량주의적 한계를 벗어나려는 움직임도 간혹 표출되었다(조승혁, 1985). 알린스키의 '지역사회조직운동론'은 조직론에서 매우 급진적인 형태를 띠기는 했지만 본질적으로는 여전히 체제 내에서 정치적 거래를 통한 특정 집단의 이해를 관철하는 데 집중되었다는 사실에 주목할 필요가 있다. 19세기 미국의 '농촌민중주의(rural populism)' 전통을 잇는 '지역사회조직운동론'은 조직론 입장에서 볼 때 실용적인 장점이 있었으나 기본적으로 다원론적 정치관에 입각했기 때문에 사회운동 차원으로 문제를 확장하지는 못했다.[3)]

사회운동은 기존 제도, 사회조직, 정치체제의 범위 내에서 — 즉 국가의 관리영역 안에서 — 이루어지는 것이 아니라 시민사회에서 이루어지기

3) 다원주의적 문제 틀은 합리적 이윤을 추구하는 개인이 사회조직의 근거가 된다는 형이상학적 가정을 전제로 한다. 이러한 문제 틀 아래 도시운동 조직가의 기본적 임무가 개인에게 집합적 상품을 제공하기 위한 자극과 유인을 창출하는 데 국한된다. 다원주의적 정치관은 기존 정치체제 내에서 사회적 운동을 다루기 때문에 기존 사회체제의 규범, 제도, 가치에서 이탈하지 않는 — 혹은 이탈해도 수단이 합리적인 — 점진적 개혁의 문제로 사회운동을 다룬다.

때문에 특정한 정권·국가형태가 규정하는 제도권의 수준을 벗어날 수 있고 기존의 가치·이념체계를 변혁하는 것으로 발전할 수 있다. 그러나 알린스키의 '지역사회조직운동'은 사회적 거래를 통해 일정한 이득을 확보하는 것이 주목적이었기 때문에 기존의 정치집단, 제도정당과 관련성 속에서 진행될 수밖에 없었다. 따라서 그의 '지역사회조직운동'은 가치체계와 사회구조의 변혁을 지향하는 사회운동으로 진전될 수 없었던 것이다.[4)]

한국의 빈민운동은 1970년대 중반 이후에 라틴아메리카 해방신학의 기초공동체론과 프레이레(F.Freire) 등의 민중교육론이 교회운동권을 통해 도입되면서 상당히 진전되었다. 1970년대 중반만 해도 노동운동권의 조직역량이 미약했기 때문에 교회운동권을 중심으로 한 빈민운동과 민중론에 입각한 관념적 변혁론이 상대적으로 활성화되어 있었다. 그러나 이러한 민중론과 빈민운동은 과학적인 변혁이론이 결여되어 있어서 전체운동의 관점에서 빈민운동의 위치를 올바르게 정립하지 못했다. 도시빈민의 의미가 과중해진 이유는 빈민을 '가난한 사람들'='피억압자'='민중'으로 상정하고 이에 입각한 운동을 민중운동의 중심으로 설정하는 라틴아메리카 포퓰리즘(populism)의 영향 때문이 아니었나 생각된다.[5)]

---

4) "알린스키에게 지역사회조직은 무엇보다도 자유민주주의의 대표기관을 보완할 수 있는 정치적 도구이자 새로운 정부형태였다. 그러나 그는 자신을 이데올로기 추종자로 보지 않고 실용주의적 조직가로 보았다"(Castells, 1983: 61).

5) "구티에레즈는 기독교와 가톨릭에서 말하는 가난한 사람에 대한 원조의 명령에 입각해 가난한 사람이 해방을 위해 투쟁하고 연대하는 기독교인의 사명에 대해 기술했다. 아르헨티나의 '제3세계를 위한 사제'는 페론이즘에 대한 임무를 가난한 사람과 재산이 없는 사람 들의 연대 속에서 찾았다. 라틴아메리

라틴아메리카 포퓰리즘을 정확하게 이해하면 1970년대 한국민중론의 위상에 대해 여러 시사점을 얻을 수 있다. 라틴아메리카에서는 정권의 안정성을 확보하고 대중에 대한 국가의 조합주의적 통제를 강화하기 위한 지배계급의 포퓰리즘과, 기층민중 차원의 조직을 중심으로 하여 지배계급에 대항하는 피지배계급의 포퓰리즘이 있었다.

전자는 국가가 대중을 조직하여 '보호 - 피보호(patron-client)'관계를 형성하거나, 미조직대중·조직대중을 유기적 국가부문으로 통합해 하층계급집단을 융합함으로써 쉽게 통제할 수 있는 조합주의적 포퓰리즘이다. 라틴아메리카의 지배계급은 정권의 이데올로기적 정당성을 유지하고 반정부운동이 성장하는 것을 억제하기 위해 대중을 통제하는 전략을 구사해 대중을 동원하는 형태의 포퓰리즘을 형성했다.[6]

카의 새로운 기독교적 인식에는 '민중(the people)', '가난한 사람(the poor)', '피억압자(the oppressed)' 같은 광범한 주변적 대중을 기독교인의 근본적인 소명으로 받아들이는 공통점이 있다"(Bonino, 1975: 157~158).

6) 포퓰리즘정권과 권위주의정권 사이에 본질적인 차이가 존재하는 것처럼 양자 사이의 단절성을 주장하는 오도넬의 모델은 재고되어야 한다. 민중주의정권의 포퓰리즘(populism)과 권위주의정권의 조합주의(corporalism) 사이에는 대중동원, 조작, 통제의 기제가 일관적으로 이루어진다고 보아야 한다. 양자 사이에는 본질적인 차이가 없으며, 대중통제 전략과 방식, 대중동원 형태상의 차이만 있을 뿐이다. 가시적으로 드러나는 '융합 - 배제'정책 차이에 근거해 포퓰리즘정권과 권위주의정권의 본질을 추론할 수는 없다고 생각한다. 스테판(Stepan, 1978)처럼 국가조합주의를 융합적 조합주의와 배제적 조합주의의 유형으로 분류할 경우에는 포퓰리즘정권과 권위주의정권 모두가 조합주의체제에 속하게 된다. 스테판은 조합주의의 하위유형으로 융합적 조합주의와 배제적 조합주의를 구분한다. 조합주의정권의 융합·배제정책은 특정 정권의 주요 정책방향과 관련된 것으로 한 정권의 정책변화 내에서 강조점이 변할 수 있는 것이다.

후자는 반정부세력이 대중을 조직해 국가에 대항하기 위한 변혁운동으로 나아가는 혁명적 포퓰리즘이다. 피지배계급의 대항적 정치형태인 포퓰리즘은 근대자본주의의 모순에 반대하지만 사회주의가 아닌 토착성의 유산에서 대안적 정치·문화형태를 찾는다(Diaz-Polanco, 1982). 피지배계급의 포퓰리즘은 새로운 변혁주체로 민중을 설정하고 대중동원과 직접 민주주의, 대중의 자발성에 근거한 대중노선을 견지한다. 하지만 노동운동의 지도성과 독자성을 부인함으로써 정치적 변혁 이념을 확보하지 못하고 문화적·정신주의적으로 편향될 소지가 있다. 19세기 말에 러시아에서 근대자본주의의 모순에 대한 대안태로 농촌공동체(mir)를 지향했던 것처럼 이러한 민중주의에서는 '가난한 사람', '피억압자' 유형으로 계급개념을 대치하거나, 가톨릭신앙으로 과학을 대치하는 경향이 있다.[7]

이 같은 라틴아메리카 포퓰리즘의 두 형태는 브라질의 주민조직 변화 양상에서 잘 드러난다. 1950년대 이후 브라질 상 파울로(São Paulo) 주민운동은 2단계로 나뉜다. 1단계는 1950년대에 형성된 '주민동료회

---

7) 민중주의에는 지배계급의 통제전략으로서 민중주의, 피지배계급의 대항적 정치형태로서 민중주의, 프롤레타리아트의 입장의 정치형태인 마르크시즘적 민중주의가 존재한다. 이러한 접근에서는 기본적으로 자본주의체제에 대한 대안으로서 사회주의를 분명하게 설정하고 민중을 계급연합(동맹)적 관점에서 파악한다. 정통 마르크시즘에 근거한 민중주의는 문화적·정신주의적·도덕적·관념적 여러 편향을 비판하고 자신의 정치적 입장을 분명히 한다. 민중문제는 계급동맹 수준에서 검토하는 전선형성과 깊이 연관되어야만 정치적 의미가 있다(Diaz-Polanco, 1982). 민중주의에 관한 여러 경향은 한국사회에서도 일정하게 재연된다. 최근 개헌국면에서 중산층문제가 쟁점화되면서 정권의 정당성 확보와 추인작업의 일환으로 조합주의적 포퓰리즘의 경향이 노골적으로 드러나고 있다.

(Sociedades Amigos do Bairro: SABs)'를 중심으로 하는 주민운동으로 대표되고, 2단계는 1970년대 초부터 활성화된 '교회기초공동체(Comunidades Eclesiais de Base: CEBs)'운동으로 대표된다.

전자가 조합주의적 포퓰리즘의 도시적 유형이라면 후자는 혁명적 포퓰리즘의 대표적 유형이다. 주민동료회는 1934년 전문직 종사자들이 설립한 '도시동료회(Sociedade Amigos da Cidade: SAC)'에서 발전한 것이다. 특정 지역의 여러 일상적 요구를 시(市)당국에 건의하기 위해 형성된 도시동료회는 이후 시장선거 과정에서 선거위원회가 지역위원회로 발전하자 광범한 대중을 동원하기 위한 지역적 매체로 활용되었다. 도시동료회가 발전하자 시외곽 지역에서는 여러 주민동료회가 형성되었다. 주민동료회는 지역대중의 정치적 지지와 시당국의 도시설비·공공서비스를 교환하는 도시포퓰리즘의 대표적 형태다.

라틴아메리카의 기독교민주당은 조합주의적 통제와 동원방식의 하나로 '주변성'의 이데올로기를 확산하는 한편 도시지역의 주민동료회를 대중동원과 사회통제의 수준에서 활용했다. 기독교민주당 내에는 빈곤의 원인을 주변대중의 문화자원 결여와 이들에 대한 정부의 효율적인 정책 배려의 결여를 지적하는 주변성의 이데올로기가 폭넓게 존재했다.[8] '주변성'은 빈곤에 대한 기독교민주당의 공식적 관점이 되었

---

8) 미국 사회인류학자들의 도시슬럼 연구에 근거한 '빈곤의 문화' 개념이 '주변성(사회문화체계에 대한 통합결핍)'으로 표출되었는데, 이 이데올로기적 근저에는 근대 - 전통의 이분법적 발상이 깔려 있었다. 1960년대에는 '빈곤의 문화'를 설정하고 빈곤의 원인과 책임을 빈민에게 전가하는 경향이 일반적이었다. 이때 주변성의 개념은 근대화론의 주요한 명제로 활용되었다. 이후 도시경제에 통합되지 않은 부문의 경제현상에 주목해 근대적 부문(자본제생산)인 도시공식부문과 전통적 부문(소상품생산제)인 비공식부문이 구분되면서

다. 사회주의와 공산주의의 위협에 대항해 기층대중의 변혁운동을 개량적으로 통제하려 했던 포퓰리즘정권과 기독교민주당은 전통 - 근대, 주변성 - 통합의 주제를 재활성화하여 사회주의 이데올로기에 대항하는 이데올로기로 사용했다. 지역주민활동과 지역공동체 개발계획을 사회통제 수단으로 활용하려 한 시도는 조합주의의 개량적 형태로 사회통합에 치중했다(Potes, 1981: 121~126). 도시조합주의의 형태인 주민동료회는 1960년대 말 이후에 지방자치제가 철회되자 정부의 주민통제 기구로 전락했다. 그러자 주민동료회에 대한 주민의 참여가 저하되고 새로운 주민조직형태로서 교회기초공동체가 광범하게 창출되었다.

1960년대 말에 브라질 북동부지역에서 출발한 '교회기초공동체(CEBs)'는 도시빈민지역과 농촌지역에서 믿음과 생활조건이 동일한 지역주민조직을 중심으로 확대되었다.

1981년에 브라질 전국에는 40~100명(15~20가구) 단위의 교회기초공동체가 8만 개 정도 존재했다. 교회기초공동체의 정치적·사회적 중요성은 지역주민의 정치의식을 높이고 지배구조에 대한 인식을 증대시키며 사회변혁에 대한 희망과 행동을 고양시킨 데 있다. 베토(Frei Betto)는 혁명적 포퓰리즘의 대표적 유형인 교회기초공동체의 발전단계를 4단계로 구분한다. 1단계는 기독교신앙에 입각한 신앙공동체를 건설하면서 지역 거점을 형성하는 단계이며, 2단계는 대중의 자발적 참여에 근거한 민중운동을 펴나가는 단계이다. 2단계에서는 신자와 비신자를 구분하지 않고 피억압자의 편에서 민중연합을 형성해나가고, 빈민의 이해를 위해 주민공동체의 이해를 결집하고 자율적인 민중운동을 창출한다. 탁아소·유아원 운영, 생활필수품확보 투쟁, 물가인상반대

경제적 주변성의 문제를 폭넓게 다루게 되었다.

투쟁, 지대인하 투쟁, 거주지확보 투쟁 등이 2단계의 주요한 투쟁형태이다. 이러한 활동을 통해 형성된 민중기반에 따라 민주주의, 단합, 동원을 실험할 수 있는 민주자치조직을 창출하는 것이 2단계의 주요한 목표이다. 지역적 수준에서 투쟁을 감행해 일정한 목적을 달성하면 지방선거에 적극적으로 참여하거나 대의권을 획득하는 데 주력한다. 3단계에서는 노동자계급운동 자체를 강화하는 것이 주요한 목표이다. 공동체 성원은 전통적인 노동조합에서 노동운동을 수행하며 파업과 시위에 적극적으로 동참한다. 4단계에서는 정치정당의 재조직과 정치적 대의권을 확보하기 위해 투쟁한다(Alves, 1984: 83~84).

브라질에서는 이 같은 지역주민조직, 노동조합, 교회가 정치조직을 매개로 하여 연합행동을 취하고 동맹을 형성함으로써 억압적 국가권력을 대체할 가능성이 커지고 있다. 그러나 아직까지 이 연합의 조직역량과 투쟁역량, 정치의식 등은 정권의 물리력에 비해 충분하게 성숙되어 있지 않다. 앞에서 살펴본 라틴아메리카의 혁명적 포퓰리즘 운동양태는 1970년대 한국빈민운동에 많은 영향력을 미쳤다.

1970년대의 사회상황을 돌이켜보면 정치권력의 억압적 통치 아래 합법적 운동공간이 극도로 위축되었음을 알 수 있다. 그렇기 때문에 주민조직중심체로서 교회가 빈민운동에서 차지해왔던 위치와 역할은 다른 조직체활동에 비해 압도적인 것이었다. 교회는 억압적 정치체계 아래에서 빈민조직운동을 위한 유일한 합법공간을 구성했기 때문에 교회운동권의 주민조직에 근거한 빈민조직이 빈민운동의 대표적 조직형태로 인식되어왔다. 1970년대 교회를 중심으로 한 빈민현장조직은 생활공동체를 중심으로 조직을 만들어나가면서 주민조직을 활성화했으나 확장된 조직역량을 투쟁역량으로 고양하지 못했다. 그리고 자기 이해의 좁은 공간에 국한된 권익투쟁에만 치중해서 전체운동과 관계를 상실하고 개량주의로 빠지는 한계에 봉착했다. 이처럼 교회빈민운동이 투쟁역량과 조직역량을 올바로 엮어내지 못한 이유는 과학적 이념성과 정치적 운동 틀의 부재, 과학적 이념과 정치적 운동에 근거하지 않은 조직형태 등에서 찾아야 할 것이다.

3. 1980년대 빈민론

1) 부문론적 접근

1980년대에 들어와서 라틴아메리카의 종속이론과 생산양식접합론이 광범위하게 유입되고 제3세계에 대한 관심이 고조되자 한국의 빈민문제는 다시 주목을 받게 되었다. 연구자들은 한국사회에 폭넓게 존재하는 빈곤계층을 분석도구로 활용하기 위해 비공식부문론과 생산양식접합론에 입각한 연구방법을 수용했고 문제의 초점을 생산영역에 맞추어 고용구조를 분석해서 빈민문제에 접근했다(허석렬, 1983). 생산영역의 측면에서 빈민의 고용구조를 중점적으로 다루려 했던 이 작업은 도시빈민의 내부구성을 밝히는 데 부문별·직업범주별 구분방식을 채택해 빈민개념의 엄밀화와 계량적 측정을 시도했다(윤진호, 1984; 조형, 1985; 조희연, 1985).

그러나 이러한 현상은 빈민운동 자체의 활성화에 의한 것이 아니라 이론의 자폐적 공간에서 이루어진 빈민연구의 증대에 기인한 것이었다. 1980년대 초반의 빈민연구가 이론과 실천을 제대로 매개하지 못했던 이유는 근대경제학의 도시비공식부문론과 종속이론의 주변화론이 상정하고 있는 이념적 전제와, 이러한 이론의 정치적 함의를 일관되게 검토하지 않은 채, 복합적으로 수용해 한국사회를 구조분석하고 빈민을 연구하는 데 직접적으로 적용했기 때문이다.

종속이론을 수용해 한국사회 내의 빈민·빈곤문제에 적용하려 했던 1980년대 초반의 연구동향은 애당초 빈민운동의 구체적 조건을 확보하기 위한 실천적 지향을 결여하고 있었기 때문에 이론적 작업을 축적해두었는데도 실천적 토대와 괴리되는 불모한 성과를 낳았다. 그래서 빈민문제에 대한 실천적 대안으로 주목받았던 종속이론의 무분별한 수용과정 속에서 표류하게 되고, 종속이론의 인식론적·방법론적 오류는 정치노선의 오류로 확장되어 실천상의 혼돈을 조장하는 사태까지 발생했던 것이다.[9]

---

9) 1980년대 초반 한국에서는 원론적 인식에 근거한 문제제기를 방기한 채 제3세계 종속이론의 미국식 수용태를 직수입해 이 이론을 토대로 한국사회 빈곤층에 관한 사례분석과 일반적 이론정립이 이루어졌다. 1980년대 중반부터 종속이론의 주변부 자본주의론적 편향에 대한 이의가 제기되었다. 계급론에서는 서관모(1985)의 프티부르주아지 추세에 관한 연구로, 사구체 수준에서는 주변부 자본주의론 - 국가독점자본주의 논쟁을 통해서(박현채, 1985; 이대근, 1985), 운동론에서는 변혁주체를 설정하는 문제(조민, 1986)를 둘러싸고 주변부 자본주의론과 종속이론의 인식론, 방법론에 대한 문제가 폭넓게 제기되었다. 이후 비공식부문론과 주변화론에 대해 원론적 비판(정건화, 1987)이 제기되고, 주변부 자본주의론의 편향에 대해 원론적 문제제기가 강화되자 빈민문제에 대한 새로운 시각을 정립해야 한다는 움직임이 나타났다. 물론 이전에 빈민문제에 대한 원론적 접근이 이루어지지 않은 것은 아니다. 대표적인 분석으로 박현채(1986) 참조. 빈민연구에서 드러난 주변부 자본주의론적 편향은 이념적 지향(populism), 방법론적 오류(이분법, 기능주의), 인식론적 오류(비변증법, 비정치경제학), 사구체론의 오류 등을 통해 비판을 받았다. 그렇다면 1980년에는 왜 원론→주변주 자본주의론의 순서가 아닌 주변부 자본주의론→원론의 역방향 순서로 이론이 수용되었을까? 이러한 이론수용의

도시노동시장 구조 속에서 도시빈민의 고용구조를 해명하는 도시비공식부문론은 기본적으로 근대화론의 연장선에 있다. 부문론적 접근방식은 1960년대에 발전론 분야를 풍미했던 파슨스(Parsons) 류의 유형변수(pattern variables) 분석과 하겐(Hagen) 류의 사회심리학적 분석 차원에서 진일보한 것이다. 하지만 근대적 부문과 전통적 부문을 구분하는 근대화론의 이원론적 발상은 도시빈민에 대한 부문론적 접근방식 속에서 그대로 재현되고 있다.

근대경제학의 비공식부문론은 비공식부문이 공식부문에 대해 기능적인지 무기능적인지 역기능적인지를 가리는 문제에서 출발해 비공식부문의 근대화를 추진한다는 기본 방향에서 비공식부문에 대한 지원을 모색하는 것으로 진전되었다. 종속이론의 생산양식접합론은 소상품생산부문의 자본제부문에 대한 종속을 중시해 공식부문(자본제적 생산부문)에 종속된 비공식부문(소상품생산부문)에 대해 해명하려 했다. 이는 주변의 중심에 의한 종속이라는 종속이론의 기본 명제를 일국적 차원에서 개진한 것으로 볼 수 있다.

이러한 고용구조에 대한 이원론적 접근은 소상품생산부문 종사자(자영업자)와 비공식부문 종사자를 암암리에 등치시키고, 이를 생활상태상의 빈민과 연관 지어 실제로 빈민연구와 상응하게 되었다. 비공식부문론에서는 주로 통계상의 유용성 — 주변대중에 대한 통계적 양화작업, 센서스, 경제활동인구자료에서 비공식부문 종사자의 규모추출 — 을 위해 비공식부문 종사자를 빈민으로 설정했다. 이러한 부문론적 접근 때문에 빈민의

경과는 빈민문제뿐만 아니라 사구체론, 국가론, 기타 여러 영역에서 나타나는데, 이렇게 이론수용이 파행된 원인을 지식사회학적으로 규명하는 작업에는 매우 시사적인 의미가 따를 것이다.

내부구성에서 가장 중요한 부분을 차지하는 노동자계급의 중요성이 연구자의 의도와 상관없이 상실되고, 빈민이 독립된 실체로서 제3세계의 일반화된 계급(주변계급: marginal class)으로 설정되기까지 했다.[10] 공식부문의 임노동자와 소상품생산부문의 자영업자를 공식 - 비공식부문의 이원론적 구분에 의해 갈라놓고 빈곤문제를 소상품자영업자의 영역에 국한하는 부문론적 접근법은 도시빈민운동이 변혁운동에서 차지하는 위치에 대해 잘못된 파단을 내리게 만든다.

이러한 이론적 경향은 빈민운동에 대해 과도한 관념적 기대를 표출하게 하지만 실제로는 빈민운동에 대해 무책임하게 방기하는 결과를 가져오기 때문에 심각한 실천상의 오류를 낳는다. 빈민운동에 대한 부

10) '주변계급'은 계급개념이 아니라 현상서술적 용어에 지나지 않는다. 라틴아메리카의 특수한 조건 아래 형성된 광범한 빈곤층의 주변적 생활상태에 착안해 이를 단일한 실체로 묶으려는 의도로 만들어진 이 용어는 생산관계를 지칭하는 계급개념이 될 수 없다. 한국의 도시빈민을 '주변계급'이라는 서술적 계급범주로 설정하면 빈민의 실체를 추상적으로 집약하는 장점은 있으나 기본적 계급관계를 오도할 위험이 있다. 라틴아메리카에서 등장한 '주변화론'은 마르크스의 궁핍화론을 중심으로 한 상대적 과잉인구론, 산업예비군론을 비판하는 데서 출발했다. 키야노(Quijano, 1983)는 라틴아메리카의 실업문제에 따르는 현실적 특수성 — 공식부문으로 편입불가능성(비공식부문론), 산업예비군으로서 상대적 과잉인구가 아니라 상대적 과잉인구의 영구화에서 발견되는 주변적 성격(주변화론) — 에 착안해 이를 '주변화론'이라는 제3세계의 일반적 법칙으로 확장시켰다. 이것이 고용상태에서는 비공식부문론, 계급론에서는 주변계급론, 생산양식에서는 생산양식접합론의 소상품생산으로 확장되면서 주변부사회를 해명하는 이론적 경향을 띠게 되었다. 최근에 '주변화론'의 오류와 한계는 많이 극복된 듯하다(Cockroft, 1983). 라틴아메리카에서 주변화론의 실천적 함의는 한국사회보다 훨씬 더 현실적일 수 있다.

문론의 과도한 기대는 제3세계에 존속하는 비공식부문 종사자와 소상품생산자의 양적 확대·온존에 주목해 이 부문에 종사하는 빈민을 암암리에 변혁주체로 설정하는 데서 잘 드러난다. 고용구조의 주변성을 생활상태의 주변성과 곧바로 연결해 빈민을 '주변대중(marginal mass)'으로 포괄한 후 변혁주체로 설정하면 사회변혁운동에서 계급투쟁의 의미가 약화된다. 이러한 부문론적 접근은 노동운동을 상대적으로 경시하는 결과를 가져올 뿐만 아니라 도시공간 문제와 빈민 생활상태에서 발생하는 문제를 도외시함으로써 빈민운동의 정치적 실천의 중요한 근거를 방기하게 된다. 비공식부문론이나 생산양식접합론(소상품생산론)에 근거한 빈민연구가 빈민운동을 활성화하는 데 어떠한 도움을 주었는지 따져보면 비공식부문론의 실천적 근거가 매우 박약함을 알 수 있다. 부문론적 접근은 비공식부문의 고용구조 연구를 통해 추출되는 기술적 분업형태에 주목해 이를 주변대중이라는 애매한 유사 실체로 수렴하기 때문에 사회적 분업관계에 따르는 계급관계를 올바로 설정하지 못한다. 부문론적 접근은 사회적 분업에 따르는 계급관계를 고용구조상의 직종구분으로 다기화해 유사계급을 분석하는 데 그쳐버린다.

빈민은 생활상태를 지칭하는 개념이기 때문에 빈민 자체가 계급개념으로 설정될 수는 없다. 빈민의 집합태(사회적 범주)는 다양한 내부구성을 설정해야 한다. 그러나 부문론에서는 빈민을 하나의 실체로 파악하려는 의도 때문에 직종상 서비스업·상업·음식숙박업 종사자, 부문상 비공식부문 종사자, 계급상 소상품생산자인 프티부르주아지로 상정한다. 빈민에 대한 부문론적 접근방식은 직종상·부문상에서 드러나는 빈민의 현상형태에 따라 빈민을 규정하기 때문에 생산단위와 소비단위의 연관성을 총체적으로 감지하지 못한다. 여기서 강조하려는 점은 이러한 현상형태에 대한 분석이 무용하다는 것이 아니라 현상형태를 곧바로 본질로 규정하려는 부문론자들의 실체론적 가정이 지양되어야 한다는 것이다. 빈민에 대한 기존의 부문론적 연구는 빈민을 독자적인 실체로 간주하는 데서 문제가 시작되기 때문에 빈민에 대한 총체적 시각을 확보할 수 없었다. 빈민은 독자적인 계급이 아니다. 생활상태의 특정한 조건 — 열악한 주거환경, 불안정한 고용구조 — 에 따른 동질성이 빈민을 하나로 묶어주는 기본 조건이 되지만 생활상의 동질성이 빈민의 계급적 동질성을 의미하지는 않는다. 이러한 관점에서 볼 때 비공식부문 종사자를 빈민과 동등하게 설정하거나 프티부르주아 하층을 빈민으로 보는 방식은 특정한 이념적·실천적 전제로 빈민의 독자적인 실체를 확인하려 한다.

빈민은 소비단위(가구)에서 생활상태, 특히 거주상태가 비슷한 집단으로 설정할 수 있지만 생산단위에서는 다른 성격의 여러 계급집단으로 구성된다. 생산단위와 소비단위를 특정한 매개 없이 바로 일치시키려는 시도는 이론적·실천적으로 많은 문제점을 드러낸다. 개인단위의 고용형태 특수성을 가구단위에서 발생하는 소비형태상의 빈곤 — 거주상태·생활상태상의 빈곤 — 과 곧바로 연결시켜 비공식부문 종사자를 빈민으로 설정했던 기존의 부문론적 연구방법은 생산단위와 소비단위를 구분하지 않고, 특정한 생산단위(고용구조) 문제를 곧바로 소비단위(생활상태)로 환원시켜서 빈민을 특정한 동질적 집단(비공식부문 종사자)으로 설정하는 오류를 저질렀다. 이와 더불어 구체적인 연구전략에서는 거꾸로 특정한 빈민집단을 설정하고 그들의 고용상태를 분석하는 사례연구방법을 사용했는데, 이는 빈민을 하나의 독립된 실체로 설정한 후 고용상태를 분석해서 빈곤의 원인과 결과를 같은 것으로 보는 오류를 저지른다.[11)]

이처럼 생산과 소비관계를 정확하게 규정하지 못하면 빈민에 대한 인식에 혼돈이 발생한다. 따라서 도시빈민이기 때문에 비공식부문에 종사하면서 소상품생산을 하는 것이 아니라 특정 사회에서 차지하는 생산관계상의 위치 때문에 도시빈민이라는 생활상태가 발생된다는 점을 중시해야 한다. 도시빈민이라는 동질적 실체가 빈곤현상의 원인이 아니라 특정한 생산관계상의 위치가 가구 소비단위의 빈곤한 생활을 꾸준히 재생산하는 것이다. 즉 도시빈민의 생성원인과 존재원인은 생활상의 빈곤에서 찾을 것이 아니라 전체 사회구조의 재생산기제에서 생산단위와 소비단위의 연관성을 고려해 찾아야 한다.[12]

전체적인 사회구조에서 빈민문제에 접근할 때 도시빈민의 가장 중요한 내부구성을 차지하는 계급은 주변계급이라는 유사 실체가 아니라 노동자계급임을 알 수 있다.[13] 비공식부문론에 입각한 고용구조적 접

11) 비공식부문론에서는 빈민(가난한 사람)의 경제활동을 연구할 때 이들의 고용상태(구조)가 비공식부문에 입각한다고 가정한다. 그리고 특정 지역에 거주하는 빈민을 먼저 설명하고 그들의 고용상태를 경험적으로 확인하는 실증적 연구방법(사례연구)을 사용한다. 이때 빈곤의 원인과 결과를 같은 것으로 보는 오류가 발생한다. 이 오류는 생산단위와 소비단위를 구분하지 않고 혼용해서 발생한 것이다. 부문론적 접근법은 생산단위에서 고용구조를 밝히는 데 치중한다. 하지만 소비단위에서는 가구단위의 생활상태·거주상태 등을 분절적으로 구분하고 연구과정에서 생산단위와 소비단위를 묵시적으로 동일하게 보기 때문에 생산과 소비의 총체적 과정을 해명할 수 없었다. 이론적 연구에서는 비공식부문 고용상태에서 빈민을 추론하고, 사례연구에서는 빈민지역 거주자의 고용상태를 연구하지만 빈곤의 원인과 결과가 같은 것으로 취급되기는 마찬가지이다.

12) 도시빈민이 빈곤한 원인을 고용구조에서 찾으면 동어반복의 악순환에 빠진다. 특정한 집단의 빈곤을 특정한 집단만의 비공식부문이라는 폐쇄된 고용구조에서 찾으면 이원론적 오류에 빠지는 것을 피할 수 없다.

13) 이러한 맥락에서 볼 때 정건화(1987)의 부문론적 접근방식에 대한 다음의

근방식의 가장 큰 문제점은 고용구조의 문제를 다루는 데도 전체 사회구조의 생산관계에서 출발하지 않고 암묵적으로 빈민을 먼저 상정한 후에 고용구조와 생산관계를 구명한다는 것이다. 이러한 출발점과 진행과정의 혼란은 그릇된 결론으로 연결된다. 특히 생산단위와 소비단위의 연관성 속에서 고용구조와 생활상태의 관련성을 검토하지 않은 채 무매개적으로 비공식부문 종사자와 빈민을 동일하게 취급해 빈민의 주요한 구성인 노동자계급의 빈곤문제가 부차적으로 취급된다. 그리고 빈민운동의 주체를 애매하게 만들어 노동자계급과 별개로 존재하는 주변계급이라는 변혁주체를 설정하는 오류를 저지른다. 그렇기 때문에 부문론에 입각한 빈민연구는 계급론의 영역에서도 많은 문제점을 드러낸다.

2) 계급론적 접근

한국의 빈민에 대한 계급론적 접근은 비공식부문론의 고용구조적 접근과 긴밀하게 연관되어 시작되었다. 비공식부문의 노동유형(조형,

---

비판과 대안 제시는 매우 적절하다. "한 나라의 자본주의적 발전과정=자본축적과정에서 나타나는 농민·제중간계급의 분해 및 자본제적 고용관계의 확대 속에서 가족단위, 한 사람의 일생을 통해 혹은 세대에 걸쳐 상호결합되어 있는 노동자계급과 도시빈민을 프롤레타리아트라는 더 포괄적인 범주로 파악해 이러한 결합관계를 중심으로 도시빈민을 분석해야 한다. …… 현재 도시빈민의 존재는 전형적인 공장노동자와 가족단위로 그리고 거주지역단위로, 나아가 계급범주로는 프롤레타리아트와 상호결합·관련되어 있으며 이러한 양상은 한국의 자본주의적 발전이 진전될수록 더욱 강화될 것이다" (정건화, 1987: 3~6). 그러나 정건화는 프롤레타리아트와 프롤레타리아화라는 개념을 엄밀하게 구분하지 않아 개념상의 혼돈을 야기하고 있다.

1985; 조희연, 1985)과 고용구조(허석렬, 1983)에 관한 연구는 비공식부문의 양적 규모를 판별하기 위한 통계작업(윤진호, 1984; 조희연, 1985)으로 진전되었다. 이 연구는 비공식부문론이나 생산양식접합론적 시각을 계급분석에 도입해 빈민에 대한 양적 추계작업을 시도했다.

윤진호(1984)는 생산양식접합론의 입장에서 비공식부문의 규모를 추정했다. 그는 비공식부문을 영세기업부문(프티부르주아부문)과 주변대중부문(반프롤레타리아부문)으로 나눈 후 잔차법적 추계방식을 활용해 비공식부문의 규모를 간접적으로 추정한다. 이러한 비공식부문 규모 추정은 조희연(1985)에 의해 더욱 정교해졌다. 그는 비공식부문 내의 노동유형을 생산적 노동유형과 비생산적 노동유형으로 구분한 후, 이들을 영세자영부문과 사업체 외 자영부문과 교차시켜 비공식부문의 규모를 판별했다. 윤진호는 도시비공식부문 종사자와 도시빈민 사이의 관계에 대해 명확하게 언급하지는 않지만 대체로 소상품생산자와 주변대중이 비공식부문을 구성한다고 본다. 그는 이들을 도시빈민으로 설정하는 듯하다(유진호, 1984: 285). 조형은 '비공식부문=빈곤'의 등식이 성립하지 않는다고 밝혔지만(조형, 1985: 393) 역시 비공식부문 종사자를 프티부르주아지와 임시적 임노동자층으로 구분하기 때문에 윤진호와 커다란 차이는 없어 보인다. 조희연은 노동자계급과 프티부르주아계급 중 도시비공식부문에 속하는 층을 주변적 계급 범주로 묶어 도시빈민의 계급론적 의미가 노동자계급과 범주가 다르다는 것을 강조했다.[14)]

---

14) 조희연은 한국의 자본주의적 발전을 종속적 발전의 한 유형으로 파악했다. 그는 신국제분업 아래 진행된 종속적 산업화가 계급구조상에서 제한된 프롤레타리아화 현상으로 나타난다고 보았다. 그렇기 때문에 비공식부문 종사자·3차산업 종사자·소상품생산자·프티부르주아지의 절대적 비중의 의미를 중시했으며, 이들을 노동자계급과 구분되는 '주변계급(marginal class)'으로

고용구조적 접근방식에서 사용되었던 부문론적 방법론은 한국사회 계급연구에서 그대로 활용되어 부문론에 입각한 계급분석이 이루어지게 되었다(홍두승, 1983; 구해근, 1983). 홍두승은 자영업부문(도시비공식부문)의 하층을 도시하류계급으로, 중층을 프티부르주아지(구중간계급)로 설정한다. 그는 도시하류계급을 "자영업자 중 가장 영세한 층인 행상, 노점상 또는 단순노동자나 실직자로 구성되는 주변계급이라고도 부르며 도시인구의 최저변층을 형성하고 있고 도시빈곤층과 중복된다"(홍두승, 1983: 19)고 보고 도시하류계층을 도시빈민으로 규정한다. 구해근은 도시비공식부문 종사자를 프티부르주아지와 주변계급으로 구분한 후 비공식부문 하층이 주변계급을 형성하는 것으로 본다. 그는 산업노동자계급과 주변계급의 명확한 차이와 구분을 단정 짓는 것에 대해 판단을 유보하고 있지만 주변계급이 '한국도시지역에서 진정한 의미의 빈민층'을 이루고 있다고 본다.

설정하고 이들 계층에게 상당한 의미를 부여했다. 이러한 접근방식의 문제점에 대해 조희연은 다음과 같이 지적한다. "그간 '제한된 프롤레타리아화', '주변적 계급', '비공식부문' 등의 개념이 활용되어왔다. 이 입장을 보면 한국사회에서는 주변부적 특성 때문에 독점자본의 전일적 지배가 이루어지지 못하고 프롤레타리아화가 제한적으로 나타나며 제한된 인구가 독점자본의 지배 외곽으로 주변화되어 노동자계급과 상이한 범주로 주변계급을 형성하며 이들은 부문상으로 비공식부문에 속한다는 것이다(본인의 기존입장). 이러한 논리는 현상분석에 집착한 것으로, 본질적인 측면에서 독점자본의 주변부적 지배의 현상태에 다름없는 것을 잘못 파악하고 있다. 따라서 이러한 특수현상을 자본주의적 운동법칙을 부정하는 근거로 사용하거나, (주변부 사회로서) 한국사회가 서구자본주의의 구조적 본질과 질적으로 다른 내용을 띤다고 해석해서는 안 되고, 기본적으로 독점자본의 자본축적 논리와 연관지어 파악해야 할 것이다"(조희연, 1986: 140~141).

이러한 부문론에 입각한 '절충주의적 계급구분'(김진균·임영일, 1986)은 '기업부문과 비공식부문'(구해근), '조직부문과 자영업부문'(홍두승)의 단절을 가정하고 있다. 이들은 구조적 관점에서 계급구성(구조)의 문제에 접근하기 때문에 자본주의사회의 여러 계급에서 이루어지는 계급순환의 역사적 과정을 올바로 파악하지 못한다. 그렇기 때문에 부문론의 구조적 시각이 아니라 정치경제학의 역사적 시각에서 계급문제에 접근할 필요성이 제기되는 것이다.

계급론적 시각에서 도시빈민의 계급적 위치를 규정하려 했던 시도는 부문론적 구분에 입각해 도시빈민의 내부구성과 규모를 추출하려 했기 때문에 비공식부문론의 이원론적 발상을 벗어나지 못하고 있다. 그리고 도시빈민에 대한 역사적 관점을 결여한 채 구조적 관점에 입각해 계급구성의 양적 측면만 주목했기 때문에 여러 계급의 형성·순환과정 속에서 도시빈민이 차지하는 위치와 의미를 해명하지 못하고 도시빈민을 단일의 계급으로 실체화하는 오류를 저지르게 되었다. 이처럼 부문론적 관점에서 빈민을 단일계급으로 추출하려는 계급론적 접근에는 문제점이 많다. 따라서 빈민에 대한 계급론적 접근은 전체 사회구조 내에서 계급순환과 빈민의 다양한 내부구성을 규명하는 것으로 진전되어야 한다.

부문론이나 생산양식접합론, 주변화론이 전제하는 도시빈민에 대한 실체론적 가정을 극복하면서 계급순환관계를 밝히는 작업은 원론적 정치경제학의 '궁핍화론'으로 대표된다. 자본주의사회의 재생산기제 속에서 근로대중의 빈곤이 어떻게 관철되고 있는가를 해명하는 작업은 한 사회 내에서 자본과 노동의 재생산 과정이 어떻게 진행되는가를 살펴보는 것이다. 생산, 교환, 분배, 소비과정을 자본과 노동의 재생산이라는 관점에서 추급해보면 상대적 과잉인구로서 도시빈민의 의미를 전체 사회관계와 관련해서 파악할 수 있다. 이러한 맥락에서 볼 때 제국주의와 연관성을 중시하면서 노동력 초과착취 형태 속에서 개별 사회구성체 내에서 일어나는 자본축적 과정과 상대적 과잉인구 형성 사이의 관련성을 밝혀내고, 이것이 계급형성에 어떠한 특수성을 가져오는지 밝히는 작업은 매우 중요하다.[15] 한국사회에서는 자본의 소재 보전

15) 자본주의적 축적방식과 대중빈곤의 관계는 직접적이다. 상대적 과잉인구의 존재와 대중의 궁핍화는 자본을 축적하는 데 필요한 기본 조건이자 결과이다. 자본은 대중의 궁핍화로 인한 다취업(multiemployment)과 임시고용, 저임금 등의 기제를 활용해 이윤율이 낮아지는 경향을 보완하고 초과착취를 실현한다. 자본의 초과착취 기제는 ① 노동시간 연장, 노동강도의 증대를 통한 절대적·상대적 잉여가치의 창출, ② 노동력 가치 이하의 임금을 지급해서 노동자의 소비기금을 자본의 축적기금으로 전환하는 저임금으로 나타난다.

① 노동시간 연장과 노동강도의 증대를 통한 초과착취 기제는 생산과정상의 변화를 통해 이루어진다. 이 문제는 노동시간과 노동조건을 둘러싼 작업장 내에서 투쟁을 전개해나가는 바탕이 된다. 생산과정의 분절화를 통해 하청관계가 재편성되면 노동강도와 노동시간이 연장되어 상대적·절대적 잉여가치가 증대되는데 이것은 초과착취의 중요한 구성이다. 국제분업관계를 통해 전개되는 1980년대의 신국제분업 편성이 한국사회에서 어떻게 관철되는가를 해명하고, 이렇게 편성된 산업구조의 특성이 노동과정상에 어떤 특징을 가져오는가에 대한 연구가 필요하다. 이에 대해서는 김진균(1986) 참조.

② 최저임금 문제는 노동력 수급을 중심으로 한 노동시장의 문제일 뿐만 아니라 생활상태의 문제이기도 하다. 임금문제는 노동력을 재생산하는 과정과 직결되는 것으로서 노동시장과 근로대중의 생활상태를 매개하는 중요한 영역이다. 저임금 때문에 부족해지는 노동자계급의 소비기금은 가계단위에서 가구노동력을 동원해 보완하거나 궁핍을 감수하거나 악화된 생활상태를 유지하는 것으로 보완될 수밖에 없다. 생산·소비의 연관성 속에서 저임금기제와 노동자계급의 생활상태를 검토한 연구로는 정이환(1986) 참조.

생산과정과 소비과정의 총체적 맥락에서 ①, ②의 문제를 연구하는 작업이 필요하다.

과 가치 보전의 대외의존성이 극심한데 이 양 측면이 국제적 분업의 연관성 속에서 이루어지기 때문에 제국주의와 관련성이 중요하다.

제국주의의 정치적·경제적 규정성 아래 진행되는 제3세계의 경제정책과 산업화정책은 수입기술과 수출입구조의 변화를 야기한다. 이러한 신국제분업 형태 속에서 제3세계의 산업구조가 변하고, 특히 제조업부문의 변화가 촉진되는데 이는 노동과정, 노동시장의 변화를 초래해 고용구조에서 새로운 현상을 야기한다.[16] 이 같은 노동시장, 노동과정의 변화는 계급순환의 변화를 촉진한다. 국제적 노동분업으로 야기되는 계급순환상의 변화는 공식·비공식부문의 부문 간 순환으로 설명할 것이 아니라 궁핍화론의 상대적 과잉인구 분석을 통해 해명해야 한다.

이 같은 맥락에서 볼 때 도시빈민은 산업노동자계급과 분리된 '항구적 잉여(permanent surplus)' 부분의 주변대중이 아니라 자본의 축적과정과 긴밀하게 통합된 노동자계급의 특정한 분파임을 알 수 있다. 전체 사회구조 내에서 도시빈민이 차지하는 위치를 파악하는 것은 계급구조

---

16) 한국의 산업화는 신국제분업에 의해 '유혈적 테일러이즘'과 '주변부 포디즘'적인 노동과정의 특징을 띠게 되었다. 한국 노동자계급의 빈곤과 저임금 문제, 제조업에서 가장 긴 노동시간 문제는 경공업의 '유혈적 테일러이즘'과 중공업의 '주변부 포디즘'적인 노동과정이 관철된 것으로 해명할 수 있다. "테일러이즘이나 포디즘이 주변부에 적용되면 구상(기획과 계획)은 중심부에 장악되고 실행만이 고도로 조직화되는데 노동속도를 위해 기술적 규제가 강화된다. 그리고 중심부에서 원래 포디즘이 기도했던 바, 대량생산에 대비한 대중노동시장을 개척·확보하기 위해 추구했던 고임금정책이 주변부에서 오히려 저임금정책으로 대치되어 노동자는 생존을 위해 노동시간을 연장하게 된다. 따라서 기술적 규제에 의한 노동강도는 노동조건뿐만 아니라 노동시간의 연장이라는 가중적인 조건에 직면하는 것이다"(김진균, 1986: 316).

에 관한 정태적·기능적 접근으로는 불가능하다. 자본의 재생산 과정 속에서 노동력의 존재형태를 밝혀내는 역동적 분석만이 노동자계급과 빈민 사이의 관련성을 해명할 수 있다. 도시빈민은 항구적 잉여부분으로 산업노동자와 분리된 채 주변적으로 존재하는 것이 아니라 전체에 통합된 부분으로 자본의 재생산 과정에서 부단하게 생성될 수밖에 없다. 따라서 전체와 부분의 관계를 기능·역기능·무기능으로 구분하는 기능론적 관점에 입각한 구조주의적 한계를 극복하고 전체와 부분의 총체적 관련성을 파악할 필요가 있다. 도시빈민은 기능 - 역기능의 통일체로 자본주의사회의 구조 속에서 부단히 재생산되고 있는 것이다.

따라서 공식부문과 비공식부문 관계에 입각한 부문 간 순환[17] 연구는 상대적 과잉인구(relative surplus population)와 산업노동자대중(industrial mass)의 계급적 순환에 관한 연구로 진전되어야 한다. 현상분석에 입각한 부문 간 순환론은 계급관계가 재편성되는 과정을 설명하는 유용한 분석도구이지만 이러한 현상서술이 계급형성의 본질태를 대치해서는 안 된다. 자본축적 과정의 결과인 빈곤현상은 부문 간 차이로 나타날 수는 있지만 이것이 자본의 재생산을 규정하는 본질은 아니다. 빈곤현상(주변화현상)은 경제구조의 결과이지 경제구조를 규정하는 원인은 아니다. 그렇기 때문에 빈곤의 원인은 자본주의적 생산관계와 자본주의적 축적형태에 내재[18]한 모순 속에서 찾아야 한다.

---

17) 공식·비공식부문의 부문 간 순환과 교류를 연구한 사례로는 최재현(1986) 참조. 연령에 따라 공식·비공식부문의 직업이동을 연구한 시계열별 사례로는 이재열(1986) 참조.

18) 소비와 생산의 전 과정 속에서 빈곤의 상태와 원인을 이론적으로 해명하는 작업이 그간 상당히 경시되어왔다. 현대 자본주의가 재생산되는 과정과 자본이 축적되는 논리 속에서 정치경제학적으로 빈곤현상을 해명하는 작업이

빈민의 내부구성을 규명하는 문제에서는 '빈민'이라는 용어 자체가 생활상태를 지칭하는 것이기 때문에 엄밀성을 띠기가 곤란하다. 그렇기 때문에 빈민의 내부구성을 규명하는 문제는 노동자계급의 내부구성을 규명하는 일보다 복잡하고 어렵다. 생활상태, 거주상태, 고용상태 측면에서 빈민을 파악한다면 빈민을 독립된 동질적 구성체로 보기 쉽다. 그러나 자본주의사회에서 빈민은 끊임없이 분화되고 재생된다. 빈민은 노동자와 농민 중 특정 층을 포함해 구성되는 것으로서 노동자나 농민과 무관한 독립적인 존재가 아니다. 빈민의 구성을 동태적으로 파악하기 위해서는 자본제적 생산양식의 전일화과정과 연관해 농민, 노동자, 도시빈민이 빚어내는 순환계열을 해명할 필요가 있다.[19)]

빈민의 내부구성을 파악할 때 빈민의 구성 폭을 어떻게 잡느냐(빈민에 대한 양적 규정) 전체사회 속에서 빈민의 위치를 어떻게 설정하느냐(빈민에 대한 질적 규정)에 따라 각각 빈민론의 이론적·실천적 함의가 다르

시급히 필요하다. 근로대중의 생활상태에 관한 연구는 계급운동의 근간이 될 뿐만 아니라 구체적인 전략·전술을 수립하기 위한 기반이기 때문에 그 의미가 매우 중요하다(Engels, 1968). 노동자계급의 생활상태를 현상적으로 서술하는 데서 한걸음 더 나아가 빈곤현상을 이론화한 연구에 대해서는 小用和憲(1982) 참조. 相澤與一(1981)은 국가독점자본주의 아래에서 이루어지는 노동과 생활의 사회화를 통해 사회적 빈곤화가 일어나는 논리적 근거를 해명하면서 이를 사회운동의 변혁주체 형성과 통일적으로 관련짓고 있다.

19) 노동자, 농민, 도시빈민을 민중으로 설정해 이들의 순환계열을 검토하는 연구로는 박현채(1984c, 1986) 참조. 노동자, 농민, 도시빈민의 순환계열을 밝히는 작업이 중요한 이유는 한국사회의 전체운동 속에서 부분운동으로서 빈민운동이 차지하는 정확한 위치와 역할을 규정해 계급동맹을 형성하는 근거를 마련하기 위해서다. 변혁주체를 형성하는 관점에서 빈민운동을 파악하는 연구에 대해서는 박현채(1984c) 참조.

게 나타난다. 박현채(1986)는 도시빈민을 취업도시빈민과 실업도시빈민으로 구분한다. 취업도시빈민에는 대기업의 저임금노동자, 중소기업 노동자, 임시고용노동자, 도시수공업자, 소상인이 속하고, 실업도시빈민에는 노동능력상실자, 신참이주자, 룸펜프롤레타리아트가 속한다. 이 구분방식은 마르크스(Marx, 1959)가 고용대중(mass of employment)과 실업대중(mass of unemployment)을 구분한 방식과 매우 유사하다.[20] 김형기(1985)는 노동자계급을 중산적 노동자층, 핵심적 노동자층, 주변적 노동자층으로 구분하고 이 중에서 주변적 노동자층을 도시빈민으로 규정한다. 한계적 노동자로서 정체적 과잉인구를 구성하는 '노동빈민(주변적 노동자: working poor)'에는 중소기업의 생산직노동자, 임시고, 일고, 단순노무자, 자유노동자, 판매노동자, 서비스노동자 등이 속한다. 정건화는 마르크스의 궁핍화론과 상대적 과잉인구론에 입각해 도시빈민을 '상대적 과잉인구의 정태적 형태'(정건화, 1987: 63)로 파악하면서 정체적·상대적 과잉인구와 피구휼빈민을 도시빈민으로 설정한다. 그는 "노동자계급에서 도시노동빈민은 산업예비군 역할을 담당하면서 프롤레타리아트라는 더 포괄적인 동일 계급범주에 위치한다. 또 전형적인 노동자계급과 가족단위로 결합해 노동력을 재생산하는 과정에서 함께 만들어지면서 노동자계급의 존재조건을 규정한다"(정건화, 1987: 63)고 본다. 이 경우에는 모두 노동자계급과 도시빈민의 순환계열을 특히 중시한다. 이에 반해 조희연(1985)은 프롤레타리아트, 프티부르주아지, 일

---

20) 마르크스는 고용대중에 노동자군(labor army)과 유동적 상대적 과잉인구(floating relative surplus of working population)를 포함하고 실업대중에 잠재적 상대적 과잉인구(lantent relative surplus of working population)와 정체적 상대적 과잉인구(stagnant relative surplus of working population), 피구휼빈민층(pauperism)을 포함하고 있다(Marx, 1959: 640~648).

부 반실업자를 '주변계급'으로 묶어 도시빈민으로 상정한다.

도시빈민의 내부구성 폭을 크게 잡느냐 작게 잡느냐에 따라 각각 실천적 함의가 달라진다. 일부 노동자계급까지 포함해 빈민의 구성 폭을 확장하면 빈민운동에서 노동자계급의 헤게모니가 강조되어 빈민의 실체적 규정성이 약화된다. 이러한 맥락에서는 빈민의 복합적 내부구성과 계급순환을 중시해 계급연합(동맹)의 전술적 차원에서 빈민운동을 바라보며, 빈민운동의 위치와 의미를 전체운동에서 부분운동으로 설정하기 때문에 빈민운동을 지역적·공간적 차원에서 노동운동과 관련된 전술적 단위로 설정한다. 정건화는 상대적 과잉인구의 정태적 형태와 피구휼빈민을 도시빈민으로 설정함으로써 박현채와 김형기보다 빈민의 구성 폭을 좁게 상정하지만 상대적 과잉인구의 전체적 순환계열에서 이루어지는 프롤레타리아화의 역사적 과정을 중시하기 때문에 실천적 지향에서는 이들과 동일한 함의를 띤다.[21]

조희연이 설정한 빈민의 내부구성을 현상적으로 보면 김형기의 구분과 유사한 것 같지만 빈민의 질적인 의미를 더 강조하기 때문에 다른 논자의 구분방식과는 의미가 다르다. 조희연은 이후 '제한적 프롤레타리아화'라는 논리에 입각해 도시빈민을 주변계급으로 설정했던 초기의 논의를 거두어들임으로써 다른 논자의 입장과 어느 정도 동일한 시각을 견지하게 된 것처럼 보인다(조희연, 1986).

도시빈민을 독립된 계급개념으로 실체화하면 빈민을 변혁주체로 설정해 전략단위로 보기 때문에 노동자계급과 빈민의 순환계열을 중시하

---

21) 이러한 맥락에서 볼 때 빈민의 양적 구성 폭보다는 빈민을 질적으로 어떻게 규정할 것인가가 빈민운동의 방향을 설정하는 데 더 직접적인 영향을 주고 있음을 알 수 있다.

는 경향과는 실천적 판단이 상당히 달라진다.[22] 그러나 앞서 살펴보았던 것처럼 이러한 접근방식의 이론적·실천적 근거는 잘못된 것이다. 빈민에 관한 연구의 출발점과 강조점을 어디에 두느냐에 따라서 이론적·실천적 방법론이 매우 달라진다. 그동안 빈민연구에서 빈민이 다른 계급과는 무관하게 독립된 실체인 것처럼 설정된 이유는 기존의 연구가 빈민의 생활상태에 주목했기 때문이다. 빈민이란 용어 자체에 생활상태적 의미가 강하게 내포되어 있기 때문에 문제의 출발점을 빈민이라는 실체로 잡으면 빈민실체론적 접근이 이루어진다. 빈민실체론적 접근은 상태론적·부문론적·계급론적 접근에서 모두 드러난다. 빈민에 대해 제대로 계급론적 접근 — 특히 빈민을 독자적인 계급적 실체로 파악하는 입장 — 을 하지 못하면 비생산적인 결론을 피할 수 없다. 빈민에 대한 계급론적 접근은 빈민을 단일 실체의 계급범주로 수렴하는 방향이 아니라 전체 사회구조 속에서 이루어지는 계급순환과 빈민을 내부구성하는 문제로 집중되어야 할 것이다. 빈민 자체가 독자적인 계급이 아니라 빈곤한 생활상태에 놓인 층을 의미하는 한, 빈민의 내부구성은 다양한 형태로 설정되어야 한다. 이러한 시각에서 빈민을 하나의 사회적 범주로 설정하는 것이 더 의미 있는 결과를 가져올 것이다.

빈민문제는 가구단위와 지역의 문제로 발현되지만 소비단위의 동질성과 생산단위의 이질성 때문에 노동과정과 생산단위에서 빈민문제의 위치는 다양할 수밖에 없다. 그렇기 때문에 빈민운동은 빈민이라는 단

---

22) 도시빈민운동을 활성화시킨다는 명목 아래 '도시빈민계급'을 상정하면 이론과 실천을 실행주의적으로 억지로 접맥해버리게 된다. 실천적 의도를 표출해야 이론과 실천의 정당성이 확보되는 것은 아니다. 이러한 경향을 대표하는 형태로는 김형석(1985) 참조.

일한 실체를 주체로 세워 독자적인 계급운동으로 설정할 수 없으며 지역단위에서 이루어지는 다계급연합운동으로 설정해야 한다. 실제로 지역거자주자는 철거문제나 지역의 특정 쟁점을 중심으로 이루어지는 운동주체이며 이들의 계급적 구성은 다양하다. 빈민운동에서 공간구조 문제가 중시되는 이유가 바로 여기에 있다. 공간구조 문제를 빈민운동론의 주요 영역으로 수용하면 도시사회운동, 지역사회운동으로서 빈민운동의 포괄력과 유연성이 크게 확장된다.[23)]

3) 정치경제학적 접근과 도시공간론적 접근

1970년대에 이루어진 빈민연구는 생산, 교환, 분배 및 소비의 총체적 연관관계를 포괄하는 사회구성체적 수준의 연구를 방기했다. 그리고 빈민의 거주상태와 생활상태를 서술하는 데 치중했기 때문에 빈민문제에 대한 과학적 전망을 확보할 수 없었다. 빈민문제를 분배구조의 결과인 소비영역에 국한하면 빈민의 주거상태와 생활상태의 가시적 구체성 때문에 빈민의 실체가 선명하게 드러나는 것처럼 보일 수 있다. 그러나 이것은 생산, 교환, 분배, 소비를 총체적으로 연관 지어 검토하는 것이 아니기 때문에 빈곤의 결과를 기술하는 데 머물러 빈곤의 원

---

23) 1970년대 빈민운동은 철거반대투쟁을 중심으로 도시공간구조 문제를 제기해왔다. 1980년대 중반에 도시재개발을 둘러싸고 진행되었던 빈민운동의 기본 축은 철거반대투쟁이었다. 공간적·지역적 차원을 배제하고서는 빈민운동에 대한 실천적 대안을 논할 수 없다. 1980년대에 활발하게 진행되었던 고용구조적 접근이 빈민운동의 실천에 별다른 기여를 하지 못했던 이유는 생산영역의 구조적 분석을 소비영역의 구체적 현실과 결합하지 못했기 때문이다.

인과 빈곤을 극복하는 방법을 과학적으로 규명할 수 없다.

이러한 맥락에서 볼 때, 고용구조 측면에서 빈민문제를 다루었던 1980년대 초반의 연구는 일면 중요했다. 그러나 빈민 고용구조에 관한 연구도 생산, 교환, 분배, 소비의 총체적인 연관성을 확보하지 못하면 빈민운동에 대한 실천적 대안을 제시할 수 없다. 빈곤의 원인, 빈민의 형성, 빈민의 구성을 밝혀내려면 생산관계 측면에서 분배 및 소비문제에 접근해야 한다. 이러한 시각에 근거해야만 빈곤상태에 관한 연구가 사회구성체 수준을 유지할 수 있으며, 빈민의 객관적 조건과 빈민운동의 주체적 조건 사이의 관계를 올바로 설정할 수 있을 것이다. 빈민연구의 중점을 생산, 교환, 분배, 소비의 측면 중 어디에 두느냐에 따라서 연구결과가 빈민운동에 제공하는 실천적 함의가 달라지기 때문에 사회구성체 수준의 접근이 빈민운동을 정립하는 데 가장 시급하다.

이 같은 맥락에서 한국사회구성체 논쟁과 변혁론을 둘러싼 논의의 성과가 적극적으로 수용되어야 한다. 그동안 빈민연구를 보면 한국 자본주의의 재생산 구조 속에서 빈민의 생활상태가 검토되지 않았기 때문에 빈민론의 과학적 정립과 빈민운동의 진전이 정체된 것이다. 빈민에 대한 규정이 서술적 용어 수준에서 과학적 개념 수준으로 발전하고, 빈민의 내적 구성과 형성·분화·재생산 과정을 일관되게 밝히려면 한국 자본주의의 구조와 빈민이 처한 제반 상태(생산영역의 고용상태와 소비영역의 생활상태)를 통일적으로 파악하는 방법을 모색해야 한다. 이러한 방법론적 토대 아래 빈민이 처한 객관적 조건을 검토하고 빈민운동의 주체적 조건을 마련하기 위해 빈민운동론의 개발을 추구해야 할 것이다(고민석, 1987). 이 같은 이유에서 생산영역과 소비영역을 생산, 교환, 분배, 소비의 총체성 속에서 결합하는 정치경제학적 방법론이 필요하다. 생산영역의 노동과정을 생산단위(작업장)와 소비단위(가구, 지역)의 통일적인 연관성 속에서 해명하는 공간론적 접근이 필요한 이유가 여기에 있다.

1970년대 빈민론은 상태론의 영역을 소비단위(가구단위, 가족단위)에 국한하고, 그것도 거주지역에서 드러나는 주거문제에만 국한함으로써 소비영역에서 나타나는 문제(생활상태, 거주상태)와 생산영역에서 나타나는 문제(노동조건, 노동상태) 사이의 총체적인 관련성을 확보하지 못했다. 그렇기 때문에 노동자계급의 생활상태 문제가 경시되는 한편 빈민을 노동자계급과 별개로 존재하는 실체로 상정하는 현상주의적 오류를 양산했다. 이러한 1970년대 빈민론(운동)의 경험은 1980년대 고용구조 문제를 다루는 연구에도 그대로 이어졌다. 이 연구는 상태론 영역의 총체성(생산과정 상태와 소비과정 상태)을 확보하지 못한 채 생활상태와 고용상태를 기계적으로 분리하거나 무매개적으로 결합하는 분석에 그쳐 버려서 빈민의 고용상태를 비공식부문 종사자(혹은 소상품 생산자)의 특수한 영역에 한정하는 인식론적 오류를 낳았다. 이러한 인식론 오류는 현실에서 일어나는 빈민운동에 대해 어떠한 시사점도 주지 못하는 실천적 이론의 불모를 가져왔다. 이 같은 현상이 발생한 이유는 상태론의 문제영역을 정확하게 확보하지 못했기 때문이다. 상태론에 대한 원론적 인식과 정치경제학적 분석방법론을 새삼 강조하는 이유는 과학적 인식에 근거하는 실천토대를 마련하기 위해서다.

빈민에 대한 규정은 생산, 교환, 분배, 소비 중에서 분배결과로 인한 소비상태에 따르기 때문에 상대적으로 고용구조와 노동과정 내에서 상태에 관한 연구가 결여되기 쉽다. 계급론에서 상태론에 관한 연구의 주대상은 생산관계에 의해 규정되는 여러 계급의 경제적·정치적·이데올로기적 상태이다.[24] 이 중 경제적 상태에 관한 연구는 생산영역의 상태(노동환경, 노동시간)와 소비영역의 상태(의식주)연구로 구성된다. 소비영역의 상태연구는 노동력 재생산 구조에 관한 연구로서 경제적·정치 이데올로기적 재생산문제를 다룬다. 노동력의 경제적 재생산에 관한 연구는 분배결과로 일어나는 소비구조와 생활상태연구를 다룬다. 자본주의사회에서 이윤, 이자, 임금의 형태로 이루어지는 분배는 생산관계 측면에서 결정되기 때문에 결과적으로 소비구조와 생활상태는 생산영역의 규정을 받는다. 계급상태론의 이러한 총체성을 기반으로 하여 생산영역과 소비영역의 올바른 관계를 설정할 때 비로소 빈민운동의 실천적 대안이 가능하다.

생산영역과 소비영역의 관계는 사회발전단계에 따라 변한다.[25] 전(前)자본제적 사회에서는 생산영역과 소비영역이 지역공동체 가족단위

---

24) 변혁운동의 구체적 토대인 계급상태론 영역의 의미는 매우 중요하다. 노동자계급은 노동현장(생산현장: 공장)에서 노동시간, 작업조건, 임금 등을 둘러싸고 자본가계급과 대립하며, 생활현장(소비현장: 지역)에서는 거주환경, 교통, 의료, 복지 등을 둘러싸고 자본 및 국가와 대립한다. 일상적·경제적 측면에서 나타나는 이러한 대립은 계급대립에서 가장 구체적일 뿐만 아니라 직접적인 형태이다. 계급상태론 연구는 변혁운동의 여러 측면(경제투쟁, 정치투쟁, 이데올로기투쟁)의 통일성을 확보하기 위한 기반이다.

25) 엥겔스는 생활수단과 생산수단을 생산하는 과정인 물적 생산과정과 인간의 세대적 재생산 과정이 노동과 가족의 발전단계에 따라 규정된다고 본다. 노동발전단계와 가족발전단계에 대한 엥겔스의 구분은 생산단위와 소비단위의 관련성에 대해 유익한 시사를 준다. “유물론적 개념에 의하면 역사를 규정하는 궁극적 요인은 생활 속에서의 생산과 재생산이다. 그러나 이 자체는 두 가지 성격을 띤다. 하나는 생계수단으로서 생산, 즉 의식주와 의식주를 만드는 데 필요한 도구를 생산하는 것이다. 다른 하나는 인간 자체의 생산, 즉 종의 번식이다. 특정한 역사적 시대에 특정한 국가의 인간이 처해 있는 사회적 제도는 이러한 두 가지 생산에 의해, 즉 노동의 발전단계와 가족의 발전단계에 의해 규정된다”(Engels, 1970: 449).

에서 통일되어 있기 때문에 노동과 생활이 일치하고 작업장과 거주지가 일치하기 때문에 지역 차원에서 공동체영역이 지속될 수 있었다.[26] 그러나 공장제 기계공업이 발달하면서 소상품생산이 점차 쇠퇴하고 생산단위와 소비단위의 통일체인 가족의 의미가 급격하게 변한다. 본원적 축적과정은 생산단위와 소비단위의 통일성에 근거한 생계유지적 자가생산 기반을 와해함으로써 수많은 무산자를 창출한다. 공장제 기계공업에서 채택되는 자본제적 노동과정은 개인을 가족에서 끌어내 전자본제적 환경 속에서 긴밀하게 연결되어 있던 지역공동체 내의 이웃 간 친근성을 파괴시킨다. "근대산업 발전이 가져온 결과의 하나는 생산이 가족에서 공장으로 대거 이동했다는 점이다(실제로는 많은 여성이 계속해서 가정과 소규모 영세공장에서 일했다). 이렇게 생산은 가족과 분리되었고, 가족은 재생산과 소비라는 두 개념으로 논의할 수 있는 '기능'을 보유하게 되었다. …… 가족은 주된 소비영역이기도 한데 소비는 자본주의적 생산양식에서 상품을 순환하는 데 필수적이다. 생산, 재생산 및 소비의 관계는 역사적으로 변하는데, 재생산과 소비의 형태, 즉 가족 내부의 성별분업 형태를 최종적으로 결정하는 것은 생산양식의 변화이다"(Beechy, 1978: 50~51).

이처럼 자본제적 생산양식 아래 생산영역과 소비영역의 통일성이 와해되어 가족의 기능이 소비단위에 그치게 되고 생산단위로서 공장의 기능이 급격하게 커진다. 이 결과 거주지와 작업장, 생활과 노동이 분리되어 지역의 공동체적 의미가 상실된다.[27] 자본제적 노동과정이 발

---

26) 특히 농업사회에서는 생계를 유지하기 위해서 생산단위로서 지역공동체의 의미가 매우 크다.

27) 작업장과 거주지의 통일성이 와해되고 이들이 완전히 분리되는 과정을 노동

달하면 생산력이 증대될 뿐만 아니라 '작업장 내의 분업'과 '사회적 분업'이 증대되기 때문에 결과적으로 성별분업이 변동되고 가족의 의미가 달라진다.[28] 마르크스는 기계제공업이 노동자계급에 미치는 영향으로서 노동일의 연장, 노동강도의 강화 외에도 여성과 유년노동력 등 보조노동력을 고용해서 노동력을 가치 분할한다는 점을 든다(Marx, 1959: 394~417). "기계가 근육의 힘을 필요로 하지 않는 한도 내에서, 유약한 노동자나 신체성장은 불완전하지만 팔다리가 더 유연한 노동자를 고용하게 되었다. 그러므로 기계를 사용하는 자본가는 여성과 아동의 노동력에 주목하게 되었다. 노동과 노동자의 이러한 대체현상은 연령과 성을 구별하지 않고 노동자가족의 전 구성원을 자본의 직접적인 지배 아래 두어 임노동자의 수를 급증시켰다"(Marx, 1959: 394). 이렇게 여성노동력이 노동시장에 유입되자 노동력의 가치가 분할되어 자본의 착취가 증대했다.[29] 자본이 노동을 실질적으로 포섭하면 생산단위(작

자계급이 형성되는 관점에서 검토하는 사례연구는 페로(Perrot, 1986) 참조. 초기 산업화과정에서, 특히 소상품생산 영역에서는 대부분 거주장소와 작업장소가 완전히 일치했다. 직조업자들은 집의 다락과 지하실을 작업장소로 활용했다. 요업이나 주물업의 경우는 거주지 인접지역에 거주지와 구별되는 가족작업장을 설치해 가족 작업장소로 활용했다. 이때는 아직 생활과 노동이 완전히 분리되지 않았고 직종조합과 이웃공동체의 결합이 유지되었다. 그 후 완전히 독립된 공장이 거주지와 분리되어 건설될 때에도 이들은 대부분 마을이나 노동자계급 주민거주지 내에 존재했기 때문에 지역공동체는 상당 기간 노동운동 공간을 확보해주는 연대의 기초로 작동했다(Perrot, 1986: 83~92).

28) 엥겔스는 생산의 사회화가 가족구조에 미친 영향에 대해 다음과 같이 말한다. "대규모 산업으로 인해 여성이 가정에서 노동시장과 공장으로 내몰려 가족의 생계책임자가 되면서 프롤레타리아트 가정에서 남성지배의 최후 보루가 무너져버렸다"(Engels, 1970: 499).

업장)와 소비단위(거주지)가 완전히 분리되는데 이로 인해 여성은 가사노동뿐만 아니라 임금노동까지 감당해야 한다.

이리하여 자본제적 생산양식에서 가족은 노동력을 재생산하기 위한 '소득결합단위(income pooling unit)'가 된다.[30] 공장제생산의 발전으로 여성노동력(가사노동력)이 생산노동력으로 활용되면 생산영역은 가족단위에서 더욱 분리된다. 노동자계급 여성이 임노동에 참여하면 노동력을 재생산을 위해 가구단위에서 이루어지는 가사노동(요리, 육아, 제반 가사)의 성격이 변한다. "수유, 육아 같은 가족기능은 완전히 없어질 수 없기 때문에 자본에 징발된 어머니는 대체물을 찾아야 한다. 바느질이나 수선 같은 가사작업은 기성품을 구매하는 것으로 대체되어야 한

---

29) "노동력 가치는 성인노동자가 자신을 유지하는 데 필요한 노동시간뿐만 아니라 그의 가족을 유지하는 데 필요한 노동시간에 의해 결정된다. 기계는 전 가족성원을 노동시장으로 몰아넣어 성인남자의 노동력 가치를 그의 전 가족성원에게 분산한다. 그리하여 그의 노동력 가치는 감소된다. 노동자가족 네 명이 노동하는 것은 가장 혼자서 노동하는 것보다 더 많은 비용이 들지만, 대신 네 사람의 노동력이 한 사람의 노동을 대치해서 결국 한 사람이 생산하는 잉여가치보다 네 사람이 생산하는 잉여가치가 더 커지고 노동가격은 떨어지게 된다. 이제 한 가족이 살기 위해서는 네 명이 노동을 해야 할 뿐만 아니라 자본가를 위한 잉여노동도 증대하게 된다. 이처럼 기계는 자본이 착취의 주대상으로 삼는 인적 자원의 수를 증가하게 만드는 동시에 착취정도를 심화한다"(Marx, 1959: 395).

30) "소득결합단위인 가족은 반드시 동거단위(가구)와 일치하지 않는다. 가족의 형태와 범위는 자본의 요구에 따라 변할 수 있고, 자본제적 생산양식의 발달에 따라 가족조직과 지역성원의 관련성은 점차 약화된다. …… 특히 임금이 낮은 지역에서는 가족이 임금을 재생산하기 위해 가족구성원을 지역적으로 분산하는데 이 때문에 주변부사회에서는 개별 거주단위(가구)보다 소비단위(가족)가 큰 경우가 많다"(정이환, 1986: 18).

다. 따라서 가족을 유지하는 데 드는 비용이 증가하고 더 많은 수입이 요구된다"(Marx, 1959: 395). 이 결과 전에는 가족단위의 가사노동이 담당하던 부분이 자본제적 생산부문의 소비재생산으로 대치된다. 또 가사노동의 일정 부분이 사회화되고 소비와 생활 역시 사회화된다.[31)]

자본제적 생산양식이 발전함에 따라 생산과 노동의 사회화뿐만 아니라 생활과 소비의 사회화도 폭넓게 진행된다.[32)] 국가독점자본주의 아래에서 집합적 소비수단을 확장하기 위한 소비와 생활의 사회화는, 자본의 가치증식 위기를 극복하기 위해 독점자본이 부담하는 노동력 재생산 비용을 국가의 조세지출로 대치해 — 직접임금을 간접임금(사회적

---

31) 가족의 생산단위 역할이 감소하고 소비단위로 분화됨으로써 자본제적 생산에 의해 거주, 식료, 의류, 의료 등 노동력생산에 필요한 제반의 것이 생산된다. 자본제 아래에서는 의식주가 상품화되는 현상이 급격하게 증대된다. 주택의 상품화기제와 부동산자본에 대해서는 라마르케(Lamarche, 1976), 리피에츠(Liepietz, 1985) 참조. 수유식품 상품화에 대해서는 그레이너와 레트함(Greiner & Letham, 1982) 참조. 의료의 상품화에 대해서는 나바로(Navarro, 1976), 샤츠킨(Schatzkin, 1978) 참조. 교통, 공공시설, 공원, 공공주택 등의 집합적 소비수단의 증대와 소비사회화에 대해서는 카스텔(Castells, 1983) 참조.

32) 국가독점자본주의 단계에서 생산과 노동이 사회화되고, 소비와 생활이 사회화되면 사회주의로 이행하는 데 필요한 물적 토대가 확립되지만, 여전히 사적 소유로 인한 수취가 관철되기 때문에 노동과 자본의 모순은 더욱 격화된다. 국가독점자본주의 아래에서 진행되는 소비와 생활의 사회화는 자본의 가치증식과 관련되기 때문에 제한된 영역과 사회적 조건에서만 이루어진다. 자본주의체제에서는 소비와 생활의 사회화가 완전히 이루어질 수 없다. "유통의 사회화, 소비의 사회화, 노동력 생산·재생산수단의 공간적 집중, 발전된 협업은 현재의 생산력 발전단계에 상응하며, 따라서 자본주의적 축적에 필요한 새로운 형태의 생산성 증대에 상응한다. 그러나 동시에 이러한 사회화는 생산력의 사회화와 생산관계의 자본주의적 특성 사이에 일정한 모순을 내포하고 있다"(Lojkine, 1976: 127).

임금)으로 대치 — 광범하게 진행된다.[33] 국가독점자본주의 아래에서 교통, 통신, 공공주택단지 등은 유통기간을 단축시켜 자본의 순환기간을 줄임으로써 잉여가치를 증식하는 데 기여한다. 또 공원, 교육시설, 상하수도시설, 공해방지시설, 의료시설 등은 노동력 재생산 비용을 낮추어 저임금을 유지하는 기제로 활용된다. 이러한 집합적 소비수단을 확충하는 데 필요한 비용은 주로 공공자금에 의해 충원되는데, 이는 자본의 부담을 전 국민에게 전가하는 것이다. 결국 노동에 대한 자본의 착취가 보완되고 자본에 대한 노동의 대항력이 무마화·개량화되는 결과가 일어난다.

발달된 선진 자본주의국가에서는 자본의 유기적 구성의 고도화에 따른 이윤율 저하 때문에 일어나는 가치잠식(devalorization)을 극복하고 이윤율을 증대하기 위해, 노동력 재생산 비용(직접임금과 간접임금) 중 공공부문을 통한 사회적 임금을 증대하여 개별 자본의 부담을 줄인다. 이는 노동운동세력이 커지고 일정한 임금보장을 요구하는 노동조합의 압력을 회피할 수 없는 조건 속에서 자본이 노동력 재생산에 드는 상당한 비용을 공공화함으로써 노동자계급의 임금인상 압력을 우회적으

---

33) 아길레타(Aglietta)는 국가독점자본주의사회에서 생산력이 증대하고 노동과정이 변화하면서 발생한 생산과 노동의 사회화를 소비와 생활의 사회화과정과 연관시켜 검토한다. 그에 따르면 생산과정이 변하면 소비양식이 변한다. 즉 포디즘의 노동과정은 '포디즘의 소비양식(mode of consumption of Fordism)'을 산출한다. 이러한 기제는 임금형태가 변화하면 이루어지는데, 국가재정을 통해 공공보조가 증대하고 보험체계 등이 발전하면 금융자본의 지배가 더욱 확장되는 한편 인플레이션과 신용위기가 온다. 이러한 변화로 임노동관계가 일반화되고 임노동계급이 성층화되서 노동자계급의 생존조건이 변하고 국가독점자본주의 아래 계급투쟁 형태와 영역이 더 확장된다 (Aglietta, 1979: 151~214).

로 회피하는 것이다. 결과적으로 노동력을 재생산하는 데 필요한 소비수단의 사회화는 소비와 생활의 사회화를 가져와 집합적 소비수단의 문제를 계급투쟁의 중요한 영역으로 만든다.[34)]

최근 근대경제학의 부문론적 접근과 종속이론에 입각한 도시빈민 연구가 여러 문제점을 드러내자 도시화과정을 정치경제학의 범주에서 추급하려는 움직임이 일어나고 있다. 도시공간론적 접근은 도시빈민을 독립된 계급적 실체로 간주하기보다는 도시화과정 속에서 드러나는 주택, 교통, 교육 등의 제반 편의시설(집합적 소비수단)을 통해 노동력이 어떻게 재생산되는가를 해명하는 데 치중하면서, 자본축적과 자본의 가치증식이 도시화과정과 어떠한 상관관계에 있는지 연구한다. 주로 국가독점자본주의 단계의 서구사회를 분석대상으로 삼는 접근방법은 정치경제학적 분석방법론을 채택해 생산, 교환, 분배, 소비의 전체 틀 속에서 고용구조와 계급구조, 생활상태, 거주상태를 복합적으로 고려하면서 국가 지원에 의한 자본의 가치증식 과정이 어떻게 도시구조를 주형화하며, 이것이 자본 - 노동의 계급관계에 실제로 어떤 영향을 미치는지 연구한다. 집합적 소비는 도시공간의 사회적 조직화를 통해 규정되는데, 집합적 소비 자체는 개인적 차원이 아니라 사회적 차원에서 노동력을 재생산해 자본순환을 촉진한다. 그리고 자본주의사회체제의 재생산을 유지하기 위해 국가독점자본주의사회에서 날로 증대되고 있

34) 도시문제를 집합적 소비수단의 문제 틀 속에서 파악하면서 국가독점자본주의 아래 국가개입과 규제를 밝혀내고, 이를 둘러싼 국가 - 자본 - 노동의 모순을 통해 도시사회운동(urban social movement)의 가능성을 추출하는 카스텔(Castells, 1983)의 도시사회학이론과 프랑스 공산당(PCF)의 국가독점자본주의이론에 근거해 반독점통일전선 전략의 입장에서 도시발전이론을 연구하는 로이킨(Lojkine, 1976)이 이러한 경향의 대표적 사례이다.

다.[35] 이러한 접근은 국가론, 도시문제, 자본운동론을 포괄적으로 연구하면서 자본 - 노동의 모순관계에 근거한 도시사회운동의 가능태를 모색한다.

국가독점자본주의에서는 작업장과 사회 내의 협업관계가 더욱 커지기 때문에 생산의 사회적 성격이 증대된다. 그리고 자본의 입장에서 생산수단과 소비수단의 효율적인 공간 분배가 관철된다. 유통의 사회화, 소비의 사회화, 노동력 재생산수단과 생산수단의 공간적 집적, 생산력의 발전을 뒷받침하는 협업의 발전, 자본축적에 의해 촉진되는 생산성 증대 등의 문제는 국가독점자본주의사회에서 확대되는 자본 - 노

35) 中村哲(1983)은 자본주의의 노동력 재생산이라는 관점에 입각해 국가독점자본주의 단계의 선진 자본주의국가에서 노동력이 재생산되는 구조와 중진 자본주의국가에서 노동력이 재생산되는 구조, 저개발 국가에서 노동력이 재생산되는 구조의 차별성을 언급한다. 한국 자본주의를 구체적으로 분석하기 위해서는 제국주의와 관련이 있는 특수한 노동력 재생산 구조를 밝히는 것이 매우 중요하다. 식민지국가나 종속국에서도 특수한 자본제적 생산양식을 밝히는 것이 매우 중요하다. 식민지국가나 종속국에서도 자본제적 생산양식이 진전됨에 따라 노동과 생산의 사회화가 급격하게 진행된다. 이것이 비록 종속적 재생산 구조를 띠는 것일지라도 자본제적 생산양식이 확장되면 노동과 생산의 사회화가 이루어진다. 그러나 집합적 소비수단이 확장되면 소비와 생활의 사회화는 매우 제한된 영역에서만 일어난다. 왜냐하면 신국제분업 구조 아래 규정되는 저임금구조가 대량의 과잉노동력에 근거하기 때문이다. 저임금구조 아래에서는 개별 노동자의 장기적인 노동력 재생산이 보장되지 않아 노동력이 마모된다. 또 질병이나 실업상태에서 임금이나 사회보장제도에 의해 재생산 비용이 충당되지 않는데도 자본제부문에 필요한 전체 노동력이 유지되는 이유는 대량의 과잉노동력이 존재하기 때문이다. 자본은 노동능력을 상실한 노동자를 축출하고 과잉노동력 중에서 새로운 노동자를 충원한다.

동의 모순, 즉 생산력의 사회적 성격과 생산수단의 사적 소유 간 모순을 확장시킨다. 국가독점자본주의에서 진행되는 도시화는 생산의 간접적 비용, 유통비용, 소비비용을 감소시켜 자본순환율을 가속화하고 자본의 가치증식을 더욱 급속하게 만드는 자본논리 과정의 일부분이다. 이러한 논의는 생산, 교환, 분배, 소비의 전체 틀 속에서 국가, 자본, 여러 계급 간 모순구조를 파악해 도시화과정의 모순이 어떻게 배치되는지 밝히는 데 의미가 있다. 서구 국가독점자본주의사회의 경험에 근거한 이러한 접근은 도시화과정에서 국가의 역할과 자본의 이익을 뒷받침해주는 제반 정책의 계급적 성격을 규명해 도시문제(주택, 교통, 공공시설, 사회복지, 공해)를 정치적 영역에서 쟁점화할 수 있는 장점이 있다. 따라서 국가와 자본에 대한 정치투쟁의 영역을 이론적으로 확립할 수 있고, 정책정당이 합법적으로 인정되는 부르주아 민주주의체제에 따라 '도시사회운동'이라는 운동영역을 개발할 수 있다.[36]

도시공간의 활용을 둘러싸고 진행되는 여러 계급 사이의 갈등과 투쟁은 도시공간을 평등하게 활용하고 공공시설에 대한 균등한 혜택을 받는 등의 경제적 요구를 획득하는 것이 주목적이다. 하지만 도시사회운동의 목적은 이러한 차원에 국한되지 않고 전체 사회구조의 변혁과

---

36) "국가독점자본주의론에 입각한 도시공간론적 접근이 이론적으로 시사하는 바는 매우 크다. 도시빈민운동에 대한 기존의 심정주의적 문제의식의 협소함과, 종속이론과 주변부 자본주의론의 포퓰리즘(populism)적 접근방식에 따른 속류궁핍화론에 이론적 대안을 제시할 수 있다. 빈민운동에 도시사회운동의 시각으로 접근해 국가독점자본주의론적 접근방법은 종속이론에 근거한 주변부 자본주의론식 접근방법의 문제점을 보완할 수 있으나, 서유럽 사회상황에서 발생한 이 논의가 어떠한 매개를 통해 한국에서 활용될 수 있는지가 문제다"(고민석, 1987: 343).

도 일정하게 연관됨으로써 변혁운동의 일부분을 담당하는 데까지 발전할 수 있다. 아래에서는 도시사회운동의 가능성에 대해 살펴보려 한다.

4. 도시사회운동론의 모색

1) 도시사회운동론의 논리

1960년대 이후 서구에서는 경제학, 지리학, 정치학, 사회학 분야에서 도시와 지역에 관한 연구가 광범하게 진행되었다.[37] 하비(Harvey, 1983)는 공간문제의 중요성을 강조하면서 도시공간문제를 정치경제학에 입각해 해명하려고 했으며, 카스텔(Castells, 1978)과 로이킨(Lojkine, 1976)은 국가독점자본주의 아래 증대되는 소비와 생활의 사회화문제를 노동력 재생산의 관점에서 정치경제학과 연관시켜 집합적 소비수단의 획득을 둘러싼 도시사회운동 영역을 이론적으로 확립했다.[38] 이들은

---

37) 새로운 도시사회학의 추세와 쟁점에 관해서는 라바스(Labas, 1982) 참조.

38) 현대사회과학에서 공간범주의 중요성과 의미에 대해서는 어리(Urry, 1985) 참조. 카스텔과 로이킨은 집합적 소비수단 문제를 도시사회운동의 주요한 영역으로 설정하는 데는 관점이 일치하지만 구체적인 운동의 실천전략을 수립하는 데는 그렇지 않다. 카스텔과 로이킨의 도시사회학에 대한 비판적 검토로는 할로(Harloe, 1979) 참조. "도시정치에 관한 마르크스주의 분석내용을 규정하기 위한 로이킨과 카스텔의 시도는 마땅히 다루어야 할 주체의 분석을 시도했다는 맥락에서 매우 가치 있다. 그러나 이 시도는 잘못된 증거와 주장에 입각해 있다. 로이킨과 카스텔은 도시발전이 독점자본에 의해 지배되고 있음을 증명하려 한다. 독점자본이 형성되려면 특정한 유형의 도시발전이 필요하고, 자본주의는 더 이상 진보가 곤란한 지점에 도달했기 때

모두 자본-노동의 논리를 도시문제를 분석하는 데 재흡수해서 도시사회학의 영역을 경제분석과 공간분석의 복합적 이론 틀로 확장시켰다. 이러한 접근방식은 도시의 물리적 환경을 중심으로 공간영역을 연구하던 시카고(Chicago)학파의 생태학적 편향이나, 도시성이라는 틀 속에서 도시문제를 문화영역에 국한시켰던 워스(Wirth) 류의 관념론적 편향을 극복할 수 있게 해주었다. 그리고 원론적 정치경제학의 틀 속에서 빈곤문제를 이론적으로 해명하는 데 안주했던 기존의 연구에 공간문제의 실천적 중요성을 재확인하게 했다.

카스텔은 선진 자본주의국가의 경제가 점차 잉여가치의 실현, 시장확대 등의 소비영역에 의존하게 된다고 본다.[39] 자본주의에서 이루어지는 경제적 집중은 집합적 소비의 관리와 조직 위주의 공간 집중을 가져오는데, 이러한 집합적 소비의 공간적 관리는 거주공간의 구조를 결정한다. 카스텔에 의하면 국가는 집합적 설비를 제공하고 관리해서 도시생활을 지배하게 되는데, 이러한 국가의 역할 때문에 도시문제가 정치화되고 국가에 대항하는 도시사회운동 영역이 발전한다는 것이다.

문에 현재의 모순에는 광범한 실천적 함의가 있다고 본다. 이러한 위기 속에서 도시운동의 역할은 결정적이다. 그러나 이러한 것은 실천보다는 이론에서 일어난다. 그리하여 도시적 수준에서 중요한 계급투쟁이 발생할 가능성은 있지만 아직까지 이런 일이 일어난 적은 거의 없다"(Harloe, 1979: 142).

39) 로이킨은 카스텔이 소비영역과 생산영역을 올바로 관련시키지 못해서 도시사회운동이 소비문제 중심의 투쟁으로 왜곡됐다고 비판한다. 로이킨은 독점자본의 운동논리를 따르는 도시정책의 기능성을 강조하면서 일관되게 반독점투쟁을 주장한다. 그는 도시사회운동을 소비영역의 권익투쟁을 중심으로 하는 개량주의적 관점에서 벗어난 피지배그룹의 조직적 저항으로 규정한다 (Lojkine, 1977).

"독점자본과 국가의 도시정책에 반대해 형성된 사회적 동원(반드시 특정한 계급에 근거할 필요는 없다)은 지배계급의 제도화된 '도시가치(urban meaning)'에 대항해 새로운 도시가치를 제기한다"(Castells, 1983: 305). 자본주의에서 도시주민은 도시공간을 교환가치로서 활용하는 데 반대하고 사용가치로서 새로운 의미를 강조한다. 이러한 지향이 집합적 소비문제(collective consumption)와 연관되어 경제적 영역에서 독점자본에 대항하는 지역주민의 투쟁으로 확장된다. "도시사회운동은 지배계급의 논리, 이해, 가치에 대항해 제도화된 도시적 의미를 변혁하기 위한 집합적이고 의식적인 행동이다"(Castells, 1983: 305). 카스텔은 도시사회운동에서 지속적이고 효과적인 성과를 얻으려면 집합적 소비수단의 요구, 정치적 자치확보, 공동체적 문화형성이라는 세 가지 목표를 실천해야 한다고 지적한다.[40]

그러나 카스텔처럼 구조주의적 인식론에 근거해 사회구성체의 제반 수준을 경제·정치·이데올로기로 나누고, 하부단위인 도시공간에서 형성되는 모순을 둘러싸고 발생한 운동을 도시사회운동으로 규정하는 것은 도시체계를 이론적으로 해명하고 도시공간을 둘러싼 모순형태를 드러내는 데는 효력이 있을 것이다. 그러나 전체와 부분, 이론과 실천을 구분하는 비변증법적인 접근방식 때문에 사회적인 실천영역을 총체적으로 설정하지 못하는 한계가 있다.

카스텔의 '도시사회운동(urban social movement)' 개념은 도시공간, 도시체제의 모순과 위기를 구조적 차원에서 식별하고 이에 따라 도시사회운동의 객관적 조건을 논리적으로 유추한다. 이 개념은 이론적으로

40) 카스텔은 라틴아메리카, 샌프란시스코, 파리, 스페인의 사례연구 분석을 기반으로 하여 이 같은 결론을 내리고 있다(Castells, 1983).

매끄럽지만 도시적 실천이라는 분절적 실천관에 입각해 있기 때문에 전체운동과 총체적 관련성을 상실하게 된다. 카스텔의 구조주의적 실천관은 사회구성체의 제반 수준을 경제·정치·이데올로기로 나누고 수준별로 경제적 실천, 정치적 실천, 이데올로기적 실천을 상정하는 데서 노골화되고 있다. 이에 근거해 도시적 실천영역을 설정하면 제반 영역과 수준에서 이루어지는 다양한 형태의 실천을 드러낼 수 있는 장점은 있겠지만 사회적 총체성과 역사적 실천성을 담보하지 못해 유형학적 분류의 이론적 실천에 그치는 한계가 있다. 또한 구조의 실천에 대한 규정성을 강조하기 때문에 주체형성과 실천이라는 역사적 요인을 경시하고 운동의 역동성을 놓쳐서 조직문제를 소홀히 넘기는 오류에 빠질 우려도 크다.

카스텔은 사회구조의 상이한 수준 간 관계에 의해 도시공간이 규정되기 때문에 공간 자체(space per se)에 대해 사회적 분석을 내릴 수 없다고 본다. 그러나 '도시'를 특별한 단위(하위요소)로 분리해 분류학적(texonomy) 시도를 행했기 때문에 도시공간의 모순과 이 모순을 규정하는 전체 사회구조의 관계를 정확하게 해명하지 못하고 있다.

국면·사건·조건마다 조성되는 사회적 모순관계에서 도시사회운동 영역을 찾아 도시사회운동의 이론화를 추구하는 카스텔의 시도는 제반 도시사회운동의 구체적 현상태를 설명하는 데는 유용한 틀을 제공할 것이다. 그러나 사회적 모순의 본질과 현상적 발현태를 변증법적으로 연관 짓지 못하기 때문에 운동주체를 자본주의사회의 기본 모순에 입각해 정확하게 설정하지 못하고, 구조와 실천을 분리함으로써 도시사회운동의 실천적 토대와 전략·전술 등의 구체적 문제를 경솔히 하는 인식편향의 형식주의에 갇힐 수 있다.[41]

따라서 우리가 '도시사회운동'이라는 영역을 설정할 때는 이를 도시체제에서 발생하는 공간적 모순과 관련된 사회운동으로 파악하는 데 그쳐서는 안 된다.[42] 우리는 도시사회운동을 분절적으로 파악하는 데서 한걸음 더 나아가 전체운동과의 관련성 속에서 도시사회운동의 객관적·주체적 조건을 따져보아야 한다.

모든 운동의 출발점은 객관적 모순의 존재에 있다. 도시사회운동이 가능하려면 도시공간을 둘러싼 객관적 모순의 본질과 현상에 관한 과학적 해명이 이루어져야 한다. 이러한 토대 위에서 도시사회운동의 주

---

41) 국가, 자본, 운동의 연관성 속에서 도시사회운동을 해명하려 했던 시도가 성공하지 못한 데 대해 카스텔은 다음과 같이 자기비판을 하고 있다. "사회운동을 코딩(coding)을 통한 변수추출로 형식적으로 파악했다. 이는 초기 알튀세리안의 패러다임과 경험적 사회학의 표준적 절차를 상호교차해서 사용했기 때문이다"(Castells, 1983: 298). 카스텔은 알튀세의 방법론과 인식론에 입각하면서 기능주의 변동론의 연구방법론과 경험주의·실증주의의 분석방법론을 활용해 경험적 연구에 근거한 도시사회운동 이론체계를 형성하려 했다. 그에게 이론적 분석 틀은, 구조주의적 문제 틀에 입각한 것이면서 경험주의 사회학의 변수를 분석하고 다시 이론화한 것이기 때문에 이론과 실증이 어긋나고 구조와 실천이 분리되었다. 카스텔이론의 형식주의적 한계에 대한 비판으로는 피크반스(Pickvance, 1976) 참조.

42) '도시사회운동'은 소비영역의 운동과 생산영역의 운동을 지역단위에서 매개할 수 있는 통합적 운동'을 의미한다. 따라서 지역적 차원에서 볼 때 도시사회운동은 도시지역운동으로 표현되며, 운동주체차원에서 볼 때는 도시주민운동으로 표현된다. 도시빈민운동을 굳이 도시사회운동으로 표현하는 이유는 빈민이라는 애매한 실체를 드러내기보다는 지역공간에서 이루어지는 운동의 사회적 측면을 강조하기 위해서다. 따라서 지역의 특성에 따라 다양한 운동영역이 상정될 수 있을 것이다. 예컨대 노동자계급의 주거지와 생산지가 일치하는 공단이나 광산지역에서는 노동자계급 중심의 도시사회운동이 상정될 수 있고, 무허가집단 거주지와 생산지가 혼재(인접)해 있는 지역에서는 다계급연합운동으로서 도시사회운동이 상정될 수 있을 것이다.

체적 조건을 형성해나갈 때 도시사회운동은 가능적 운동태에서 현실적 운동태로 전화할 수 있다.

모든 사회운동은 사회적 계급관계를 중심으로 이루어지지만 개별적 사회운동의 구체적인 형태는 계급적 모순이 특정한 수준에서 발현된 것이기 때문에 그 모습이 다양하다. 도시사회운동은 자본주의사회의 계급적 기반 위에서 이루어진다. 이러한 도시사회운동은 도시체계를 둘러싼 여러 계급분파의 이해갈등 때문에 일어나는 것이다. 도시체계와 도시의 공간적 모순은 자본주의 사회구조에서 파생되는 모순으로 자본과 노동의 모순이 소비영역에서 나타난다. 자본주의의 도시체계와 도시공간의 활용을 둘러싼 여러 계급분파 간 이해 대립은 도시사회운동의 객관적 조건이다.

따라서 도시사회운동의 객관적 조건을 밝혀내고 전체 사회구조 속에서 도시사회운동의 주체, 사회적 의미와 목적, 방법 등을 올바로 설정하려면 고용구조를 중심으로 도시경제의 생산관계를 분석해야 할 뿐만 아니라 도시공간 내부의 사회관계를 연구해야 한다. 생산관계 중심의 고용구조 분석은 도시내부의 직접 생산자가 사회구조 속에서 차지하는 생산상의 지위와 생산수단에 대한 관계를 생산의 범주에서 밝히는 데 반해, 도시사회 관계 분석은 소비의 범주에서 형성되는 계급집단 간 관계를 밝히는 것이 주목적이다. 도시사회 관계[43]의 해명은 주택,

---

43) 도시사회 관계는 계급관계와 별개의 것이 아니다. 자본주의 아래 계급관계는 도시사회 관계로 외화·발현된다. 여기에서 도시사회 관계를 설정하는 목적은 계급관계와 별도로 진행되는 도시의 특수한 사회관계를 드러내는 것이 아니라 도시공간을 둘러싼 여러 계급 간 모순의 현상형태를 드러내기 위해서다. "도시에 특수한 문제가 존재한다 해도, 경제적 차원에서는 도시사회 관계가 존재하지 않는다. 존재하는 것은 자본과 노동의 모순에 의해 규정

의료시설, 교통, 통신, 위락시설, 공공시설, 교육 등의 집합적 소비수단을 둘러싼 계급집단 간 갈등과 모순을 밝혀냄으로써 소비영역에서 표출되는 계급투쟁의 공간을 확보한다.

자본주의체제에서 자본과 노동의 재생산을 규제하는 국가의 역할은 지역적 수준에서 도시재개발, 공단부지 확정, 토지수용, 사회자본의 확충 등을 통해 점차 늘어나고 있다. 독점자본주의에서는 자본축적이 고도화됨에 따라 생산의 사회화뿐만 아니라 소비의 사회화가 진전되기 때문에 생산영역의 모순과 소비영역의 모순 간에 긴밀한 연관이 있다. 국가는 자본의 가치증식 위기를 회복하기 위해 직접적으로 자본의 재생산 과정에 관여할 뿐만 아니라 노동력의 재생산 행정에도 적극 개입함으로써 노동력 재생산이 이루어지는 소비영역의 문제가 가구단위에만 국한되지 않고 사회적 문제로 진전된다.

생산관계상에서 일어나는 모순에만 주목해 생산현장에서 이루어지는 경제투쟁만을 강조하면 직접 생산자의 생활 전반 — 생산활동, 소비활동, 여가활동 — 을 통괄하지 못해서 계급투쟁의 영역을 왜소화하고 일반민주주의(정치·경제·사회·문화·지역적 민주주의 쟁취)와 관련된 제반 문제를 정치적 수준에서 쟁점화할 수 없다. 따라서 생산관계상의 계급관계에 근거하면서도 도시공간을 중심으로 이루어지는 사회적 모순과 지역적 모순에 주목해야 한다. 대체로 생산관계에서 일어나는 계급적 모순은 정치적·사회적·지역적 모순의 원인이기 때문에 가장 본질적인 모순임에는 틀림없다. 그러나 생산관계상의 계급모순이 타 부문에 미치는 규정성을 구체적으로 드러내지 못하면 계급투쟁의 총체성을 담보하지 못해 계급투쟁의 활동공간이 상대적으로 위축된다.

되는 계급관계뿐이다"(Lamarche, 1976: 86).

이것이 도시사회 관계에 대한 분석과 도시사회운동의 방향, 방법이 확정되어야 하는 이유이다. 도시사회 관계는 생산영역에서 진행되는 계급모순이 소비단위에서 외화·발현됨으로써 발생하는 계급관계에 근거한 지역적 차원의 모순이다. 이는 계급모순의 본질이 지역 수준의 소비단위에서 사회관계상의 모순으로 현상되는 것을 의미한다. 이러한 모순의 현상태는 그 구체성 때문에 본질적 모순에 생생한 감각을 불어넣는 구체적 매개물이 된다.

생산영역에서 일어나는 투쟁은 생산단위(사업장)에서 발생하는 노동과 자본의 모순을 중심으로 진행된다. 이것은 노동조합이라는 대중조직의 활성화에 힘입어, 지역별·산업별·전국별 노동조합의 형태로 확장되고 정치투쟁으로 발전된다.[44] 이에 반해 소비영역의 모순을 둘러싼 투쟁은 가족이 기본적인 소비단위이기 때문에 거주지역을 중심으로 일어난다. 도시공간의 사용을 둘러싸고 형성되는 모순은 도시의 계급관계에 근거하고 있지만 계급관계와는 다른 영역에서 사회적 관계로 발현된다. 임대주와 세입자의 관계, 지역관료와 주민 사이의 관계는 지역과 공간의 활용을 둘러싸고 형성되는 사회관계이다. 이러한 사회관계상의 모순이 도시사회운동의 구체적인 원동력이 된다.[45]

---

44) 노동운동의 산업별·전국별 통일을 위한 토대로서 지역노동운동을 설정하는 논의에 대해서는 송정남(1985) 참조. 송정남은 지역노동운동의 과제로서 ① 지역단위 경제운동, ② 대중조직작업, ③ 활동가의 교육·훈련, ④ 타 운동세력과 연대, ⑤ 지역노동운동의 내적 통일성과 지도성을 들고 있다(송정남, 1985: 356~357).

45) 공간 활용을 둘러싸고 발생하는 도시사회 관계는 자본주의사회의 본질적 모순의 현상형태이다. 따라서 도시사회 관계와 계급관계를 분리해서는 안 된다. 카스텔처럼 도시적 실천의 자율적 공간에서 도시사회운동을 설정하

앞서 우리는 도시사회운동을 가능케 하는 도시사회 관계의 모순을 살펴보았다. 도시사회 공간에서 형성되는 사회관계상의 모순이 도시사회운동의 객관적 조건이라면 이러한 운동의 주체, 목표, 조직형태, 투쟁형태는 도시사회운동의 주체적 조건이다. 도시사회운동이 전체 사회 속에서 변혁운동으로 성립되려면 운동의 주체적 조건이 밝혀져야 한다. 아래에서는 도시사회운동의 주체, 목표, 방법을 살펴보고 도시사회운동의 가능성과 현실성을 따져보려 한다.

2) 도시사회운동과 계급동맹

도시사회운동의 주체적 조건은 도시사회 관계상의 모순을 둘러싸고 대립하는 사회계급의 결집과 운동에 의해 마련된다. 특정 지역의 객관적 조건 — 경제적, 정치적, 공간적 특수성 — 때문에 지역마다 사회계급 간 모순이 달라지고 이에 따라 사회관계와 운동형태가 달라지는 것이다. 자본주의에서는 지역 간 불균등발전이 진행되기 때문에 지역운동의 주체를 설정하기 위해 지역특성에 관한 과학적 분석이 반드시 필요하다. 지역구조의 특성을 파악하는 것은 지역운동을 실천하기 위한 가장 기본적인 작업이지만 이에 관한 연구는 매우 낙후되어 있다. 단위지역 현장으로 설정된 특정 공간에 대해 그 지역이 생산지인가 소비지인가, 혹은 생산지와 소비지의 복합체인가를 검토하고, 생산지라면 공단지역

면 사물의 현상과 본질의 연관관계를 올바로 파악할 수 없다. 엥겔스는 주택문제와 그 밖의 사회문제에 대한 자본주의적 생산양식의 규정성에 대해 다음과 같이 지적한다. "자본주의적 생산양식이 존재하는 한 주택문제나 노동자계급에 영향을 미치는 다른 사회문제를 개별적으로 해결하려는 것은 어리석은 짓이다"(Engels, 1968: 352~353).

인가 소상품생산 밀집지인가를 구분해 거주지역과의 관련성을 검토해야 한다. 특히 지역구조 파악은 최근에 제기되고 있는 지역운동 논의와도 긴밀한 관련이 있는 것으로 앞으로 이에 관한 연구가 본격적으로 진행되어야 할 것이다.

지역공간의 운동상 전략적·전술적인 의미는 지역공간의 특성에 따라 각각 달라진다.[46] 첫째, 무허가집단거주지의 경우에는 지역주민조직이 주체가 되어 지역주민운동을 수행해나간다. 철거반대투쟁으로 대표되는 종래의 빈민운동이 이에 속한다. 기존의 빈민운동은 지역단위에서 주민조직을 주체로 일어나는 소비영역의 운동이었다. 최근에는 정부의 재개발정책 때문에 무허가집단거주지가 점차 감소·소멸함에 따라 운동주체를 형성하기가 몹시 어려워졌다. 그 밖의 지역 차원에서 지역주민의 공동적인 권익요구투쟁으로서 공해반대운동이나 재해보상요구운동이 이루어질 수 있다. 그러나 소비영역 — 특히 소비단위로서의 가구단위 — 에서 일상적 이해를 중심으로 하는 지역주민운동이 자본주

---

46) 여기서 사용하는 지역공간의 양적 규모를 확정하려면 행정구역의 구분에 따를 것이 아니라 지역운동의 주체적 조건을 따라야 할 것이다. 최소한의 자립적 부문운동 틀이 마련된 단위를 단위지구로 설정하고, 단위지구의 부문운동 틀을 결합하는 단위로서 단위지역, 단위지역 간 연대로서 중간지역, 이들의 결합태로서 연합지역, 그리고 전국적 연대로 발전 가능성을 예상할 수 있다. "단위지역 문제가 대두되는 이유는 기존의 거주지 중심의 주민운동의 개별성, 분산성, 고립성, 단절성 등을 극복하고 단위지역을 중심으로 하는 지역운동 차원에서 빈민운동의 위치를 마련하기 위해서다. 단위지역 중심의 지역운동은 지역적 연대와 계급적 연대(class alliance)를 확보해야 제반 부문운동을 결합하고 활동할 지역공간을 확보할 수 있기 때문에 전선설정식 운동양태와 현장중심적 주민운동을 매개할 수 있는 구체적인 전술방법으로 활용되어야 한다"(고민석, 1987: 353~354).

의체제에서 자기 이익을 관철하는 데만 치중하면 프티부르주아지 중산층 운동의 시민주의 이데올로기적 편향에 빠지는 것을 피할 수 없다. 왜냐하면 소비영역의 투쟁은 그것이 생산관계, 생산영역의 문제와 관련되지 않는 한 소비단위(가족)를 중심으로 한 개량주의적 한계를 벗어나지 못하기 때문이다. 이러한 맥락에서 볼 때 빈민지역 거주자의 정치적 성향에 따르는 동요성을 이해할 수 있다.[47]

둘째, 공단, 광산 등 노동자 집단거주지의 경우에는 지역노동운동의 주체가 노동자계급일 가능성이 높다. 작업장(생산단위)에서 노동조합을 중심으로 일어나는 기존의 노동운동 영역과 더불어 거주지(소비단위) 문제를 함께 제기함으로써 지역노동운동의 활동 폭을 더 넓혀나갈 수 있다. 특히 거주지와 작업장이 인접해 있거나 공존하는 지역에서는 생산지투쟁과 소비자투쟁이 결합될 수 있는 유리한 조건이 존재한다.[48]

이러한 경우에는 도시의 경제관계와 도시공간을 둘러싼 여러 사회세력 간 갈등과 모순이 도시지역운동의 형태와 방향을 규정하기 때문에 생산관계 차원의 운동(생산영역의 운동)과 도시사회 관계 차원의 운동

---

47) 제정구(1985: 366~368) 참조. "비공식부문의 경우 연대의식의 미비로 인해 집단적인 정치의식의 표시보다는 현실적인 개별적 이해관계에 더 민감하지 않을 수 없다는 점이다."

48) 1987년 6월 말 전국의 공단 수는 40개이고, 입주업체는 3,769개, 피고용노동자는 678만 9,000명(전국제조업 고용인원의 20%)에 이른다(≪동아일보≫, 1987. 8. 11). 광산지역, 울산, 창원 등지에서 일어나는 노동운동을 보면 노동자가족이 대거 참여하는 현상이나 기본급 인상과 더불어 가족수당, 주택수당을 요구하는 현상이 나타나는데, 생산지투쟁과 소비지투쟁의 통일상에 대해 시사하는 바가 크다. 이러한 지역 차원의 노동운동은 지역문화조직, 지역여성조직, 지역청년조직 등 여러 대중조직을 건설해 다양한 영역의 쟁점을 통일·활용할 수 있다.

(소비영역의 운동)을 결합해 분석하는 방법론을 개발해야 한다.[49] 현대 자본주의의 발전은 직접 생산자의 시간을 분해하기 때문에 자본이 작업장 내에서뿐만 아니라 생활거주지역에서도 노동자계급의 생활시간을 통제하는 결과가 생긴다. 자본은 잔업·특근을 통해 작업시간을 연장할 뿐만 아니라 대중매체로 문화와 이데올로기를 통제해 노동자계급의 시간활용을 극도로 위축시킨다. 새로운 노동과정(Fordism)의 도입은 시간 - 공간연쇄(nexus)를 형성해 작업장 - 가정 - 지역의 시간 순으로 노동자의 생활시간을 분절시킨다.[50] 이 중 지역의 시간도 지역공동체의 파괴로 말미암아 제대로 활성화되지 못하고 가정 - 작업장의 이원적인 시간적·공간적 분절이 일어난다.

그러나 지역단위의 강력한 조직적 근거가 마련된다면 사회운동이 활성화되는 데 상당히 영향을 미칠 것이다. 지역에서 활동시간을 확보하려면 지역조직체의 활성화, 지역공간의 정치적 민주화가 반드시 필

49) 생산영역과 소비영역을 분리해 도시사회운동의 자율적 공간과 독자적 주체를 계급관계와는 무관한 것으로 설정하는 카스텔 류의 시도를 경계해야 한다. 카스텔의 이러한 입장은 파리코뮌에 대한 평가에서 잘 드러난다. 그는 1871년의 파리코뮌을 '도시혁명'으로 규정한다. "따라서 일단 도시라는 용어를 (농촌적 형태와 대립되는) 특정한 공간 형태, 곧 소비수단(주택과 도시 서비스)이라는 특수한 범주의 증대하는 중요성, 그리고 (중앙집권적인 국가 압력에서 살아남기 위해 투쟁하는) 지역시민사회의 자율적인 정치적 표현으로 이해한다면, 역사적 논의를 시초로 파리코뮌이 도시혁명이었음을 인정해야 할 것이다"(Castells, 1983: 25).

50) 자본제 아래 소외된 노동은 시간을 3분할(threefold division of time)하고 공간을 3분할(threefold division of space)하여 노동과 삶의 통일성을 파괴한다. 노동자 생활시간에 관한 사례조사로는 한국교회사회선교협의회(1985: 53~77) 참조

요하다. 이를 위해서는 지역공간을 활성화시킬 수 있는 제반 조직형태에 관한 세심한 고려가 이루어져야 할 것이다. 작업장과 거주지역이 공간적으로 긴밀하게 연관되어 있는 지역은 지역공동체를 일체화·조직화하기 위한 객관적 조건을 마련하기가 쉽기 때문에 지역조직을 활성하기가 좀 더 유리하지만 지역거주자의 생산영역과 거주환경이 불균등하면 지역공동체의 근거를 마련하기가 몹시 힘들다.

거주지는 소비사회로 노동자를 동화시키는 구실을 하지만 거주지역의 성격이 생산적이면 거주지역은 지역노동운동의 중요한 공간이 된다. 이러한 맥락에서 생산지역은 노동자계급운동의 주요 근거지로 부각된다. 생산자지역운동의 가능성은 과학기술혁명과 노동과정의 합리화가 만들어낸 공간 - 시간 연쇄에 따른 생활시간의 활용과 노동시간의 분절화를 극복하도록 하는 데 있다. 도시외곽에 형성되는 공단지역과 산업 지리에 의해 설정되는 새로운 공단지역은 지역 차원에서 폭넓은 운동 가능성을 제공한다.

셋째, 생산지와 소비지를 구분하기가 쉽지 않은 광범한 지역에서는 지역에 거주하는 주민을 대상으로 하는 다계급연합운동의 가능성이 있다. 이러한 지역에서는 노동자계급, 프티부르주아지, 반프롤레타리아트, 실업자 등 거주지역의 복합적 계급이 공존하기 때문에 도시경제의 고용구조 분석에서 밝혀지는 도시계급 관계보다는 좀 더 포괄적인 수준에서 주민조직이 이루어진다. 따라서 이러한 지역에서 일어나는 도시사회운동은 다계급의 연합행동으로 표출될 소지가 있다. 이 경우에 도시(지역)사회운동은 지역 차원에서 특정 계급의 지도성에 입각한 계급연합적 성격으로 발전할 것이다. 물론 이러한 운동태가 실현될 가능성은 정치적·사회적 조건에 의해 커다란 규정을 받기 때문에 운동의 객관적·주체적 조건을 끊임없이 분석·확보해나가야만 실현될 수 있다.

앞서 살펴본 지역 차원의 운동은 어떠한 사회적 의미와 목표를 지향하는가. 카스텔은 도시사회운동의 세 가지 목표로 ① 경제영역에서 집합적 소비수단을 획득하기 위한 투쟁, ② 정치영역에서 지역자치권을 확보하기 위한 투쟁, ③ 문화영역에서 공동체적 문화를 유지·발전하기 위한 투쟁을 상정하면서, 이 세 가지 목적이 유기적으로 연관·관철되어야 도시사회운동이 지속될 수 있다고 본다. 이 같은 분절적 인식론과 실천방법에 동의하지 않더라도 카스텔의 구분이 도시사회운동 영역에 시사하는 바를 활용할 수는 있을 것이다.

첫 번째, 경제영역에서 주택, 교통, 공공시설 등의 집합적 소비수단을 획득하기 위해 지역주민의 일상적 이해를 중심으로 하는 지역주민조직을 결성할 수 있다. 자본과 노동의 모순에서 발생하는 도시공간의 모순과 도시재개발 등의 쟁점을 중심으로 자본 - 국가 - 주민 사이의 이해 대립과 모순태를 적절하게 끄집어내어 지역주민을 주체로 하는 경제투쟁을 수행해나갈 수 있다. 앞에서 살펴본 알린스키의 지역사회조직운동론 조직원칙은 이러한 맥락에서 조직방법론의 일부분으로 유용하게 활용될 수 있다.

두 번째, 정치영역의 정치투쟁은 정치국면의 변화, 예를 들어 지방자치제 실시와 더불어 상당히 발전될 수 있다. 최근 활발하게 제기되기 시작한 지역운동론에 관한 논의는 지역 수준의 정치를 활성화하고 지역단위에서 여러 부문의 운동을 고양하는 과제로 수렴되어야 할 것이다. 이제까지 진행되어온 지역운동론에 관한 논의는 전체운동의 특정 부분 혹은 부문운동 수준에서 제기된 지역노동운동, 지역문화운동, 지역사회운동에 국한되고 있는데, 앞으로는 지역운동론 자체에 대한 이론적·방법론적 모색이 더 활발하게 진행되어야 할 것이다.[51]

세 번째, 문화영역에서는 지역문화공간의 확보와 지역공동체문화의 건설을 목표로 다양한 문화운동이 이루어질 수 있다. 그러나 현재까지 공동체 논의를 보면 지역 수준의 문화운동 차원에서 진행되거나, 민중문화의 연속성 속에서 과거의 민중문화, 민속에 근거하는 공동체상(像)을 재탐구하는 데 그치고 마는 문화주의적 한계를 벗어나지 못하고 있다. 사회운동의 총체적 맥락에서 공동체 논의가 이루어져야 관념주의적이고 문화주의적인 한계를 극복할 수 있을 것이다.[52]

우리는 이와 같이 분절적으로 도시사회운동의 목표를 파악하는 데서 한걸음 나아가 전체운동과 관련된 도시사회운동의 사회적 의미와 목표를 정립해야 한다. 도시사회운동은 지역단위에서 주민조직을 주체로 이루어지는 소비영역의 운동이다. 그러나 이것은 도시사회운동의 가장 기본적인 형태일 뿐 도시사회운동의 잠재적인 가능성을 모두 보여준 것은 결코 아니다. 도시사회운동은 빈민운동과 노동운동을 지역 차원에서 통일할 수 있는 계급동맹적 운동으로 발전할 수 있다. 이러한

---

51) 현재 지역운동에 대한 논의는 대체로 지역문화운동에 초점이 맞추어져 있어서 지역운동을 전체와 부분의 관련성 속에서 정확하게 설정하지 못할 뿐만 아니라 제반 부문운동 간 분업구조와 분화와 집중의 문제를 설정하지 못하고 있다. 실증적인 지역연구가 초보적인 수준에서나마 진행되고 있는 것은 실천의 객관적 토대를 확보한다는 측면에서 상당히 고무적인 현상이다. 전용호 외(1985) 참조.

52) 문화주의적 공동체론에 대한 박현채의 비판은 다음을 참조. "공동체문화운동이 지난날의 공동체가 그대로 재현된 것이 아니고 현대의 일정한 목적에 입각한 공동체 이념으로 제시되는 한 사회의 바람직한 미래상을 제시하는 데 기여해야 한다. 따라서 공동체문화운동은 농촌의 억압적 구조를 타파하는 데 기여하고, 민주화운동이라는 큰 테두리 안에서 노동문제를 해결하며, 식민지유산을 청산하고 우리의 것을 되찾아 새롭게 창조해나가는 운동이어야 한다"(박현채, 1984b: 61).

도시(지역)사회운동의 적극적 의미는 부문운동을 지역 차원에서 결합·통일할 수 있다는 데서 찾아야 한다. 이러한 맥락에서 도시사회운동의 사회적 의미와 목표를 다시 한 번 분명히 확인해야 한다.

빈민운동의 새로운 대안으로 지역 차원의 도시사회운동을 제기하는 이유는 작업장을 중심으로 하는 생산영역의 운동과 생활공간을 중심으로 하는 소비영역의 운동을 분리하기 위함이 아니다. 도시사회운동은 빈민운동과 노동운동의 부문운동적 분류에 입각한 운동형태가 아니라 지역 차원의 전체운동적인 관점에서 제기되는 운동형태를 의미한다. 따라서 도시사회운동이 소비영역의 운동만을 의미한다고 파악해서는 안 되고, 소비영역을 포함하는 전체 영역의 운동으로 이해해야 한다.

도시사회운동을 제기하는 의도는 작업장에서는 노동조합을 중심으로 하는 노동운동을 진행하고 소비생활 공간에서는 지역주민조직을 중심으로 하는 분절적인 실천관을 극복하는 데 있다. 도시사회운동의 기본 전략은 노동운동과 빈민운동을 분절적으로 구분해 생산단위와 소비단위에서 각각의 투쟁영역을 찾는 것이 아니라, 양자를 통일할 지역 수준의 조직을 형성해 단위지역에서 공동투쟁을 하는 것이다. 그러므로 도시사회운동은 작업장 중심의 노동운동과 생활현장 중심의 빈민운동을 별개로 상정해서는 안 된다. 생산관계 문제와 도시공간 문제를 도시사회운동으로 매개하려는 것은 사회변혁 이념과 조직의 통일을 가져오는 데 목적이 있다.

도시사회운동의 실천적 함의와 이것이 갖는 기존 빈민운동의 차이점을 분명히 해야 한다. 도시사회운동의 성격은 지역 차원에서 이루어지는 다계급연합운동의 성격을 띤다. 3절에서 살펴본 바와 같이 도시빈민은 단일 실체의 계급으로 설정될 수 없다. 그렇기 때문에 도시사회운동에서는 도시빈민운동을 특정한 계급운동이 아니라 다계급연합운

<표 1-1> 도시사회운동의 여러 영역

	지역적 특성	운동목표	운동주체	조직형태	투쟁형태
① 기존 빈민운동(소비지 지역운동)	무허가집단 거주지	경제적 요구	무허가거주 지역주민	주민조직	철거반대투쟁(시위, 주민대회)
② 지역노동운동(생산지 지역운동)	노동자계급 집단거주지 (공단·광산 등)	경제투쟁의 통일성 확보 (생산영역 투쟁과 소비영역 투쟁의 통일	노동자계급	노동조합, 지역노동자 대중조직	경제투쟁(시위, 파업, 대중집회)
③ 도시(지역)사회운동(소비지·생산지 운동)	도시외곽지역(생산·소비혼재지역)	경제적·정치적 요구의 통일	노동자계급, 반프롤레타리아트, 프티부르주아지, 지식인	계급동맹에 입각한 지역통전조직	계급동맹에 입각한 전선투쟁

동으로 설정하는 것이다. 도시사회운동은 지역 공간에서 드러나는 제반 모순을 중심을 다루며 집합적 소비수단의 문제만을 쟁점으로 삼지 않는다. 또한 지역자치 문제와 지역문화 형성의 문제도 도시사회운동의 목표가 될 수는 있으나 이러한 것은 도시사회운동의 하위범주에서 이루어지는 부분적인 투쟁형태일 뿐이고, 도시사회운동의 본질은 사회 전체의 변혁을 지향하는 데서 찾아야 한다. <표 1-1>은 지역운동의 주체, 목표, 방법(투쟁형태와 조직형태)을 지역적 특성과 범위에 따라 구분한 것이다.[53]

---

53) <표 1-1>에서 ① 기존 빈민운동은 점차 감소하는 추세이며, ② 지역노동운동이 더 활성화될 것으로 보인다. ③ 도시(지역)사회운동은 아직까지는 잠재

지역 수준에서 노동운동과 빈민운동을 통일하는 운동형태로서 도시(지역)사회운동의 잠재적 가능태를 계급동맹적 관점에서 살펴보자. 노동운동은 임금, 노동조건, 경제정책 등을 중심 쟁점으로 삼아, 사업체, 산업, 지역 수준에서 경제투쟁을 하면서 노동대중을 조직화하는 가운데 파업, 시위 등을 통해 정치투쟁으로 전화한다. 이에 반해 도시빈민운동은 도시공간의 사회적 모순을 중심 쟁점으로 삼아, 주민조직을 주체로 세워 정부시책 반대·거부, 주민대회, 시위 등으로 지역주민의 생활조건을 확보하기 위한 투쟁을 해나간다. 빈민운동은 노동자계급의 투쟁과 간접적으로 연관되어 있지만 노동운동과는 사회적 근거, 조직, 투쟁 쟁점 등에서 형태가 다르다. 빈민운동이 노동운동과 보조를 맞추는 경우는 드물지만 만약 이것이 특정한 정치조직에 의해 정치적 지도 차원에서 통일적으로 지도되고 조직적으로 관리될 경우에는 지역 수준의 계급동맹을 형성할 수도 있고, 노동자계급과 공동투쟁을 통해 특정 전선을 형성할 수도 있는 잠재적 가능성이 있다. 이러한 계급동맹과 전선 형성은 지역단위의 정치조직이 겸비되고 이를 통괄하는 전국적인 정치조직이 형성되어 있다는 전제 아래 가능하다. 노동운동과 빈민운동은 계급적 기반이 일치하는 데서 생기는 동지관계로 연결되는 것이 아니라 도시공간을 둘러싼 이해관계와 사회 전반의 정치적·경제적·문화적 모순을 둘러싼 이해관계가 일치할 때 생기는 동맹관계에서 결합될 수 있다. 이러한 계급 간 결합, 혹은 쟁점상의 결합(생산단위 조건과 소비단위상의 조건, 노동조건과 생활조건의 결합)을 통해 계급동맹의 물질적인 기초가 형성되어야 지역 수준에서 공동행동을 수행할 수 있다.

다계급연합적인 도시사회운동의 이념적 통일성을 확보하려면 단일

적 가능태로 존재한다고 보아야 할 것이다.

<표 1-2> 도시사회운동과 정치조직의 관계

	운동목표	운동주체	조직형태	투쟁형태
① 정치조직 없이 진행된 도시사회운동(Paris Commune)	사회변혁(communism)	노동자계급을 중심으로 도시 프티부르주아지와 계급동맹	계급동맹에 근거한 코뮌	무장투쟁
② 정치조직과 함께 진행된 도시사회운동(Chile Mir)	사회변혁(socialism)	노동자계급을 중심으로 한 지역주민	지역주민조직에 근거한 전선조직(popular front)	지역파업, 총파업, 지역봉기, 무단점거
③ 특정 정치조직에 반대하고, 특정 정치조직을 위해 진행된 도시사회운동(브라질 주민동료회)	사회통합(right populism)	국가, 시정부	정부와 연관성 속에서 형성된 주민조직(주민동료회)	청원, 정부와의 거래
④ 정치조직을 초월해 진행된 도시사회운동(브라질 교회기초공동체)	자본주의 거부, 이상적 공동체 형성(left populism)	지역거주자(무정형적 하층대중)	교회조직에 입각한 주민조직(교회기초공동체)	정부시책 반대, 거부, 결사, 비폭력투쟁

한 중심체계에 의해 운동노선이 명확히 통일되고 이에 근거해 정치노선, 조직노선, 투쟁방식이 국면과 단계마다 적절하게 설정되어야 한다. 그렇기 때문에 정치조직과 도시사회운동의 발전, 그리고 객관적인 사회적 조건 사이에 긴밀한 관계가 형성되는 것이다. <표 1-2>는 도시사회운동과 정치조직의 관계를 운동주체, 목표, 조직형태, 투쟁형태에 따라 구분한 것이다.[54]

위의 예에서 드러나듯이 도시사회운동이 전체 사회운동과 통일적인 관련성을 띠고 기능하려면 전략단위의 역할을 감당할 수 있는 정치조직체와 이에 걸맞는 정치적 이념이 설정되어야 함을 알 수 있다. 그러나 이런 조직체를 형성하기가 아직까지 가능태로서만 존재하는 현 상황에서 부문운동으로서 빈민운동을 전체운동의 전술단위로 설정한다면 빈민운동의 정치적 이념지향태, 정치적 운동 틀에 대한 추상적 논의 외에는 별다른 대안이 없다.[55] 현 단계 빈민운동의 가장 큰 문제점은 빈민운동의 주체적인 조직역량 강화와 전체운동과 전술단위로서 부문운동을 연결해줄 대안적인 운동양태가 제대로 형성되지 못한 것이다.

5. 맺음말

이 글에서는 기존 빈민론의 이론적 오류와 실천적 한계를 검토했다. 이상의 논의를 요약하면 다음과 같다.

---

54) "대중의 집단적 동원과 행동에 근거한 대중사회운동은 상이한 역사적 맥락과 사회구조 속에서 정당(party) 없이, 정당과 함께, 정당에 반대해, 정당을 위해, 정당을 초월해 진행되어왔다"(Castells, 1983: 299). 파리코뮌에 대해서는 모스크빈(Moskvin, 1977) 참조. 칠레의 주민운동에 대해서는 밴더스-슈렌(Vanders-chueren, 1973) 참조. 브라질의 주민동료회와 교회기초공동체에 대해서는 사파(Safa, 1982), 알베스(Alves, 1984) 참조.

55) "전선투쟁식 대안의 문제점은 전선을 통일적으로 유지하고 운동방향과 결집세력을 분배하고, 조직역량의 배치를 수행할 중심체가 형성되어 있지 않다는 데 있다. 효과적으로 전선투쟁을 수행하려면 중심체를 확보하는 것이 선행되어야 하는데 정치적 이념과 운동 틀을 확보한 지속적 조직근거가 형성되지 않은 단계에서 전선투쟁식 대안을 당위론적으로 주장하는 것은 주체적 현실에서 구축된 조직역량을 과대평가할 우려가 있다"(고민석, 1987: 350).

첫째, 빈민에 대한 과학적 접근은 빈민의 내부구성과 동태적 순환계열을 파악하는 것으로 진전되어야 한다.

둘째, 유기적 통일을 이룬 소비영역과 생산영역에서 빈민의 재생산기제가 해명되고 빈민운동의 대상영역을 확보해야 한다.

셋째, 도시공간의 지역적 특성에 입각해 각각의 지역적 조건에 적합한 지역운동형태를 개발해야 한다. 이때 도시사회운동의 새로운 가능성을 확보할 수 있을 것이다. 또 특정 지역의 성질을 파악하고 지역간 연대를 형성해 중간지역 범위를 설정한 후 이를 하나의 연합지역으로 확장하여 전국적인 수평적 연대를 확보하면 도시사회(지역)운동의 가능성을 확보할 수 있을 것이다. 이와 함께 단위지역운동의 내부에서 제반 부문운동의 연대를 형성함으로써 제반 단위지역의 내적 운동력을 고양하고 공통의 이념성 속에서 이를 통일하는 수직적 연대도 확보해야 할 것이다. 이러한 운동태의 가능성은 정치·사회상황에 의해 규정되기 때문에 운동의 객관적 조건과 주체적 조건을 끊임없이 분석·확보해나가야만 현실성을 얻을 것이다.

넷째, 다계급연합운동으로서 도시사회운동의 가능성을 현실화하려면 전체 운동의 관점에서 빈민운동의 위치를 설정해야 한다.

이러한 도시사회운동의 논리를 추상적 수준에서 제기했다고 도시사회운동이라는 새로운 운동형태가 창출되는 것은 아니다. 모든 운동은 구체적 실천의 토대 위에서만 가능하다는 것을 인정할 때 이상의 논의는 논의의 수준에 머무는 한계를 극복할 수 있다.

제 2 장

과학적 민중론의 정립을 위하여*

1. 문제제기

1970년대 이후 활성화되기 시작한 민중에 관한 추상적 논의는 이제 민중운동이 진전되고 있는 현실 속에서 과학적 해명을 필요로 하는 수준에 이르렀다. 1970년대의 민중론에서는 민중을 미분화된 관념적 실체로서 상정했기 때문에 민중을 구성하는 여러 계급계층의 생활상의 요구를 구체적으로 파악하지 않은 채 관념적인 용어를 써서 민중의 소외와 피억압 상태를 추상적으로 서술했다. 이 같은 관념론적 민중론은 한때 하나의 이념적 정향으로까지 확장되었으나, 구체적인 사회모순에 관한 정치경제학적 분석이 결여되었을 뿐만 아니라 역사적 관점에서 민중운동의 역사적 전통을 계승하지 못했기 때문에 1980년대 사회상황과 사회운동의 발전을 따라가지 못하고 침체의 늪에 빠지게 되었다. 1970년대에 제기된 민중신학과 민중문학, 민중사회학이 1980년대에 들어 정체현상을 보인 것은 변혁운동과 괴리된 관념적 논의가 당연한

* ≪역사비평≫ 통권 3호(1988년 여름)에 수록되었던 글이다.

결과를 맞이한 것이라 할 수 있다. 사실 그간의 민중 논의는 양적인 면에서 본다면 다양한 성과를 냈다고 말할 수 있지만 그것이 현실의 민중운동과 얼마나 밀도 있게 결합되었는가에 대해서는 회의적인 판단을 내리지 않을 수 없다.

1980년대 벽두에 광주에서 일어난 사건과 이후 강렬하게 분출된 민중운동은 이 같은 '관념적 민중론'에 사상적인 충격으로 작용했다. 1980년대 중반에 이르러 사회성격론 - 변혁론 - 민중론의 연관성 속에서 변혁주체인 민중에 관한 문제가 과학적인 차원에서 제기되기 시작했다. 민중신학과 민중문학의 주도 아래 진행된 1970년대의 '관념적 민중론'은 1980년대 초반의 종속이론에 입각한 주변부 자본주의론의 변혁론과 변혁주체론으로 연결되었으나, 이러한 변혁주체 인식방법은 이념적 지향에서 포퓰리즘(populism), 방법론에서 이분법적 오류, 인식론에서 비변증법적 한계, 사회구성체론에서 비정치경제학적 오류 등으로 비판받게 되었다.

이러한 1980년대의 이론적·실천적 상황 속에서 민중론은 다양한 분화의 과정을 겪게 되었다. 도덕적 양심의 충동에서 비롯된 관념적 민중 규정을 통해 비과학적인 분석과 연구를 무마하거나, 학문이라는 명목을 내세워 민중운동과 동떨어진 민중논의를 저지르거나, 혹은 지배체제의 입장에서 지배를 관철하고 민중운동의 혼란을 유발하기 위해 악의적인 민중론을 전개하는 데 이르기까지 매우 다양한 민중론이 양산되어왔다. 민중론을 둘러싸고 진행되어온 이 같은 논란은 실천적 민중운동 내의 분화뿐만 아니라 기회주의적·절충주의적 민중론의 대두로 더욱 가중되었다. 1980년대 이후에 사회운동의 발전과 사회구조의 급격한 변화에 따라 민중의 계급적 분화가 눈에 띄게 드러나고 운동의 분화 — 특히 노동운동의 활성화 — 가 급속하게 이루어짐에 따라 종래의 지식인 중심의 '관념적 민중론'은 기층민중을 중심으로 한 '변혁론적 민중론'으로 발전하게 되었다. 그러나 1985년 2·12총선 이후 중간제계층이 민주화운동에 적극적으로 참여한 것이 계기가 되어 민주화운동의 주체를 설정하는 문제에서 민중과 중간제계층의 관련성이 주목받기 시작했다. 한편 중간제계층의 계급적 위치와 정치적 성향에 대한 관심이 고조되자 학계 일각에서는 민중문제의 위상과 민중 내부의 문제를 둘러싸고 '중산층적 민중론'이 제기되기도 했다.[1)]

사회계급연구는 1980년대 중반에 진행된 사회구성체논쟁과 함께 활성화되기 시작해 '변혁적 민중론'의 과학적 정립에 많은 시사점을 던져주었다. 그러나 이 과정에서 이러한 계급연구의 경제주의적 편향이 비판받기도 했다. 경제주의적 계급연구는 계급구성의 문제를 민중형성(변혁주체 형성)의 문제와 연결하지 못하기 때문에 객관적 모순을 극복하기 위한 변혁운동의 실천태를 확보하지 못한다. 경제영역과 정

---

1) '중산층적 민중론'은 중산층이란 이데올로기적 개념을 사용하면서 중산층을 변혁주체로까지 확대평가해 현 국면에서 '중산층'의 정치적 의미를 왜곡하고 있다. '중산층적 민중론'의 문제점은 ① 특정 이데올로기를 반영하는 정치주의적 편향, ② 변혁내용에서 드러나는 개량주의적 편향, ③ 변혁주체 설정에서 드러나는 절충주의적 편향 등을 들 수 있다. '중산층적 민중론'에서는 민주화의 과제를 제기하고 있지만 기존 체제를 관료적 권위주의로 규정하기 때문에 지배체제의 성격과 민주화의 내용을 올바로 파악하지 못한다. 이는 변혁주체를 설정하는 과정에서 혼돈을 빚어 중산층을 민주화운동의 주체로 설정하게 한다. 이로 인해 변혁의 내용과 폭이 정치적 개량화에 국한되는 결과가 일어난다. 또한 여러 계급이 근거하고 있는 물적 토대와 의식을 분리함으로써 의식의 자율성을 확대해석할 뿐만 아니라 민중의식의 형성과 조직의 활성화를 배제하게 된다. 중산층적 민중론자는 '중민(中民)', '중민의식' 등의 신조어를 창조하여 계급의식과 민중의식의 발전을 왜곡하고 있다. 이러한 편향을 극복하기 위해서도 민중에 관한 사회과학적 개념을 속히 정립해야 한다.

치영역에서 통일적으로 표출되는 민중적 요구의 수렴이라는 과제를 해결하려면 민중운동과 실천적 과학의 동시적 진전에 의해 민중 개념이 정립되어야 할 것이다. 이는 이론영역에서 이루어지는 현 단계 한국사회의 성격 규명, 변혁운동의 성격과 임무, 대상과 주체에 관한 과학적 연구의 증진과 실천영역에서 이루어지는 민중운동의 사상적·조직적 기반 확립에 의해 가능하다. 이 글에서는 민중문제의 위상과 성격, 변혁주체로서 민중을 형성하기 위한 여러 문제를 검토함으로써 과학적 민중론의 기반을 마련하려 한다.

2. 민중문제의 위상과 성격

과학적 민중론을 정립하기 위해서는 현 단계 한국사회에서 민중문제의 위상과 성격을 분명하게 밝혀야 한다. 한국사회 민중문제의 위상과 성격을 과학적으로 파악하기 위해서는 ① 사회성격론 - 변혁론 - 민중론의 상호관련성, ② 민족 - 계급 - 민중의 상호관련성, ③ 지배체제 및 국가권력의 성격과 민중의 상호관련성 등의 문제가 사회현실의 구체적인 맥락 속에서 해명되어야 한다. 아래에서는 과학적 민중론의 출발점인 민중문제의 위상과 성격을 분명하게 설정하기 위해 다음의 문제영역을 검토하려 한다.

1) 사회성격론 - 변혁론 - 민중론

과학적 민중론은 사회성격론 - 변혁론 - 민중론의 상호관련성 속에서 민중문제가 차지하는 위상을 정확하게 설정해야 한다. 민중문제의 위상과 성격을 과학적으로 해명하기 위해서는 무엇보다도 먼저 한국사회의 모순구조를 밝혀야 하는데, 이러한 모순구조를 해명하기 위해서는 민중의 생활태를 규정하는 객관적 토대에 관한 분석과 민중의 생활상의 요구를 억압하는 상부구조에 관한 분석을 통일적으로 수행하는 사회구성체론적 입장에서 접근해야 한다.

변혁주체론으로서 민중론은 민중을 형성하는 주관적·객관적 조건을 사회구성체 영역에서 통일적으로 드러내야 한다. 과학적 민중론은 사회구성체론에 입각해 토대와 상부구조에 의해 규정되는 사회의 객관적 모순을 밝혀내고, 이러한 모순의 담지자이자 극복주체인 민중의 사상적·정치적·조직적 결집과 변혁주체로 형성되는 과정의 방향을 정해야 한다. 이 같은 맥락에서 민중문제의 위상과 성격을 사회성격론 - 변혁론 - 민중론의 연관성 속에서 규명하는 작업은 과학적 민중론의 정립을 위한 일차적 과제가 된다. 현 단계에서 한국사회구성체의 성격을 규명하는 작업의 의미는 한국사회의 모순구조를 파악함으로써 새로운 사회를 실현할 수 있는 여러 실천형태를 마련하는 데 있다. 따라서 사회성격을 규정하기 위한 논의는 사회변혁의 문제와 깊이 연관된다. 이러한 사회변혁에 관한 문제는 한 사회의 기본 성격을 해명하는 것부터 시작해 변혁주체를 형성(실천적 계급론)하고, 변혁을 위한 구체적 실천방법을 모색(전략과 전술)하는 것으로 이루어진다. 그렇기 때문에 사회성격론, 변혁주체론으로서 민중론, 실천적 변혁을 위한 전망, 이 세 가지는 서로 긴밀하게 연관되어야 한다.

계급론과 사회구성체론에 근거한 현실 변혁에 대한 전망은 이것이 논리적으로 연관된 이론 속에서 연역될 때 불가피하게 오류를 범하게 된다. 문제의 핵심은 사회의 객관적 조건에 입각한 과학적 이론의 토대 위에서 변혁의 주체적 조건을 형성해가는 것이다. 따라서 변혁주체로서 구체적인 민중을 형성하는 데 관한 문제가 제기된다. 변혁주체의 설정과 형성은 사회구성체론과 변혁론을 매개하는 실천적 계급론의 가장 핵심적인 영역일 뿐만 아니라 이론과 실천을 통일하는 매개점이다. 과학적 분석에 따라 변혁주체를 설정하는 것은 변혁주체의 정치적·조직적 결집을 촉진하는 이론적 기반이 된다. 그러나 변혁주체 설정에서 이론적인 정합성이 변혁주체의 정치적·조직적 결집을 자동적으로 보장하는 것은 아니다. 계급분석의 과학성과 변혁주체의 실천의지를 분리하는 한, 변혁주체 설정의 논리적 정합성과 변혁주체 형성의 역사성이 통일적으로 관철될 수 없을 것이다.

객관적인 계급분석과 주체적인 계급형성의 통일, 변혁주체 설정과 변혁주체 형성의 통일을 위해서는 사회변혁의 합법칙성과 변혁주체 설정의 논리적 정합성만을 강조하는 이론주의적 편향을 극복해야 한다. 또 사회경제적 토대의 객관적 발전과정을 무시한 채, 과거 변혁운동의 혁명적 전통의 계승과 사상의지의 일방적 관철만을 주장하는 정치주의적 편향도 극복해야 한다. 변혁적 관점을 견지하지 못한 계급론은 사회구성체론, 계급론, 변혁론의 통일성을 확보하지 못함으로써 계급구조 분석에서 경제주의적 편향에 빠질 소지가 있다. 이와 반대로 계급구조에 관한 해명을 경시한 채 해당 단계의 변혁 성격을 중심으로 여러 계급이 세력을 형성하는 데 임하면 정치주의적 편향에 봉착할 우려가 있다. 과학적 사회구성체론에 근거하지 않는 계급론은 주관적 의지를 실현하기 위한 방침으로는 유용할지 몰라도 여러 계급이 처한 객관적 현실을 뒷받침하는 과학적 이론과 실천의 통일성을 얻을 수는 없다.

과학적 계급분석은 변혁운동론과 사회성격론을 매개함으로써 변혁운동의 방향을 올바로 제시하고 운동의 발전을 촉진하는 데 기여해야 한다. 이 같은 실천적 계급분석은 그것이 변혁주체의 구체적인 조직기반과 결합되고, 변혁주체의 정치적 실천을 통해 현실화될 경우에만 과학적일 수 있다. 변혁운동과 괴리된 계급론은 비록 그것이 논리적 정합성을 확보하고 원론에 충실한 것일지라도 현실에 뿌리내린 과학적 이론이 될 수 없다. 따라서 사회 성격과 모순구조에 관한 과학적 분석이 변혁운동의 전망으로 이어지고, 이것이 구체적인 정세에 따른 전술로 연결될 때 비로소 계급론과 변혁운동의 실제적 통일이 이루어지는 것이다. 이러한 맥락에서 볼 때 변혁주체를 설정하기 위한 접근방식도 사회구성체론, 변혁이론의 논리적 정합성을 구명하는 이론적 논의에서 일보전진해 구체적인 정세 속에서 변혁주체의 형성을 도모하는 실제적인 방법(계급의식론, 조직론)에 관한 논의로 확장되어야 한다는 것을 알 수 있다. 전자가 변혁주체를 형성하기 위한 객관적 측면의 사회경제적 분석과 해당 변혁단계의 전략구성에 치중한다면, 후자는 변혁주체 형성의 주체적 측면에 입각한 전술수립과 변혁주체 형성의 구체적 방법에 치중한다고 볼 수 있다. 최근 들어 변혁주체 설정을 둘러싼 이론적 논의의 여러 관념적 편향을 극복하고, 변혁주체 형성의 구체적 계기를 실천을 통해 확보하려는 노력이 진행되는 것은 매우 고무적인 현상으로 평가된다.

변혁주체가 튼튼하게 꾸려지지 않은 상태에서 이루어지는 변혁주체 설정에 관한 논의는 공허한 관념으로 끝나버릴 수 있다. 변혁주체의 사상적·조직적 기반이 확고하게 형성되어 있어야만 해당 시기의 객관적 조건에 부응하는 주체적 전략전술을 성공적으로 구사할 수 있다. 따라서 대중의 투쟁역량을 강화하기 위한 조직노선과 현 정세 속에서 당면한 실천문제를 둘러싼 투쟁노선이 중요하게 제기되는 것이다. 노동운동에서 대중조직으로서 노동조합의 중요성을 재확인하고, 전체운동의 차원에서 통일전선의 구상과 형성 방안을 활발하게 논의·실천하는 것은 전략적 세력편성의 구상을 현실화할 수 있는 사상적·조직적 기반을 확충하기 위한 것이다.

위의 논의에서 우리는 사회구성체에 관한 사적유물론의 기본 개념과 방법론의 인식상의 편차가 실천의 여러 영역에 관한 함의(변혁운동의 성격, 변혁운동의 대상과 주체 설정)에 상당한 차이를 가져온다는 것을 확인할 수 있다.

2) 민족 - 계급 - 민중의 관계

제국주의 시대에서는 해당 사회모순의 담지자이자 극복주체인 민중의 형성이 고립된 단위 국가의 차원에서만 이루어지지 않는다. 그렇기 때문에 제국주의의 한국사회에 대한 규정성을 어떻게 해석·평가하느냐에 따라 한국사회구성체의 성격 규정이 달라질 뿐만 아니라 변혁주체 설정의 논리적 구도와 변혁주체 형성의 실천적 전략·전술이 달라진다.

한반도는 제국주의와 관련해서 지금도 분단극복이라는 과제를 안고 있을 뿐만 아니라 분단상황이 여러 계급계층의 민족적·민중적 결집을 방해하기 때문에 민중문제는 일국 차원에서 형성되는 생산관계상의 모순영역에만 국한될 수 없다. 한국사회의 계급문제와 민중문제의 특성은 민족문제가 변혁주체 설정과 형성에 커다란 영향을 미친다는 것이다. 한국사회에서 민중문제는 자본의 운동과 관련된 여러 계급계층 상태와 더불어 제국주의의 정치적·군사적·경제적 지배와 남북 분단상황과 관련된 민족문제와 밀접하게 연관되어 있기 때문에 민족 - 계급 - 민중 범주의 상호관련성을 과학적으로 해명하는 것은 민중문제의 위상을 설정하는 데 중요한 영역을 차지한다.

민족문제의 중요성을 강조하는 식민지반봉건론이 사회구성체와 사회 성격을 구분하게 된 이유는 현 단계 변혁운동의 민족적 실천을 중시했기 때문이다. 그러나 민족문제의 실천적 중요성을 강조하느라 민족문제의 사회구성체 내재화과정을 무시하고 편의적으로 사회구성체와 사회 성격을 분리한다면 원래의 실천적 의도와 무관하게 이론적 차원의 변혁 내적 기반을 과학적으로 확보하지 못하게 된다. 또 정치노선이 사회 성격을 규정하게 되어 논리상의 순서가 뒤바뀌는 모순이 발생한다. 이는 과학적 이론은 객관적 사실을 반영한다는 유물론적 명제와 배치되는 것으로서 정치주의적 편향에 빠져들 위험이 있다. 이처럼 식민지반봉건론의 사회 성격을 해명하는 방식에는 문제의식의 정당성과 이론적 수준에서 이루어지는 분석방식의 오류가 혼재되어 있다.

반대로 제국주의와 한국사회의 관련성을 배제한 채 분석 수준을 일국 차원에 국한시켜 자본주의의 일반 법칙의 경향적 관철만을 원론적 수준에서 확인하는 태도도 방법론상의 근본적 문제점을 안고 있다. 따라서 한국사회의 성격을 제국주의의 규정성을 상실한 일국 차원의 사회구성체론으로 환원하지 않으면서, 사적유물론 체계 속에 분단문제를 포함한 민족문제를 어떻게 위치시킬 것인가의 문제는 한국사회 성격에 관해 논할 때 핵심적인 위치를 차지한다고 볼 수 있다.

그동안 진행되었던 한국사회 성격에 관한 논의에서 부각된 사실은 한국사회에 대한 제국주의의 규정성에 관한 해명이 중요하다는 사실이었다. 제국주의의 규정성을 설명하기 위해 식민지, 신식민지, 예속, 종속 등의 개념이 상이한 의미로 사용되었지만 전후 분단시대 한국사회의 발전법칙은 제국주의의 규정에 따르고 있다는 데 합의가 모아지고 있는 듯하다. 문제는 제국주의의 규정력이 단순한 외인이 아니라 한국사회에서 구체적으로 어떻게 관철되고 있는지를 사적유물론의 기본 법칙에 입각해 사회구성체 수준에서 적절하게 해명하는 것이다.[2)]

제국주의의 한국사회에 대한 규정성과 이로 인한 한국사회의 예속성(신식민성 혹은 종속성)을 분명하게 드러내는 것은 민족문제의 위상을 어떻게 설정하느냐와 긴밀한 관련이 있다. 즉 이 문제는 제국주의의 전일적 지배가 한국사회에 직접적으로 관철되는지(식민지), 국가를 매개로 간접적으로 관철되는지(신식민지)를 밝히는 것이며, 제국주의의 규정력이 한국사회의 정치적·경제적·이데올로기적 구조를 어떻게 주형화했고, 어떤 모순을 싹트게 했으며, 이 같은 객관적 모순이 변혁주체의 형성, 변혁운동의 방향성과 성격에 어떠한 함축을 가져오는지 분석하는 것이다. 이러한 맥락에서 계급 - 민족 - 민중 사이의 관련성을 해명해야 한다.

한반도의 민족적 과제는 제국주의의 지배를 극복하는 것과 이와 상호연관된 분단문제의 극복이다. 민족문제는 민족 간 모순이 주요 모순으로 자리 잡은 상황에서 대외적으로 민족의 자주성을 회복하는 문제로 제기된다(박현채, 1988). 민족자주성의 회복과 관련된 식민지문제에 관한 평가는 8·15해방을 기점으로 성립된 국가의 성격을 어떻게 규정하느냐에 따라 달라진다. 식민지이냐 신식민지이냐의 문제는 국가가 완전히 예속되었는지 상대적으로 독립했는지의 구분에 따른다. 이는 1945～1953년의 역사적 과정을 어떻게 평가하느냐와 두 국민국가 형성에 대해 어떠한 평가를 내리느냐에 따라 달라진다.

남북에 상이한 물적 토대와 계급적 기반을 갖는 두 국가가 형성된 것은 해방 후 민족문제의 위상을 규정한 원형적 계기이다. 남북으로 분단된 영토에서 제한된 권력을 행사하는 두 개의 불완전한 국민국가

---

2) 이러한 문제제기에 관해서는 민정우(1986) 및 정건화 「한국사회성격논의에 관한 일고」, 미발표 논문 참조.

가 형성된 것은 통일 민족국가의 형성이라는 전 민족의 열망에 반하는 것으로서 향후 분단으로 인한 민족의 이질성과 분열을 강화하는 가장 원초적인 계기로 작용했다. 또한 민족주의의 기본 구성요소가 되는 '민족적인 것'[3]의 상실과정이기도 했다. 불완전한 두 국가는 상호대립하는 가운데 사회영역 내부에서 일어나는 국가 구성원 간 계급적 대립과 갈등을 제압하기 위한 방식으로 분단의 객관적 조건을 활용했다.

영토의 분단과 민족구성원의 분열, 차별적인 경제제도, 상호적대적인 국가유형 등으로 드러나는 분단문제를 해결하기 위해서는 기본적으로 민족 전체적인 시각을 확보해야 한다. 또 분단을 극복하기 위한 구체적인 방안을 모색하려면 두 국가의 내부적인 영역에서 드러나는 계급, 민족, 민중의 상호관련성에 입각할 수밖에 없다는 인식이 필요하다. 즉 민족 내부에서 통합문제로 제기되는 분단극복 문제는 기본적으로 일국 내 사회구성원 간 계급적 모순을 극복하는 데 달려 있으면서 두 개 국가 간 모순 극복, 제국주의와의 모순 극복에 달려 있음을 분명하게 인식할 필요가 있다.

분단 이후의 역사적 과정은 민족적인 것이 상실화·회석화되는 과정

---

3) "민족적인 것은 민족적 생활양식의 소산이자 반영이다. 민족적 생활양식은 국토와 민족구성원을 중요한 구성요소로 삼고 수천 년에 걸쳐 생성된 자원적·기후적 조건 아래 민족적인 사회적 실천 및 생활상의 소산이라는 점에서 사회적 인종공동체의 발전과정에서 형성되는 영토적·경제적 관계의 소산이다. …… 민족적인 측면이 부각되는 것에는 '민족적 요구', '민족적 감정', '민족적 심리', '민족적 자각', '민족적 이데올로기', '민족적 정책' 등이 있다. 그러나 민족적인 것 가운데 가장 중요한 것은 민족적 요구와 민족의식이다. 사회적 인종공동체가 발전하는 과정에서 가장 완전한 모습으로 반영되는 것이 민족적 사회의식이라는 의미에서이다"(박현채, 1998: 242).

이었다. 민족의 공동 생활양식을 구성하는 가장 기본적인 요소인 국토가 분단되고 민족구성원이 양분되었을 뿐만 아니라, 이후 제한된 영토와 구성원에 입각한 두 개의 국가가 성립되어 1민족 2국가가 현실화되었다. 남북의 영토적·지리적 분단은 경제적으로 상이한 두 개의 국민국가를 탄생시켰고, 남한에서는 제국주의의 지배 이데올로기로 의해 반공이데올로기가 강화되어 결과적으로 '민족적인 것'의 상실을 초래했다. 지배체제는 언어와 심리상태, 의식까지도 철저하게 분단의식에 부합되게 만들어 '민족적인 것'과 무관한 '국민적인 것'만 강조하고 민족동질성을 왜곡시켜 민족 분열을 심화시켰다.

이러한 과정은 단지 '민족적인 것'의 상실에 그치지 않는다. 사회구성원의 구체적인 생활상의 요구를 국민적인 요구로 억압하는 허위의식의 주입과 범람은 '계급적인 것'의 발현을 철저하게 억압시켰다. 국가안보와 성장이데올로기로 이어졌던 국가의 이데올로기정책은 내면화된 분단의식과 반공의식을 교묘하게 활용해 '민족적인 것'의 회복과 '계급적인 것'의 발현을 억압하고 민주적인 요구조차 용공·좌경으로 매도하는 반공이데올로기를 범람시켰다. 한국사회에서 '민족적인 것'의 재생과 '계급적인 것'의 활성화, '민중적인 것'의 형성은 긴밀하게 연관되어 있다. '계급적인 것'이 활성화되지 않는 한 진정한 의미에서 '민족적인 것'의 재생과 '민중적인 것'의 형성은 이루어질 수 없다. 왜냐하면 '민족적인 것', '민중적인 것'에 대한 제국주의와 파쇼국가의 억압은 계급적인 요구의 억압과 긴밀하게 연관되어 있기 때문이다.

제국주의는 분단과 식민지성의 극복이라는 민중의 민족적 요구가 활성화되는 것을 제압하기 위해 종속국에 개입한다. 민족적·계급적 요구가 민중적 요구로 결집하는 것을 제압하기 위해서는 제국주의의 적극적인 개입과 국가기구의 파쇼적 강화가 이루어져야 하는데, 이는 제반 민주적 절차와 형식을 부인하는 양태로 진행된다. 한국에서 국가의 예속적·파쇼적 성격은 제국주의의 이해를 관철하고 민중구성의 계급적 요구를 제압하려는 두 가지 목적을 수행하는 가운데 형성된 것이다. 따라서 한국의 국가는 민중구성에 대립되는 취약한 사회적 토대를 가질 수밖에 없다. 권력의 정당성을 사회성원의 합의에 따라 얻지 못하고 제국주의에 의해 추인되는 것이나, 제국주의와 독점자본의 입장에서 민중 생활상의 요구를 억압하는 것은 권력의 취약성을 부른다.

이러한 권력의 불안정한 기반 때문에 민주적인 요구가 항상 사회운동의 주축을 담당해왔다. 그러나 국가권력에 대항한 제반 민주화운동의 실제 내용은 사회성원의 구체적인 요구에 입각할 때만 의미를 확보할 수 있다. 따라서 '계급적인 것'의 분출과 이것의 민족적·민중적 결집은 민주화운동의 실제 내용을 담지하는 것이 된다. '계급적인 것'의 발현과 '민족적인 것'의 재생, '민중적인 것'의 실현을 억압하는 제국주의와 독점자본의 파쇼적 지배는 결국 민중의 민주화투쟁을 계기로 체제위기에 봉착할 수밖에 없다. 증대되는 계급적 요구가 민주화의 요구로 수렴되고 이것이 다시 민족적 과제를 풀기 위한 민중적 민족운동으로 발전하기 때문에 현 단계 민중운동의 과제로서 자주·민주·통일의 통일적 운동상이 설정되는 것이다.

3) 국가권력의 성격과 민중문제

변혁주체로서 민중은 해당 사회의 지배체제(국가권력)와 대응관계 속에서 형성된다. 지배세력과 민중 간 대립을 통해 구체화되는 국가권력과 민주운동의 관계는 민중문제의 위상을 설정하는 데 중요한 위치를 차지한다. 지배계급과 민중의 관계는 지배계급의 성격, 이를 규정하는 해당 사회의 성격, 해당 국면에서 양자 사이의 역관계에 따라 상이한 형태를 형성한다. 지배체제의 성격 변화는 사회의 물적 토대와 생산관계상의 변화에 의해 규정된다. 지배체제와 이에 대응하는 민중운동 간 관련성은 세계 정치·경제상의 위치, 해당 사회의 객관적 발전단계, 민중운동의 발전 정도 등에 따라서 위상이 다르다.

변혁주체로서 민중이 형성되는 과정은 민중을 구성하는 여러 계급계층 운동이 사상·정치조직의 여러 영역에서 통일을 이루어나가는 과정이다. 지배계급은 기존 체제를 유지하기 위해 폭력과 개량이라는 두 가지 수단을 활용해 민중을 구성하는 여러 계급계층의 사상적·정치적·조직적 결집을 방해한다. 이렇게 부분운동이 전체운동으로 통일을 추구하는 과정은 변혁 과제를 수행하기 위한 주관적·객관적 조건을 마련해나가는 기반이 된다. 지배계급은 자신의 이해를 관철하기 위해 각 계급계층이 변혁주체로 결집하는 것을 방해한다.

그러나 지배구조의 성격(사회구조의 객관적 모순) 때문에 지배계급과 피지배계급 간 모순이 증대하고 피지배계급이 단일한 변혁주체로 결집을 강화하는 객관적 조건이 마련된다. 사회계급 간 모순을 심화시키는 물적토대(한국 자본주의의 성격과 모순구조)를 과학적으로 분석해야 하는 이유는 변혁주체를 형성하기 위한 객관적 근거를 분명하게 드러내기 위해서다. 지배계급은 해당 사회의 객관적 모순에서 기인하는 변혁대상과 변혁주체 간 대립을 무마하고 지배계급의 이해를 유지하기 위해 여러 정책을 활용한다. 이러한 지배정책에는 ① 지배계급 내부의 모순관리, ② 피지배계급에 대한 분할지배(노동자계급과 중간제계층의 분리, 노동자계급 내부의 분리), ③ 이데올로기적 통제·조작을 통해 국민대중에게 허구적 통합논리 유포 등이 있다.

국가(지배체제)는 '억압적 국가기구'와 '이데올로기적 국가기구', 그리고 사회 여러 부분을 통제하는 특정 조직체를 관장함으로써 기존 체제의 유지와 강화를 도모한다. 국가기구를 중심으로 한 지배체제의 핵심 기능은 ① 지배계급의 계급의지를 현실화하고, ② 사회적 생산력과 생산관계를 관리하며, ③ 여러 계급계층을 국가의 영역으로 통합하는 것이다. 국가는 지배세력 내부의 분파 간 관계를 체계화하고 이들의 이해를 통합하는 한편 대중의 의식을 조작하고 허위이데올로기를 활용해 지배계급의 이해와 의지를 국가의지로 상승시킨다. 지배체제는 '계급적인 것'의 '민중적인 것'으로 전화, '민족적인 것'과 '민중적인 것'의 결합을 억압해서 '국민(국가)적인 것'이 이들보다 우위에 놓이게 한다. 국가지배체제는 '국민(국가)적인 것'을 '민족적인 것', '계급적인 것', '민중적인 것'보다 상위에 놓고 전국적·전 국민적 통합체제를 구축한다. 지배체제의 이러한 기능은 피지배계급의 이해와 대립되기 때문에 피지배계급이 민중으로 결집하게 만든다.

부르주아국가 형태의 통치방법에는 개량을 부인하는 전체적 방법(파시즘형)과 개량주의적 방법(뉴딜형)이 있는데, 하나의 지배체제 내에서는 지배와 피지배의 역관계에 따라 이런 통치방법이 상호교대로 나타나거나 여러 조합으로 뒤섞여 나타나기도 한다. 국가는 민중의식과 조직적 성장에 대응해 일정한 수준에서 개량주의적 개혁을 수행한다. 개량주의적 지배방식은 민중의 요구를 왜곡하고 민중 내부구성원의 이해 대립과 의식의 괴리를 활용해 기존 체제를 유지·강화한다. 이러한 방식은 폭력적·전체적 지배방식과 결합되어 나타난다. 다만 각 계급계층에 대한 차별적 지배방식을 사용해서 민중구성의 의식적·정치적·조직적 결집을 방해하는 것이 개량적 지배의 주목적이다.

국가독점자본주의사회에서는 민중의식의 고양과 민중운동의 광범한 성장에 대응해서 이 같은 개량적(자유주의적) 지배방식이 더 빈번하게 사용된다. 국가는 개량적 지배방식을 활용해 민중의식을 왜곡시킬 뿐만 아니라 민중 내부의 민중적 결집을 와해시킨다. 이러한 경향은 1987년 6·29 이후의 정치과정에서 확연하게 드러난다. 통치형태를 변화(정권형태의 변환: 대통령 선출방식, 의회구성방식)시킨 선거제도의 변화는 대중의 광범한 진출로 획득되었지만, 이것이 역으로 민중 구성원을 분열시키고 민중의식을 왜곡하는 결과를 가져왔다.

6·29 이후 일정한 추세로 진행되고 있는 개량정책은 경제적 토대와 정치구조 양 측면에서 일정한 위치를 찾아가고 있는 듯하다. 그러나 이 같은 기만적 개량정책은 이를 뒷받침할 수 있는 물적 토대가 확고해야만 실효성이 있다. 민중운동주체의 과학적인 대응과 조직적 결집이 성공적으로 수행된다면 이러한 개량정책은 오히려 민중운동이 성장하는 데 활용될 수도 있다. 개량주의적인 지배방식에 대응하기 위해서는 그것을 전면적으로 부정할 것이 아니라, 역으로 이용해 민중운동의 진출을 도모하고 동시에 통치형태와 방법의 민주적 전환을 꾀하는 것이 중요하다.

3. 변혁주체 형성과 민중론

변혁주체의 온전한 형성과 자기실현은 민중의 사상적·조직적 결집에 의해 이루어진다. 이때 변혁주체로서 민중은 단일한 계급만으로 이루어진 것이 아니라 지배세력(제국주의와 국내 지배계급)에 의해 억압·수탈당하는 여러 계급계층 간 동맹을 의미하기 때문에 각 계급계층의 생활상의 요구에 입각한 부분운동이 민중 전체의 이해에 입각한 전체 운동으로 통일을 이루어야 한다.

해당 사회의 모순을 극복하는 주체인 민중이 형성되는 과정은 하나의 역사적·사회적 과정이다. 역사주체로서 민중은 의식적·사상적·조직적 형성체로서 복합적이며 긴 과정을 거쳐서 스스로의 온전한 모습을 만들어가는 주체적 존재이다. 한국의 민중형성 과정은 내외부의 민족적·계급적인 객관적 규정력과 부단히 작용하면서 민중을 구성하는 내부의 여러 이질적 요소를 극복해 통일된 민중적 지향으로 나아가려는 민중의 주체적 노력이 담긴 과정으로 보아야 할 것이다. 민중이 형성되는 과정을 밝히려면 스스로 변혁주체로 형성해나가는 것을 민중의 개념으로 설정할 필요가 있다. 주체형성론적 관점에 입각한 이러한 연구는 '변혁론적 민중론'의 근거를 마련하는 것으로서 매우 중요하다.[4]

국내외적으로 복잡한 관계 속에서 급격한 사회적 분화의 과정을 겪고 있는 한국사회의 경우 여러 계급계층의 민중적 결집과정, 즉 민중형성 과정은 순조롭게 이루어지지 않는다. 여러 계급계층의 구성원은 서로의 이해가 일치하는 범위에서는 제국주의와 자본의 지배에 대항하지만 서로의 이해가 대립되면 공동의 이해관계에 입각한 조직적 행동을 수행하지 못하기도 한다. 민중형성 과정은 객관적인 사회구조의 모순을 계기로 삼아 진행되는 것이지만, 이것만으로 민중이 온전하게 형성되지 않는다. 민중이 온전하게 형성되려면 민중을 구성하는 여러 계급계층 사이의 제반 의식적 요소가 통일된 이념으로 모이고, 이것이 조직적 결집으로 이어져야만 한다. 이러한 민중의 주체적 형성과정은 민중을 구성하는 다양한 생활상의 체험과 공동투쟁을 통한 의식 공유, 조직형성 등을 통해 진행된다. 이러한 맥락에서 볼 때 민중형성(변혁주체

4) 계급형성론적 관점에 의거한 노동자의 의식과 행동에 관한 예비 연구로는 김진균·임영일(1987) 및 임영일(1985) 참조.

형성)의 문제영역은 민중을 형성하기 위한 객관적·주체적 조건을 매개하는 의식·사상·조직·실천의 구체적 과정을 해명하는 것이다.

변혁주체로서 민중이 형성되는 과정을 객관적 사회구조의 고정적 산물이나 결과로 파악해서는 안 된다. 민중은 일상적인 삶 속에서 그들의 생활조건과 존재상황을 규정하는 사회적 조건과 부단한 갈등을 겪으면서 스스로 체험과 의식, 행동을 형성해나가는 주체적 존재이다. 올바른 변혁주체를 확립하는 과정은 주체를 형성하는 객관적 조건과 주체적 조건의 통일성 속에서 이루어진다. 이를 위해서는 ① 민중형성의 객관적 조건, ② 민중형성의 주체적 조건, ③ 민중형성을 가로막는 여러 요인에 관한 분석이 통일적으로 이루어져야 한다.[5] 아래에서는 이러한 주체형성론적 시각과 방법론에 입각해 민중의식 문제와 민중조직 문제를 검토해보려 한다.

1) 민중의식의 문제

민중의식을 분석하려면 기본적으로 다음과 같은 이데올로기 분석의

---

5) "올바른 주체를 확립하려는 시도는 다음의 과정 속에서 형성된다. ① 주체 성립을 필연화하는 객관적 토대(생산양식)의 분석, ② 계급구조의 분석과 '주체가능체'의 범주화, ③ '주체가능체'의 '주체역량화'를 방해하는 토대요인과 상부구조 요인 분석, ④ '주체가능체'의 주체역량화 방해요인을 극복할 수 있는 방법론의 개발과 이 방법론을 수단으로 실천한 잠재역량의 현재화이다"(이현우, 1985: 248). ①, ②, ③은 변화주체(민중)를 형성하는 객관적 조건에 관한 연구이며, ④는 변혁주체를 형성하는 주체적 조건과 변혁주체의 형성을 가로막는 여러 요인에 관한 분석으로 볼 수 있다. ①, ②, ③은 주체형성 문제를 사회구성체론의 맥락에서 검토한 것이다. ④는 변혁주체의 의식, 조직, 투쟁에 관한 영역으로서 전략·전술의 문제이다.

원칙이 관철되어야 한다. 첫째, 민중의식을 분석할 때는 의식의 물적 토대와 생활조건을 민중적 당파성의 관점에서 드러낼 수 있어야 한다. 민중의 생활상태와 의식상태를 연구하기 위해서는 항상 지배계급의 정책과 사회의 객관적 모순구조의 관련성을 검토해야 한다. 그래야 왜곡되고 억압된 민중의 현실을 극복하는 계기를 마련할 수 있다. 사회의 객관적 모순구조에 관한 정치경제학적 분석과 민중의 구체적인 생활상태에 관한 조사연구를 상호결합하는 것은 과학적 민중론이 담당해야 할 중요한 과제이다.

민중의 생활상의 요구와 괴리된 민중의식연구는 참다운 민중의식의 본령에 다다르지 못한다. 민중의 객관적 생활상태와 민중의식의 인과적 관련성을 무시한 채 민중의 생활상태와 민중의식을 분리해 이른바 '민중담론'의 영역을 확보하려는 시도로는 문화주의의 제반 편향에서 벗어날 수 없다.[6] 민중 생활상태에 관한 구체적인 분석에 입각하지 않는 문화주의적 접근방식은 민중의 주체형성 문제를 의식공간의 관념적 주체영역으로 왜소화한다. 민중운동과 괴리된 민중론, 민중현실과 괴리된 민중의식론, 사회구조에 관한 객관적 분석과 괴리된 사상이론은 사이비 과학의 거짓구체성과 관념적 이데올로기만을 재생산할 뿐이다.

둘째, 민중의식의 문제를 검토하기 위해서는 지배 이데올로기와 관련성을 살펴야 한다. 각 계급계층의 의식은 특정한 형태에 머물러 있는 고정물이 아니다. 각 계급계층의 의식은 전체 사회구조, 객관적 생활조건, 지배체제, 계급 역관계의 변화 등에 따라서 유동적으로 변화·발전한다. 사회구조 내에서 각 계급계층이 처한 생산관계상의 위치 때문에 생활상의 이해를 반영하는 원망, 의식, 이념에서 여러 편차가 발생하는

6) 이러한 연구경향의 대표적 사례는 김성기(1987) 참조.

데, 지배계급은 이러한 민중을 구성하는 내부의 모순을 활용해 민중의 의식적·사상적 통일과 민중의식의 형성을 저지한다.

민중의 구체적인 생활기반과 삶의 현장에서 형성되는 제반 의식과 사상·문화 간 관련성을 검토하는 것은 과학적 민중론의 주요 대상영역이다. 그러나 이러한 민중적 삶의 현장은 지배체제와 무관하게 형성된 것이 아니기 때문에 사회구조에서 규정되는 민중생활과 의식문제를 검토해야 한다. 이때 민중의식은 이중적 형태를 띤다는 사실에 주목해야 한다. 지배체제와 연관성 속에서 민중의식의 허위의식적 측면과 진보적 측면을 함께 검토해야만 민중의식의 이중적 의미를 올바로 파악할 수 있다. 과학적 민중론은 지배체제의 법체제와 여러 정책을 통해 외화·실현되는 지배계급의 이데올로기를 계급적 이해와 관련해 검토함으로써 지배 이데올로기와 민중의 사회심리, 가치형성, 이념형성 사이의 관련성을 해명해야 한다.

셋째, 과학적 민중론의 이데올로기 분석은 지배의식과 관련성 속에서 형성된 제반 이데올로기의 본질을 드러낼 수 있어야 한다. 한국사회에서는 지배계급의 의지가 국가 이데올로기의 형태를 띠면서 여러 계급계층에게 영향을 미치고 있다. 반공·안보·성장 이데올로기의 근거가 되는 물적 토대와 본질을 밝히는 것은 대항 이데올로기를 형성하기 위해서도 매우 중요하다. 이 같은 이데올로기·의식 분석의 방법론적 원칙을 염두에 두고 민중의식의 내용과 성격, 형성과정, 이중성, 분화와 통일에 관한 논점들을 살펴보자.

민중의식은 계급의식, 민족의식을 포괄하는 것으로 모순 인식에 근거한 변혁 지향적 주체의식이다. 민중의식의 내용은 전선의 변화, 변혁대상의 변화, 해당 단계 민중운동의 성격 변화에 따라 달라진다. 특정 단계에서 민중의식의 내용은 민중이 처한 객관적 생활조건과 자주적이고 주체적인 민중운동의 발전으로 형성되는 주체적 조건의 통일성 속에서 마련된다. 민중의식의 내용을 정확하게 검토하기 위해서는 민중의식이 형성되는 주체적·객관적 측면에 관한 통일된 시각이 필요하다.

민중의식이 형성되는 과정은 민중 구성원인 여러 계급계층의 생활체험을 공유하고 이것을 추상적 가치로 응축하는 과정이다. "민중의 현재에 대한 인식이 미래의 의지와 결합될 때 민중의 주체적 성격은 더 강화된다. 즉 민중의 일상적 체험이나 원망의 집적이 민중 상호 간 접촉과 안팎의 투쟁과정에서 민중적인 공유체험으로 자각되고 어떤 추상적인 가치 가운데 농축됨에 따라 더 진보적이 된다. 민중이 역사 속에서 주체적으로 자신의 모습을 나타내는 것은 그들의 체험, 원망, 인식, 행동에서 출발해 원리와 이데올로기를 만들어내고 역사를 능동적으로 가공해가는 과정이라는 것이다"(박현채, 1984a: 19).

각 계급계층의 생활상의 이해를 반영하는 사상의지의 결집은 민중적 세계관과 인생관을 창출한다. 이것이 과학적 내용을 담지하고 역사의 진보적 발전에 부합하는 방향으로 나아가면 민중사상은 지배사상과 지배 이데올로기에 대치하게 된다. 그러나 이러한 민중의식은 문화와 의식이 독립된 공간에서 창출되는 것이 아니다. 민중의식이 형성되는 기반은 현실 속에서 투쟁, 투쟁을 매개로 한 계급적 결집, 운동을 중심으로 한 조직적 결집으로 마련된다.

민중구성은 자본주의체제 내에서 '서로 관련지어진 순환계열상의 다른 범주로 되면서 하나가 되기' 때문에 민중정체감의 일치와 내부분화에 따른 불일치가 동시에 존재한다. 이때 주된 민중 구성원이 자본과 국가와 대립하는 관계는 민중 구성원에게 동일한 경제적 이해를 제공하는 주요 기반이 된다. "경제적 이해의 일치는 그들이 역사적으로 그 생성과정에서 상호관련 있는 순환계열상의 다른 범주라는 데서도 밑받침된다"(박현채, 1985: 53). '주요한 민중구성이 상호관련된 순환계열상의 다른 범주로 되면서 하나가 되는 근거'는 변혁주체로서 민중을 형성하는 근거가 된다. 그러나 민중을 구성하는 여러 계급계층 간에 체제인식 차원에서 주어지는 이해의 일치는 생활상의 이해관계와 생활의식에서의 대립을 포함한다.[7] 동일계급, 예컨대 노동자계급 내에서도 내부 분파 간에 일어나는 생활상의 이해 대립 때문에 상호 간 의식괴리가 존재한다.

현실의 모순은 민중을 구성하는 여러 계급계층의 의식에 각인될 수밖에 없다. 이것이 민중의식의 이중성이다. 문제는 계급계층별 의식편차를 극복하면서 민중적 의식을 어떻게 통일하느냐에 있다. "민중이 현실적으로 하나가 되려면 각 구성별로 부정적 측면을 청산하고 긍정적 측면에서 동일성을 인식하기 위해 노력해야 한다. 이것은 원초적인 경제적 인식을 더 높은 차원의 인식으로 끌어올리는 것이며, 결국 정치적 차원까지 발전해나가야 한다"(박현채, 1985: 53).

민중구성 내의 여러 계급계층의 계급의식(노동자의식, 농민의식, 빈민의식, 중간층의식)은 그 위상이 각각 다르다. 이러한 개별적 계급의식은 민중운동이 진행되는 과정에서 민족의식, 민중의식으로 통일되어야 할 것이다. 민중의식의 통일성을 확보하기 위해서는 공동투쟁을 통해 계급동맹의 형성을 강화해야 한다. 민중구성의 공동 이해에 입각한 공동투쟁의 활성화는 지배세력에 대한 공동의식을 형성하는 기반이 된다. 이때 민중 내부구성 중에서 주도세력과 보조세력의 관련성이 제기된

---

7) "민중의 계급적 구성을 천착하는 것은 각각의 민중 구성부분 역량을 민중운동의 역량으로 연합하기 위해 객관적 조건을 규명하는 초기 작업이다"(김진균, 1988: 268).

다. 계급별 의식이 분화되어 발전하는 상황에서 이를 민중의식으로 통일하려면 대중성과 지도성, 자연발생성과 목적의식성, 민중운동 중심체의 형성문제, 민중구성 내 지도세력 문제 등을 객관적 사회조건과 관련해 과학적으로 검토해야 할 것이다.

올바른 민중이념은 사회구조 속에 처해 있는 자기 위치에서 자동적으로 생성되지 않는다. 민중이 처한 사회구조를 과학적으로 인식할 수 있는 능력을 배양할 때 올바른 민중이념을 정립할 수 있다. 민중이 스스로를 역사의 변혁주체로 형성하기 위해 노력해야만 주체적인 민중이 형성될 수 있다. 민중의식의 통일성은 결국 민중운동이 통일되어야 이루어지는 것이다. 민중운동이 통일성을 획득하려면 민중운동의 정치적·조직적 통일이 필요하다.

(2) 민중의 정치적 조직화 문제

변혁운동의 주체로서 민중이 결집되는 구체적인 과정과 경과는 해당 사회가 처한 사회적·경제적 조건과 정치 국면의 성격, 주체역량의 형성 정도에 따라서 모습이 다르다. 민중운동의 구체적 내용과 성격을 규정하는 것은 해당 사회의 모순구조에서 도출되는 변혁운동의 성격이다. 그런데 전체 민중운동을 구성하는 제반 부분운동의 성장과 발전은 사회의 객관적 구조와 각 계급계층의 주체역량에 의해 제약되기 때문에 특정 단계에서 민중운동을 구성하는 제반 부분운동 사이에는 불균등성이 존재할 수밖에 없다. 특히 지배계급의 정책변화는 특정한 부분운동의 발전을 저지하는 한편 자신의 이해를 관철하는 데 도움이 되는 운동을 조장·지원함으로써 제반 부분운동이 민중운동으로 통일되는 것을 방해한다. 제반 부분운동이 민중운동으로 통일되는 것, 민중운동이 제반 부분운동으로 분화되는 가운데 이루어지는 부분운동과 민중운동의 통일은 변혁운동이 발전하는 데 필요한 기본 조건이다. 변혁주체를 설정하는 것은 해당 사회구조의 객관적 모순에서 시작된다. 그러나 이 같은 변혁주체의 논리적 설정이 변혁주체의 형성과 민중운동으로의 통일을 보장하는 것은 아니다.

사회의 객관적 모순을 둘러싼 각 계급계층의 이해와 경제적 위치, 정치적 지향 등이 상이하기 때문에 새로운 사회를 지향하는 방향과 변혁의 성격, 변혁주체의 설정(세력배치), 변혁주체의 형성방식 등도 달라진다. 그렇기 때문에 민중운동을 구성하는 제반 부문운동의 관계 설정, 민중구성 내 주도세력의 확정, 민중운동의 통일을 실현하는 구체적 방법 등에 관련된 문제를 둘러싸고 상이한 계급적 입장과 전략·전술방침이 제기되는 것이다.

민중운동의 계급적 편성은 계급구조의 분석과 여러 계급의 물적 토대, 사회경제적 지위, 계급 간 상호관계에 대한 객관적 분석에 입각해야 한다. 사회구성체 수준에서 계급분석의 총체성은 토대와 상부구조의 관련성을 통일적으로 드러낼 때 확보된다. 따라서 토대 차원에서 여러 계급의 객관적 관계에 대한 분석을 보완하려면 이들 계급의 이해관계, 사회심리, 정치적 입장에 관한 분석, 계급세력 간 연대에 관한 분석, 주요 정당·단체와 대중 간 관계에서 드러나는 역동성에 대한 구체적 분석이 이루어져야 한다.

민중운동의 전략적 구상인 계급 배치계획은 해당 변혁의 발전단계에 따라 변할 뿐만 아니라 역으로 계급 역관계의 변화, 즉 계급동맹의 변화가 변혁단계의 변화를 초래하기도 한다. 이는 운동 진행과정에서 구동맹세력의 이탈과 새로운 세력의 가입으로 인해 변혁의 대상과 동맹 내부의 세력관계가 지속적으로 변화·발전하기 때문에 생기는 현상이다. 따라서 계급동맹을 전략적으로 구상하려면 변혁단계의 발전에 따르는 민중 구성편제의 유동성과 역동성에 주목해야 한다. 이처럼 민중운동의 정치적 과제와 민중의 내부구성 폭은 변혁운동의 발전단계와 변혁주체의 역량강화 정도에 의해 규정된다.[8)]

그러나 민중운동의 문제를 권력을 획득하기 위한 구체적 투쟁의 영역에서 고려한다면 민중연합(계급동맹)의 구체적 형성과 발전이라는 전술적 측면의 중요성이 부각된다. 사회의 객관적 모순이 심화되어 나타나는 여러 계급 간 관계를 주체적으로 활용해 변혁세력의 통일을 구축하는 다양한 작업 — 지배세력의 고립화, 중간제계층의 견인과 쟁취, 대중 활동 공간의 확보, 대중적 여론 창출 — 을 적극적으로 수행하면 민중운동의 전략 구상을 실천하기 위한 토대를 세울 수 있다. '구상으로서 민중연합'을 실천의 차원으로 현실화하려면 해당 정세를 구체적으로 분석하고 이에 입각한 탄력적인 전술을 구사할 필요가 있다. 따라서 계급동맹의 전략적 측면과 전술적 측면을 통일적으로 파악해야 한다.

민중운동에 관한 여러 문제의 핵심은 사회성격론 - 변혁론의 영역과 긴밀하게 연관된 변혁적 전략·전술의 운용이다. 민중운동은 여러 계급 계층을 단일한 목표로 결집하고, 공동의 변혁대상에 대항해 여러 계급 계층의 모든 투쟁역량을 단일한 전선으로 결집한다. 계급동맹에 입각한 민중운동의 기본적인 자세는 ① 계급 내 운동의 통일에서 계급 간 운동으로 통일, ② 지역 내 통일에서 전국적 통일, ③ 부분운동의 통일

8) 다수 대중이 변혁운동에 참여하고 이에 따라 계급동맹이 강화되면 변혁운동이 진전되기 때문에 변혁의 과제가 확대된다. 이에 따라 변혁운동에 참가하는 민중의 계급적 구성이 변한다. 이처럼 변혁의 단계가 진전하면 변혁의 새로운 과제가 설정되기 때문에 계급세력에 대한 경계선을 새롭게 확정하는 문제, 즉 계급세력을 재집단화·조직화하는 문제가 제기되는 것이다.

에서 전체운동으로 통일을 지향하는 것이다. 특정 계급의 독자적 운동, 단위 지역의 운동, 특정 부분의 운동이 전체 민중적 차원, 전국적 차원, 전체 운동적 차원으로 고양·발전할 때 민중운동의 통일이 실현된다. 그러나 민중운동의 통일은 단순히 계급운동의 통일, 지역 차원의 통일, 부분운동의 통일이라는 산술적 총합으로 이루어지지 않는다. 해당 변혁단계의 전략적 과제와 목표를 수행하기 위한 민중운동은 계급과 지역의 통일성을 지향하지만 통일이 완결된 후에 시작되는 것은 아니다. 특정 계급의 선도성, 특정 지역의 선진성, 특정 부분운동의 중요성에 따라 범주별로 통일성은 불균등할 수밖에 없다. 민중운동을 형성할 때 계급, 지역, 분야의 여러 범주별 운동의 불균등한 발전을 염두에 두지 않고 관념적 구상에 따라 순서를 상정하면 도식주의의 한계를 벗어날 수 없다.

해당 시기의 당면 과제와 근로대중의 구체적 여러 요구에 입각하지 않고서는 전략적 민중운동의 구상을 실천적 차원으로 끌어올릴 수 없다. 민중운동의 전략적 구상을 실현하기 위해서는 근로대중에게 변혁운동의 최종목표를 선언하는 데 급급해서는 안 된다. 근로대중을 근본적 변혁의 최종목표를 위한 투쟁으로 끌어들이는 유일한 방법은 실제 투쟁을 강화하는 것이다. 따라서 여러 계급계층이 당면한 직접적이고 긴급한 요구와 궁극적 목표의 성취 사이에 놓인 모든 발전단계의 과제를 실천해나가면서 '당면한 요구를 위한 대중투쟁'을 '변혁을 위한 투쟁'으로 진전시켜야 한다. 이를 실천하기 위해서는 해당 시기의 세력단계와 정세분석에 입각한 구체적 전술방침을 마련해야 한다.

전략과 전술의 통일, 변혁의 궁극적 목표와 당면 과제의 통일을 실현하려면 계급동맹 발전과정의 동태적 측면에 유의해야 한다. 계급동맹 기관이자 투쟁기관인 통일전선의 형태는 대중의 인식과 정치의식의 발전과정, 해당 시기의 역관계 등에 대응해 상이해진다. 통일전선의 여러 유형과 발전형태는 통일전선이 형성되는 초기단계에서 규정된다. 통일전선의 투쟁조직 형태는 국가별로 처한 주관적·객관적 조건과 해당 시기의 당면 과제에 따라서 반제민족전선, 반파쇼민주전선, 반제반파쇼(독점)전선 등으로 나눈다. 통일전선은 다양한 계급계층을 단일의 대적전선으로 결집하고 사회변혁을 원하는 모든 세력의 공동투쟁과 동맹을 실현하는 계급동맹 기구이자 투쟁기구이다.

통일전선의 구호 혹은 공동목표가 좀 더 일반적인 성격을 띠는 것으로 발전할수록 계급동맹의 조직형태는 일시적인 것에서 더 장기적·항구적으로 변한다. 통일전선의 조직형태는 공동투쟁과 행동통일 같은 실제적 전개와 대중적 경험을 통해 발전한다. 통일전선의 조직형태는 행동통일이 단계적으로 발전함으로써 전진하는 것이다. 통일전선조직은 당면 요구를 전략적 과제로 수렴하고, 아래에서 공동행동에 입각한 공동투쟁 조직이 활성화하고 위에서 협정이 공고화됨에 따라 일시적 형태에서 항구적 형태로 발전하게 된다. 통일전선의 계급동맹기관적·투쟁기관적·권력기관적 성격은 통일전선의 계급적 구성과 통일전선조직의 구성방식, 여러 계급계층의 조직화 정도, 통일전선 형성의 객관적 토대가 되는 사회발전 단계와 계급구조 및 변혁의 주체적 조건인 지도중심체, 노동자계급의 역량 등에 따라서 나라마다 상이하게 편제된다. 전선의 성격을 규정하는 해당 사회의 발전단계 및 변혁의 대상과 동력이 변함에 따라 통일전선의 향후 발전과정과 구성세력, 계급동맹의 범위, 형성방식이 달라지기 때문에 통일전선의 형성, 발전과정에 관한 국가별 분석이 필요하다.9)

---

9) 중부 및 동남부 유럽의 인민민주주의국가에서는 반제반파시스트 투쟁과 인

4. 맺음말

과학적 민중론을 정립하려면 민중의 사회과학적 개념화가 이루어져야 한다. 이는 ① 정치경제학적 접근에 의한 과학성 확보, ② 역사적 접근에 의한 역사성 확보, ③ 운동적 접근에 의한 실천성 확보라는 과제를 안게 된다.

민중 개념의 과학성을 확보하려면 첫째, 한국사회의 지배논리가 피지배층의 생활조건과 상태를 어떻게 규정하는지 살핌으로써 구조 변혁의 주체를 객관적으로 드러내는 정치경제학적 방법이 필요하다.

정치경제학적 방법이 취하는 접근방식은 한국 자본주의의 재생산구조 및 축적양식에 대한 분석에 기초해서 변혁주체로서 민중을 설정한다. 민중 개념을 '역사적인 변화 속에서 파악해야 하는 개념', '변화하는 주요 모순에 대응하는 확정되지 않은 개념'으로 설정하는 것은 민중을 사회구성체와 관련 지어 파악한다는 의미이다. 민족모순과 계급모순의 변증법적 관계에 관한 인식을 기초로 이루어지는 '변혁론적 민중론'에서는 민중을 '주요 모순에 대응하는 확정되지 않은 개념'으로 파악함으로써 역사변동의 현실적 구체성을 중시한다. '민중 개념은

민민주주의 혁명의 발전단계에 따라 권력조직으로서 인민전선 형태가 발전·강화되었다. 헝가리를 보면 1944년 12월 2일에 형성된 '헝가리 독립인민전선(The Hungarian Independent People's Front)'은 1949년 사회주의 건설기에 이르러 '애국인민전선(The Patriotic People's Front)'으로 강화되었다. 동독은 1945년 7월 10일에 형성된 반파시즘민주주의블록의 통일전선이 1946년 4월 21일에 인민전선과 흡사한 전 독일적 기구인 '독일 인민회의(German People's Congress)'로 확대되고, 이후 1950년에는 민족전선으로 강화되었다. 모스크빈(1988: 87~98) 참조.

계급, 민족 등 여러 개념을 포용하는 상위 개념이다'라는 언명의 진정한 의미는 민중(변혁주체)이 계급과 민족에 기반을 둔다는 사실에 있다. 이는 민중운동의 주체인 민중의 계급적 형성과정과 민중운동의 내용이 되는 민족문제의 해결과정에서 민족-계급-민중 간 상호관련성이 확보됨을 의미한다. 민중 개념이 민중운동과 관련성 속에서 완성을 지향하는 것은 민중운동의 역사적 성격을 반영하는 것이다.

둘째, 민중 개념의 역사성을 확보하기 위해서는 민중운동의 역사적 경과 속에서 민중의 주체 범주를 파악하는 민중운동사적 접근이 필요하다. 이는 역사 변혁의 주체인 민중이라는 역사적·사회적 실체가 형성되어온 과정을 검토함으로써 민중운동의 전통을 계승한다는 적극적 의미이다. 민중운동사적 접근은 근현대사 과정 속에서 진행된 사회운동의 구체적 경과를 통해 역사주체로서 민중의 성격을 밝힘으로써 민중형성의 주체적 측면을 해명하는 것이다. 민중운동사적 접근을 통해 민중운동 속에서 운동주체의 형성과 주도세력의 변화과정을 이끌어내는 작업은 매우 중요하다.

셋째, 민중 개념의 실천성을 확보하기 위해서는 현실 속의 민중운동에 뿌리내려야 한다. 민중 개념의 내용을 채워주는 것은 역사적·사회적 현실 속에서 이루어지는 여러 계급계층의 실천적 행위이다. 따라서 민중운동의 주체로 되는 민중의 내부구성과 민중운동의 내용은 역사적·사회적 조건과 민중의 실천에 따라 변화·발전한다. 이러한 맥락에서 민중을 개념의 완성을 향해 부단히 운동하는 역사적·사회적 실체로 규정할 수 있다. 민중운동의 구체적 내용인 민중해방과 민족해방은 민중을 구성하는 여러 계급계층의 생활상의 요구에서 시작한다. 민중운동의 내용과 민중을 구성하는 문제는 사회성격론-변혁론-구체적인 사회운동의 통일적 관련성 속에서 검토되어야 한다.

넷째, 객관적 과학성, 역사적 계승성, 운동적 실천성을 계승하는 '변혁론적 민중론'은 민중적 당파성에 입각해야 한다. 민중을 구성하는 여러 계급계층 중 자신의 객관적 존재 조건 때문에 민중운동의 선도세력으로 등장하는 특정 계급의 선진성과 지도성 문제를 소홀히 해서는 안 될 것이다. 계급동맹과 이에 입각한 민중적 통일전선의 형성은 민중 구성 내부에서 특정 계급의 선도성과 지도성이 관철될 경우에만 현실화될 수 있다.

제 3 장

분단과 민족문제*

1. 머리말

1988년은 4·19혁명 이후 최초로 대중적 수준에서 통일운동이 재활성화된 '역사적 계기'의 의미가 있다. 1988년의 정치적·사회적 상황은 자주화운동, 민주화운동, 통일운동이 실천적으로 상호긴밀하게 연관되어야 한다는 것을 보여주었다.

우리는 1950년 한국전쟁 이후 거의 말살되다시피 한 민족운동의 전통을 복원하는 계기로서 1980년대의 시대적 의미를 확인할 필요가 있다. 1980년대 벽두의 광주민중항쟁은 민족문제의 본질에 관한 인식지평을 확대한 민족사의 계기로서 기록될 것이다. 이는 1960년 4·19혁명을 기점으로 재확인된 자주·민주·통일의 과제를 다시 한 번 현실의 변혁운동과 접목하는 계기이자 역사의 합법칙적 발전(필연성)과정에 관한 과학적 인식을 활성화하는 계기로 작용했다. 분단문제를 둘러싼 논의를 활성화하고 통일운동을 고양하는 것은 역사적 필연을 현실화하기

* ≪실천문학≫ 통권 11호(1988년 가을)에 수록되었던 글이다.

위한 민족운동의 실천적 지향을 기반으로 하는 작업으로서 민족민주운동의 과학적 심화와 대중적인 확산을 촉발하고 있다. 민족민주운동의 실현도정은 광주민중항쟁이라는 '역사적 계기'에 의해 매개된 '민족해방과 인간해방의 필연성'을 재확인하는 과정인 것이다.

우리는 1980년 광주민중항쟁을 경험하고 민족문제의 중요성을 새롭게 확인했다. 전후 제국주의 세계체제에 대한 과학적 인식을 기반으로 하여 미국에 대한 비판적 인식을 증대해나가는 것은 향후 분단문제를 포함한 민족문제의 해결에 한 발 더 가까이 다가서는 것이다. 이러한 과정을 통해 민족문제의 한 부분인 분단문제의 중요성을 재확인하고, 통일운동의 실천적 전망이 강력하게 제기되는 것은 매우 고무적인 현상이다. 그러나 분단문제에 대해 과학적 이론을 정립하는 작업과 분단극복을 위한 대중적 실천은 아직까지 만족할 만한 수준에 이르지 못하고 있다. 특히 이론적 수준에서 제국주의와 민족문제에 관한 과학적 해명이 지체되고 있어 분단극복과 통일운동의 실천적 위상을 명확하게 설정하지 못했다.

제국주의 시대의 민족문제는 세계사의 발전단계와 각 민족의 주체적 대응에 따라 내용이 달라진다. 민족문제는 영원히 변하지 않는 것이 아니라 세계사적 조건의 변화와 민족의 주체적 실천에 의해 내용이 변하는 역사성을 띤다. 민족문제의 위상이 변함에 따라 해결해야 할 민족적 과제와 민족문제의 해결주체가 달라지기 때문에 제국주의 시대 민족문제의 위상 변화에 관한 과학적 인식이 필요한 것이다. 이처럼 민족문제에 관한 과학적 인식은 민족적 과제를 분명히 설정하고 민족운동의 주체를 확정하는 실천적 대안을 마련하는 기반이 되기 때문에 변혁운동에서 그 의미가 대단히 중요하다. 분단시대 민족문제의 위상을 파악하기 위해서는 ① 세계체제와 관련된 신식민주의를 이해하는 과정,

② 사회구성체 수준에서 분단을 포함한 민족문제의 위상을 해명하는 작업, ③ 현대사가 진행되는 과정에서 드러나는 '역사적 계기'에 관한 평가를 통해 ①, ②의 문제영역을 구체화하는 작업 등이 필요하다.

이 글의 목적은 이러한 문제영역을 중심으로 분단문제를 포함한 민족문제의 현실적 위상을 파악하는 것이다. 이 글에서 나타나는 오류와 한계는 민족문제에 관한 좀 더 심화된 연구로 보완되어야 할 것이다.

2. 제국주의 세계체제와 분단문제

분단문제에 관한 과학적 해명은 분단을 즉자적으로 극복하기 위한 것이 아니라 현 단계 한국사회의 여러 모순을 해결하기 위한 준거점을 찾는 데 의미가 있다. 분단극복과 민족통일은 분단시대를 사는 우리 민족의 역사적 과제인 동시에 인간해방이라는 세계사 발전의 필연적 경과를 내포하고 있다. 민족통일이라는 민족사적 과제의 역사발전 합법칙성을 인식하는 것은 세계사와 민족사의 상호관련성을 확보하는 것이며, 세계사적·민족사적 시대규정의 문제를 통일적으로 파악하는 것을 의미한다. 따라서 우리는 민족해방을 가능하게 했던 현대사의 '역사적 계기'에 대한 비판적 평가에 입각해 세계체제적 제국주의의 규정성이 한반도에 어떻게 관철되고 있는가를 동태적으로 인식할 필요가 있다.

이를 위해서는 제국주의의 규정성이 분단 이후의 역사적 경과 속에서 어떻게 관철되고 있는가를 밝혀내고, 이것이 민족문제의 위상과 성격, 민족적 과제의 내용, 변혁주체를 형성하는 과정과 경로에 어떠한 영향을 미치는지 해명해야 한다. 단 이때 제국주의의 규정성이 모든 것에 우선하는 요인으로 일관되게 관철되는 것이 아니라 세계 4대모순의 위상 변화와 3대혁명세력의 역관계 변화, 일국 내부에서 일어나는 세력관계 변동에 따라 변한다는 사실을 염두에 두어야 한다.

분단문제를 포함한 민족문제의 성격과 위상을 올바로 파악하기 위해서는 먼저 분단과 세계 4대모순(체제 간 모순, 민족모순, 계급모순, 제국주의 간 모순)의 동태적 관련성을 이해해야 한다.[1] 제국주의 시대의 세계사는 제국주의 세계체제의 성립과 이에 대응하는 사회주의혁명의 성장, 민족해방운동의 고양에 따른 제국주의와 반제국주의 세력 간 투쟁과정으로 요약될 수 있다.

제국주의는 자본주의 발전의 최고 단계로서 자본주의의 독점단계이며, 국내적으로는 정치적 반동, 대외적으로는 타 민족에 대한 억압에 기초하는 세계체제이다. 신식민주의체제는 자본주의 세계경제의 범위에서 이루어지는 제국주의와 구식민지 신생독립국가의 경제적·정치적·이데올로기적·군사적 관계의 총체이다. 이는 전후 양대진영이 대립하면서 구식민지 신생독립국가에 부과한 자본주의 세계체제 내에서의 역사적 위치 규정이다. 신식민주의체제는 자본주의 세계경제에 신생국가를 통합하는 새로운 식민주의 형태로서 경제적 종속을 구조화하고, 사회주의세력에 대항하기 위해 신생국가를 정치적·군사적으로 규제하는 전후 제국주의의 대식민지정책으로 구조화된 것이다.

신식민주의체제를 평가할 때 정치적·군사적 영역과 경제영역을 분리하면 총체적 지배체제인 신식민주의를 이해할 수 없다. 신식민주의체제는 제국주의와 신식민지의 관계를 통해 구체화(현상)되지만 이것이

1) 분단문제의 위상을 세계 4대모순과 관련해 파악하려는 시도에 대해서는 김익환(1987) 및 김우정(1988) 참조.

단순히 국가 간 관계에 국한되는 것은 아니다. 따라서 신식민지주의를 식민지와 제국주의의 국가 간 관계로 협애화하지 않고 세계 4대모순의 총체적 변화 속에서 파악해야만 제국주의체제로서 신식민주의를 이해할 수 있다. 전후 제국주의를 하나의 체제로 파악하지 않고 정책으로 파악하면 구식민지와 신식민지를 차별화한 제국주의의 성격 변화를 해명하지 못하기 때문에 사회변동의 객관적 흐름을 잡아낼 수 없다. 이는 인식상의 오류에 그치지 않고 현 단계 변혁운동의 위상을 설정하는 과정에서도 오류를 발생시킨다.

제국주의체제 내부의 모순이 격화되고 제국주의세력의 세계경제, 정치, 군사에 대한 영향력이 축소하는 현 상황에서 신식민지에서 이루어지는 초과착취는 제국주의국가의 사회적 긴장을 완화하는 중요한 원천이다. 제국주의는 신식민지적 착취체제(기만, 매수, 정치적·군사적 위협, 내정간섭, 부등가교환, 금리조작, 다국적기업 침투)를 통해 경제적 예속관계를 유지한다. 특히 세계 자본주의체제의 현상을 유지하고 독점자본과 군산복합체의 이익을 보장하기 위한 미국의 군사적 간섭은 사태를 복잡하게 하고 새로운 대립을 야기한다. 그러나 제국주의에서 해방과 사회진보를 촉진하기 위한 신식민지제국의 반제투쟁은 점차 강화되고 있으며, 세계혁명과정의 주요한 구성부분으로 자리 잡고 있다. 민족해방투쟁세력의 증대는 제국주의체제에 대한 강력한 정치적·사상적 타격이 되고 있다.

식민지와 신식민지체제의 차별성은 제국주의 시대의 전반적 위기 1, 2단계에 의해 규정된다. 식민지체제와 신식민지체제의 차별성을 명확하게 이해하려면 전반적 위기와 세계 4대모순의 관계를 파악할 필요가 있다. 현 시대는 자본주의의 최고 단계인 제국주의 시대이자 자본주의가 전반적으로 위기에 처한 시대이다. 제1차 세계대전은 세계 자본주의체제를 동요시켰다. 이로 인해 자본주의에 전반적인 위기가 닥쳤다. 제1차 세계대전의 결과로 서유럽 각국에서 계급투쟁이 첨예화되고 혁명적 대중행동 및 내란이 공공연하게 성장했을 뿐만 아니라 러시아에서는 10월혁명으로 인류 역사상 최초로 사회주의체제가 형성되었다. 그리하여 세계사는 발전의 신단계, 즉 자본주의의 전반적 위기단계에 돌입하게 되었다.

이 시기의 자본주의 위기는 토대와 상부구조, 즉 경제·정치·이데올로기의 모든 측면에서 일어나는 전면적인 위기일 뿐만 아니라 종래 공황이 겪었던 단기적 위기상황과는 달리 장기적인 성격의 위기이다. 이 위기는 일국 자본주의의 범위에 국한되지 않고 전체 자본주의체제에 파급되는 총체적 성격을 띤다. 이러한 전반적 위기가 도래한 것은 다음의 요인에 의한 필연적인 상황이었다. 즉 자본주의의 기본 모순(생산의 사회적 성격과 수취의 사적형태 간 모순)과 제국주의의 고유한 모순(① 독점자본과 민중의 모순, ② 제국주의와 식민지·종속국 민족 간 모순, ③ 제국주의 상호 간 모순)이 격화되면서 세계 자본주의체제의 내적 요인이 성숙해나갔고 외부에서는 자본주의와 전혀 다른 성격의 사회주의가 성립되었는데 이것이 자본주의가 전반적 위기의 시대를 맞게 된 원인이다.

이러한 세계 4대모순은 역사의 전개와 함께 상호관련되고 주종관계를 변용하면서 현재에 이르고 있다. 역사적 상황의 추이에 따라 모순 간 관계와 위상이 변화고, 이에 따라 해당 시기의 주요 모순이 달라진다. 제2차 세계대전은 자본주의와 사회주의 양 체제가 동시에 존재하고 상호투쟁하는 현대에 새로운 세력의 배치를 가져왔다. 전후시기의 양 체제 간 경쟁은 자본주의의 전반적 위기 2단계를 규정하는 가장 중요한 특징일 뿐만 아니라 위기를 더욱 심화하는 주요한 요인이었다. 이에 따라 제국주의 간 모순의 비중과 역할이 축소되고, 양 체제 간 모순이 세계무대에서 주요 모순의 지위를 차지하게 되었다. 그러나 체제 간 모순이 주요 모순으로 강화되었다고 다른 3대모순이 사라지거나 모두 체제 간 모순으로 환원되는 것은 아니다. 체제 간 모순은 자본주의 세계체제의 3대모순(내적 모순)이 발전한 결과이며 이 모순이 집중적으로 표출된 것이다.

전반적 위기의 1단계(제1차 세계대전에서 제2차 세계대전까지)에서는 제국주의와 소련 일국사회주의 간 모순보다는 제국주의 간 모순이 더 주요한 위치를 차지했다. 그러나 제2차 세계대전이 끝나고 체제 간 모순이 본격화되자 세계 4대모순 간 관계와 이 여러 모순의 지위가 변한다. 제2차 세계대전 후, 제국주의의 고유한 3대모순 중 제국주의와 식민지·종속국의 모순은 제국주의와 신흥 민족제국 간 모순으로, 제국주의 국가 간 모순은 초대 제국주의(미국)와 종속적 독점자본제국 간 모순으로, 자본과 노동의 모순은 국가독점자본주의 아래 모순으로 각각 형태가 전화되었다. 또한 제국주의체제에 대한 외적 모순인 제국주의와 일국사회주의 간 모순은 제국주의 세계체제와 사회주의 세계체제 간 모순으로 강화·발전되었다.

이러한 전반적 위기론의 관점은 혁명적 의미에서 국제정세관의 정립을 요구한다. 혁명적 의미의 국제정세관은 제국주의, 사회주의, 민족해방운동의 역관계 변화를 해명하고, 이러한 변화의 주동성이 누구에게 있는가를 밝힘으로써 향후 사회변혁의 방향을 분명히 한다는 데 의의가 있다. 전반적 위기론의 의미는 현 시대의 모순 분석과 함께 이 모순을 극복하는 역사발전의 주체를 통일적으로 확보하는 것이다. 현대세계의 역사적 발전은 제국주의에 대항하는 사회주의, 민족해방운동, 발달된 자본주의 여러 국가의 혁명적 노동운동 및 평화·민주주의 운동이라는 혁명 3세력과 이 세력의 공동투쟁으로 규정된다. 전후 세계정치와 경제의 근본적 특징은 자본주의체제와 사회주의체제의 대립·대항관계, 혹은 제국주의세력과 혁명세력의 대립·대항관계에서 나타난다. 국제정치상 중요한 여러 사건에는 — 일국의 국내문제에도 — 모두 자본주의와 사회주의체제의 대립관계가 투영되어 있다. 세계 4대모순을 살펴볼 때 현대세계의 역사적 발전을 규정하는 것은 제국주의에 대항하는 사회주의국가, 민족해방운동, 발달된 자본주의국가의 혁명적 노동운동 및 평화·민주주의운동이라는 혁명 3세력과 이 세력 간의 공동투쟁(단일 반제통전)이라는 결론에 도달한다.

자본주의체제가 전반적인 위기에 처한 현대에 변혁의 객관적인 전제조건을 구성하는 국내적 요인과 국제적 요인 중 국제적 요인의 중요성이 더욱 증대하게 되었다. 국제적 요인이 개별 국가에 혁명적 정세가 출현하는 충분한 이유는 되지 못했다. 하지만 제2차 세계대전 이후에 사회주의 세계체제의 성립, 민족해방투쟁의 성장, 국제적 노동운동 계급의 증진에 의한 제국주의세력의 약화는 각국의 변혁운동이 진전하기 위한 기본적 정세를 창출하는 데 유리한 조건을 마련해주었다. 전반적 위기의 시대인 현대에 각국의 변혁운동에 국제적 요인이 미치는 역할이 매우 증대했다. 이러한 맥락에서 현 국면의 정세를 판단할 때 혁명의 객관적 조건을 구성하는 국내적 요인과 국제적 요인의 관계를 정확하게 설정하는 것은 매우 중요하다. 특히 국제적 요인에 대한 평가는 개별 국가의 변혁전략을 수립하는 데 직접적으로 연관되기 때문에 과학적 연구가 필요하다.

국제적 요인을 규정하는 것은 제국주의, 사회주의, 민족해방운동, 국제노동운동의 총체적 역관계이다. 따라서 정세를 판단할 때 주관주의의 오류를 피하려면 현대의 시대적 특징과 성격(시대성격 규정은 국제적 요인의 객관적 조건을 설정하는 기본이다)을 과학적으로 파악하고, 국내요인과 국제요인의 관계를 변증법적으로 파악할 수 있어야 한다. 이 같은 맥락에서 볼 때 역사적 시대에 관한 분석은 변혁운동 전략의 출발점이라는 것을 알 수 있다. 현 시대의 내용을 세계사적 수준에서 명확하게 규정하고, 그에 따라 해당 시대의 전략단계를 결정하는 것은 현 시대 우리 사회 변혁운동의 기본적 형태와 본질을 분명하게 밝히는 기반이다. 현 시대의 제국주의 세계체제에 정치경제학적으로 접근하는 목적은 구체적 정세에 따라 역사과정의 객관적 내용을 정확하게 파악하는 가운데 사회변혁의 객관적 과제를 드러내고 어느 세력이 사회진보의 주요한 원동력인가를 과학적으로 설정하는 것이다.

시대의 중심에서 그 시대의 주요한 내용과 발전방향, 역사적 정세의 주요한 특성 등을 규정하는 주요한 요인의 관계를 진보적인 역사의 입장에서 해명하는 작업은 변혁운동에서 매우 중요하다. 이러한 기반에 입각해 동시대의 기본적인 특징을 고려해야만 올바른 전술을 수립할 수 있다. 세계사의 흐름을 규정하는 해당 시대의 기본적 양상을 과학적으로 이해하는 것은 개별 국가의 특수한 양상을 이해할 수 있는 기반이다.

앞서 살펴본 세계 4대모순과 3대혁명세력의 문제를 염두에 두면서 한반도 분단문제를 검토해보자. 한반도의 분단문제에 대해서는 ① 한국사회 기본 모순의 발현을 제약하는 상황변수, ② 냉전에 근거한 체제 간 모순, ③ '체제 간의 대립현상에 가려진 민족모순' 등의 파악방식이 존재했다.[2] 그러나 이러한 파악방식은 세계 4대모순과 한반도 분단문제의 관련성을 동태적으로 드러내지 못하기 때문에 분단문제의 복

2) ①에 대해서는 김진균·조희연(1985) 참조. ②에 대해서는 손영원(1986) 참조. ③에 대해서는 한석재, 「조국의 자주적 평화통일을 위해」, ≪연세≫, 27집 참조.

합적인 위상을 밝혀낼 수 없다.

①은 기본적으로 분단문제에 대한 세계사적 조건의 규정성을 염두에 두고 있지 않다. 이러한 경우 분단을 기정사실화하고 분단과 내적 사회구조 변화의 상관성을 해명하는 데 치중하기 때문에 분단에 관한 인과론적·기능론적 해석의 차원을 뛰어넘을 수 없게 된다. ②는 분단을 규정한 기본적 요인을 해명하기에는 정당하지만 분단 이후의 세계사적 변화과정과 남북한 사회의 변화과정을 고려하지 않음으로써 분단문제의 위상을 체제모순에 국한하는 오류를 범하게 된다. ③의 특징은 ②의 문제점을 보완하면서 민족모순의 중요성을 강조한 것이다. 그러나 남북분단을 '체제 간 대립현상에 가려진 민족모순'으로 파악한다면 민족모순의 내용을 더 분명하게 밝혀야 할 것이다. 즉 민족모순의 복합적 성격을 해명해야 한다. 남북 간 민족모순, 제국주의와 신식민지사회 간 민족모순(남한과 미국), 사회주의와 제국주의 간 체제모순(북한과 제국주의), 사회 내부의 계급관계를 통해 내재화된 민족모순(계급모순과 민족모순 간 관계)의 복합적인 상호관계가 고려되어야 한다.

세계 4대모순과 한반도의 분단문제의 관련성은 분단의 원인과 성격을 해명하는 기반이다. 분단의 원인과 성격을 어떻게 연관 짓느냐에 따라 상이한 정치적 입장이 수립된다. '분단의 근원적 책임'과 '분단극복의 책임'을 구분해 분단의 극복대상과 통일주체를 구분하는 것은 통일이 단순히 민족내부의 대립을 극복하는 것이 아니라 우리민족에게 분단을 강요해온 외세를 물리치는 것이라는 문제의식에 입각해 있다.[3] 그러나 분단의 원인과 성격을 등치하면 민족모순의 구체적 내용을 밝힐 수 없다. 분단의 원인과 성격을 혼돈하지 않고 동태적으로 파악해야

3) 한석재, 같은 글, 22쪽.

만 분단의 책임소재를 명확히 하고 과학적인 분단극복의 대안을 마련할 수 있다. 이른바 내인론과 외인론이 분단의 원인을 해명하는 데 한계를 드러내는 이유는 전후 현대세계의 정치과정을 규정하는 세계사의 구조적 조건과 개별 사회 내부의 역학관계를 통일적으로 고려하지 못하기 때문이다. 그리고 내인론과 외인론의 배후에는 특정한 계급 이데올로기가 깔려 있다. 외인론의 경우 그 실증적 해명의 옳고 그름을 떠나 소부르주아 민족주의의 그릇된 환상을 불러일으켜 민족사회 내부에서 분단을 고착화하는 세력의 실체를 은폐하는 데 이용될 수 있다. 또한 외세의 성격을 진보성의 척도에 따라 차별해서 판단하지 않고—분단을 규정한 미소 간 책임을 차별적으로 묻지 않고 동등한 책임을 부여하는 것—냉전·숭미·반공 이데올로기에 의거할 경우 이러한 외인론이 미치는 이데올로기적 폐해는 더욱 확대될 것이다.

분단의 원인과 성격은 밀접한 관련을 이루면서도 서로 다른 범주에 속하는 것이다. "분단의 원인은 이미 주어진 객관적 사실이지만 분단의 성격은 역사적으로 변하기 때문에 분단의 원인에서 분단의 성격을 직접 유추하는 것은 '분단원인 환원론'이라 하겠다"(김우정, 1988). 이러한 구분이 올바르고 정당한 이유는 사물을 파악하는 데 변증법적 입장을 견지하고 있기 때문이다. 이는 분단의 원인을 실증적으로 분석하는 수준에서 한걸음 더 나아가 오늘날의 분단문제의 세계사적·민족사적 위상, 분단극복을 제약하는 요인, 극복방안을 좀 더 분명하게 드러낸다는 데 의미가 있다.

3. 민족문제의 위상과 성격

1) 사회 성격과 분단문제

그동안 진행되었던 한국사회의 성격에 관한 논의에서는 한국사회에 대한 제국주의의 규정성을 해명하는 작업이 결정적으로 중요하다는 사실이 부각되었다. 제국주의의 규정성을 해명하기 위해 식민지, 신식민지, 종속, 예속 등의 개념이 상이한 의미로 사용되었지만 전후 분단시대에서 한국사회의 발전법칙은 제국주의에 의해 규정되었다는 데 합의가 모아지고 있는 듯하다. 문제는 제국주의의 규정력이 단순한 외인이 아니라 한국사회에서 구체적으로 어떻게 관철되고 있는가를 사적유물론의 기본 법칙에 입각해 사회구성체 수준에서 해명하는 것이다

아래에서는 ① 사회구성체론 수준에서 분단문제를 포함한 민족문제의 위상을 파악하고(이는 현 단계 민족문제의 위상을 분단문제로 환원하고, 분단문제의 본질을 미제국주의 지배로 환원하고, 미제국주의 지배의 본질을 정치적·군사적 지배로 환원하는 환원론적 편향을 극복하는 것과 관련이 있다), ② 분단문제가 민족과 계급이라는 두 개의 축과 어떻게 관련되는가를 해명한다(이는 ①의 문제와 관련해 민족적 과제를 설정하는 것과 민족운동의 주체를 형성하는 문제와 연결된다).[4]

한반도의 민족문제는 제국주의 지배를 극복하는 문제와 이와 상호연관된 분단문제의 극복을 민족적 과제로 제기한다. 민족문제는 민족간 모순이 주요 모순으로 자리 잡은 상황에서 외부적으로 민족의 자주

---

4) 현 단계 민족운동의 주체를 민족 - 계급범주의 상호관련성 속에서 논하는 것으로는 박형준(1988) 참조.

성을 회복하기 위해 제시된다.[5] 민족의 자주성 회복과 관련된 민족 식민지문제의 평가는 8·15해방을 기점으로 성립된 국가의 성격을 어떻게 규정하느냐에 따라 달라진다. 식민지냐 신식민지냐의 문제는 국가의 완전한 예속성과 상대적 독립성의 구분에 의해 결정된다. 이는 1945~1953년의 역사적 과정을 어떻게 평가하느냐와 두 개의 국민국가가 형성된 것에 대해 어떠한 평가를 내리느냐에 따라 달라진다. 식민지반봉건론의 입장에서 보면 해방 전후를 계기로 제국주의 지배의 질적 차이를 인정하지 않기 때문에 남한에서 성립된 국가는 정치적·군사적·경제적으로 제국주의에 완전히 종속된 식민지권력으로 평가된다. 사회 성격을 규정할 때 식민지성이 강조되는 이유가 여기에 있다.

이에 반해 남한이 상대적 독립성을 지닌 국민국가라고 인정하는 입장에서는 식민지성과 제국주의 지배의 문제를 국민국가의 매개를 통해 해명하려 하기 때문에 국가권력의 존재를 인정하고 남한을 독자적인 사회구성체로 상정한다. 일단 남한사회를 독자적인 사회구성체로 상정할 경우에는 이후 민족문제(제국주의의 지배, 식민지성 혹은 예속성)가 남한사회에 내재화된 것으로 고려하는 방침을 채택한다.[6] 이때 민족문제는 외적인 계기로 민족구성원 외부에 존재하는 것이 아니라 사회구성체 내부의 계급문제에 내재되어 있는 것으로 파악할 수 있다. 즉 민족문제와 민족모순(제국주의와 식민지 민중 간 모순)이 단순한 외적 모순이 아니라 내적 모순으로 파악되는 것이다(민족모순의 내재화). 이처럼 국가 성격에 관한 상이한 평가는 식민지성에 관한 양 입장의 인식 상위를 드러내는 원초적 지점이 된다.

---

5) 박현채(1988) 참조.

6) 이병천(1987) 참조.

물적 토대와 계급적 기반이 서로 다른 국가가 남북에 각각 형성된 것은 해방 후 민족문제의 위상을 규정하는 원형적 계기이다. 남북으로의 분단된 영토에서 각각 제한된 권력을 행사하는 두 개의 불완전한 국민국가가 형성된 것은 전 민족의 열망인 민족국가 형성에 반하는 것으로 분단으로 인한 민족의 이질성과 분열을 강화하는 원초적인 계기로 작용했다. 또한 민족주의의 기본적 구성요소인 '민족적인 것'의 상실과정이기도 했다. 불완전한 두 개의 국민국가는 상호대립하는 가운데 내부 사회영역에서 이루어지는 국가구성원 간 계급적 대립과 갈등을 제압하는 방식으로 분단의 객관적 조건을 활용했다. 민족 생활양식의 공동성을 구성하는 가장 기본 요소인 국토가 분단되고 민족구성원이 양분되었을 뿐만 아니라 제한된 영토와 구성원에 입각한 두 개의 국가가 상호병립함으로써 1민족 2국가가 현실화된 것이다. 민족공동체를 구성하는 기본적 요소 중 민족구성원과 영토의 통일성이 상실되고, 상이한 국가경제 정책으로 경제생활의 공통성이 점차 감소되었다. 또 대립되는 이데올로기 쟁투로 민족 공통의 심리와 감정조차 유실되어 민족 분열이 더욱 강화되었다. 상이한 계급적 기반에 입각한 두 개의 불완전한 국민국가 형성은 이를 지원하는 외세의 의도 아래 각기 상이한 사회경제적 토대를 형성했다. 이후 사회경제적 토대를 재구조화하고 정비하는 과정을 겪으면서 각기 상이한 경제구조가 성립되고 국가권력의 성격도 판이하게 달라진 것이다.

남한에서 분단국가의 형성은 국가구성원을 결합시키는 이데올로기로서 반공 이데올로기를 창출했다. 반공 이데올로기는 사회구성원의 생활상의 요구를 반영하는 정치경제적 가치 지향을 '용공'으로 매도함으로써 '안보' 이데올로기로 정착하는 가운데 민족통일의 요구를 추상화(탈계급화)하고, 국가안보라는 미명 아래 민주화의 여러 요구를 억압했다. 사회 내부의 모순을 남북 간 모순과 체제 간 모순으로 외화함으로써 사회구성원의 민족적 의식이 성숙할 수 있는 기회를 가로막았다. 자주와 통일이라는 민족적 요구가 반국가적 요구로 낙인찍히고 용공이라는 명목으로 단죄되는 현상은 국가권력의 반민족적 성격을 그대로 보여준다. 반제국주의의 민족적 요구가 국가안보 차원에서 척결되고 민족통일 실현을 주장하는 요구가 반공국시를 부인한다는 명목으로 억압되었고 생활상의 요구에 입각한 민주화 요구가 정권안보 차원에서 억압되는 현실을 보면 자주·민주통일의 과제가 반공안보 이데올로기에 의해 얼마나 왜곡되었는지 잘 알 수 있다.

식민지 종속국가에 대한 제국주의의 정치적·군사적·경제적 지배와 규정성은 정치권력의 계급 편향성을 강화하여 부분국가 내부의 민주화를 억압한다. 따라서 제국주의의 이해에 반대되는 여러 세력을 억압하는 통치형태가 관철된다. 그러나 신식민지 국가형태로서 군부파시즘이 지속되면 국가권력의 민주화를 둘러싼 국민국가 내부의 민주변혁운동이 가속화될 뿐만 아니라 제국주의에 반대하는 자주화운동을 추동하는 객관적 요인으로 작용한다. 계급적인 요구가 증대되면서 민주화의 요구로 수렴되고 이것이 다시 민족적 과제를 풀기 위한 민중적 민족운동으로 발전하기 때문에 자주·민주통일의 통일적 과제 수행이 설정되는 것이다. 신식민지 파시즘의 국가 성격을 과학적으로 규명하는 것은 사회 성격뿐만 아니라 당면한 변혁운동의 성격을 분명하게 설정하는 계기가 되기 때문에 국가문제를 핵심 고리로 하여 분단문제를 포함한 민족문제를 검토해야 한다.

제국주의의 지배와 분단 간 관련성을 설정하는 데는 ① 제국주의의 식민지 지배를 분단문제로 집중시켜 해석하는 방식(민족 간 모순), ② 분단모순을 별개로 상정해 모든 사회적 모순을 일차적으로 규정하는

'규정모순' 방식(민족모순), ③ 분단문제를 민족문제의 발현형태 혹은 민족문제 내에 분단문제를 포괄하는 방식, 즉 민족모순의 이중성으로 종속성과 분단성을 드는 방식(내재화된 민족모순)이 있다.[7)]

①의 입장은 분단문제를 민족문제의 핵심 요인으로 파악하며, 남한 국가의 존재를 인정하지 않기 때문에 분단문제는 민족문제(식민지성, 제국주의 지배)와 연결된다. 따라서 실천적 차원의 민족문제를 해결하기 위해서는 분단을 지속시키는 외세와 국내 매판세력에 대한 자주화투쟁이 필요하다고 본다. 또한 한국사회를 제국주의의 전일적·직접적 지배가 관철되는 식민지사회로 규정하기 때문에 민족문제와 분단문제의 통일성이 강조된다. 또한 제국주의의 식민지적 지배가 한국사회를 규정한다고 보기 때문에 한국사회에서 사회구성체를 설정하는 것은 민족문제를 해결하는 데 무의미한 것으로 평가된다. 따라서 계급, 민족, 민중의 상호관련성 분석에 내재적인 통일성이 없다. 이는 여러 계급계층의 민족적 결집을 강조하는 '민족적 민중주의'의 전통을 계승하고 있지만 한국사회 내부의 변화과정을 자본과 관련성 속에서 과학적으로 해명하지 못함으로써 계급계층의 민족적 결집과 변혁주체를 형성하는 논리적 근거를 해석하는 데 정치주의적 오류가 따른다.

②의 입장은 제국주의 지배에 대한 대항문제(식민지성 극복)보다도 분열된 민족의 통일을 중요시하기 때문에 분단문제를 남북문제, 즉 민족 내 모순으로 상정한다. 이는 1민족 1국가를 지향하는 것으로서 1민족 2국가의 현 실태와 민족의 분열을 매개로 한 제국주의 지배문제를 경시하는 경향을 띤다. 그렇기 때문에 통일문제가 전면으로 제기되는 반면에 자주화와 통일의 관계를 설정하기가 애매해지고 민주화의 과제가

---

7) 이러한 분단문제의 위상을 설정하는 방식에 대해서는 백낙청 외(1987) 참조.

계급적 내용을 상실할 우려가 있다.

③의 입장은 민족문제를 사회구성체 안에 내재화된 모순으로 파악하기 때문에 분단문제를 사회구성체 내부의 문제, 즉 분단된 사회 안에서 일어나는 문제로 설정한다. 따라서 분단의 원인을 사회 내부의 계급관계에서 찾고 제국주의에 의한 이데올로기의 외화를 사회 내화해 분단극복의 주체설정을 사회구성체 수준에서 수행하려 한다. 이 경우에는 국가를 매개로 식민지성이나 제국주의 지배문제를 제기하기 때문에 분단을 포함한 민족문제는 제국주의와 직접 대결이 아닌 제국주의 지배가 내재화되는 사회영역에서 국가 성격의 변화를 둘러싼 투쟁으로 상정된다. 따라서 민족문제가 민족 차원에서 해결되는 것이 아니라 사회성원의 계급적 여러 조건과 이에 입각한 민주화 영역에서 해결의 실마리를 찾는다. 이는 무엇보다도 제국주의를 포함한 자본의 운동을 중심에 놓고 이에 따른 여러 계급계층의 민족적·민중적 결집조건을 구체적으로 해명하는 데 치중한다. 이러한 과정 속에서 계급, 민족, 민중의 상호관련성을 확보하려는 것이 ③의 입장의 특징이다.

영토의 분단과 민족구성원의 분열, 차별적인 경제제도, 상호적대적이고도 상이한 국가유형으로 드러나는 분단문제를 해결하기 위해서는 민족 전체의 시각을 확보해야 한다. 그리고 분단을 극복하기 위해서는 두 국가의 내부적인 영역에서 드러나는 계급, 민족, 민중의 상호관련성에 입각한 구체적 모색이 필요하다. 분단극복 문제는 민족 내부에서 이루어져야 하는 통합문제로 제기되지만 세계체제의 규정을 받으면서, 일국 내 사회구성원의 계급적 모순 극복에 입각해 있다. 그리고 동시에 두 국가 간 모순 극복(민족모순), 제국주의의 모순 극복(민족 간 모순)에 입각한다는 사실을 분명하게 인식해야 한다.

2) 민족문제의 세계사적 위상과 민족사적 위상

오늘날 우리 사회와 민족이 맞고 있는 문제를 해결하기 위해 현대사를 전망하는 데는 세계사적 관점과 민족사적 관점의 통일이 필요하다. 따라서 현실에 대한 세계사적 규정과 민족사적 규정이 통일적으로 이루어지는 것은 매우 중요하다. 그동안 우리가 수용한 세계체제론적 접근이나 종속이론적 접근(이른바 제3세계이론)은 민족문제의 세계사적 위상을 파악하는 데 그 나름대로 문제 틀과 방법론을 제시했다. 그러나 이러한 이론에 따르는 인식론, 방법론 실천적 지향의 편향은 1980년대 중반의 논쟁과정에서 여실히 증명되었다. 그래서 이론적 대안으로 원론적 인식론과 방법론(사회구성체론)에 입각한 국가독점자본주의론이 제기되었으나 이 역시 민족문제의 세계사적 위상에 관해 명료한 인식을 제공하지 못했다. 한편 민족문제의 세계사적 위상을 전제로 한 전반적 위기론, 제국주의론에 관한 이론적 연구는 이제 막 맹아를 보는 수준이다. 현 시대에 대한 세계사적 규정이 우리에게 주는 의미는 제국주의 문제와 관련해 파악해야만 제국주의와 신식민지 사이의 구조적 관계를 제대로 짚어낼 수 있다.

민족문제의 민족사적 위상에 관한 문제제기는 분단 이후 해방공간에서 인식론적 차원이 아닌 실천운동의 차원으로 강력하게 제기되었으나, 6·25전쟁 이후 남한에서는 물리적·이념적 탄압 때문에 완전히 지하로 잠적·소멸되었다. 이후 4·19혁명과 6·3투쟁을 통해 재생과정을 거쳤으나 제국주의 세계체제와 미국에 대한 불명료한 인식 때문에 프티부르주아적 민족주의라는 협소한 영역에 국한되었다. 그 결과 민족문제 위상에 관한 과학적 인식이 지체되었고 민족운동의 전통 단절이 민족운동이 발전하는 데 족쇄로 작용했다. 이는 당시에 변혁주체 세력이 처해 있던 객관적 조건의 한계와 제국주의의 변화과정을 올바로 인식하지 못했던 운동 수준을 반영한 것이다. 민족문제의 세계사적 위상과 민족사적 위상에 관한 통일된 인식의 결여는 분단문제의 성격과 위상을 일면적으로 파악하게 했다. 그리고 현 단계 민족민주운동의 과제와 내용, 변혁주체 형성의 과정과 경로 등에서 여러 가지 편향을 낳는 원인이 되었다.

분단을 포함한 민족문제의 위상을 올바로 설정하는 것은 민족과제와 민족운동의 주체를 설정하는 문제이기도 하다. 이를 위해 ① 제국주의의 전일적 지배가 한국사회에 어떻게 관철되는가(신식민주의), ② 제국주의의 규정력이 한국사회의 정치적·경제적·이데올로기적 구조를 어떻게 주형화했으며, 어떤 모순을 배태하고 있는가(민족문제의 성격과 민족적 과제), ③ 이 같은 객관적 모순은 변혁주체의 형성과 어떻게 연관되는가(민족운동의 주체형성)를 통일적으로 분석해야 한다. 아래에서는 민족문제의 성격, 민족적 과제, 민족운동의 주체가 8·15해방을 전후(식민지 시대와 분단시대)로 어떻게 변했는지 살펴본다.

일제 지배 아래 주권과 모든 생활상의 권리를 박탈당했던 식민지 시대에는 외래 침략자에 대항하는 '민족적인 것'을 기초로 한 민족적 결집이 민족을 형성하는 계기로 작용했다. 이때 민족적인 것은 일제 지배와 식민지 이데올로기에 저항하는 민중의 생활상의 요구, 민족적 의식과 자각, 민족공동체적인 감정이 민족해방의 요구로 결집된 것이다. 즉 식민지 시대의 민족적 과제는 '민중적 민족주의'에 입각한 민족해방의 수행으로 수렴된다. 이러한 민족적 과제를 실현하기 위해서는 민중의 요구를 실현할 수 있는 식민지 민중이 민족해방투쟁의 담당주체인 변혁주체로 결집되어야 했다. '민중적 민족주의'에 입각한 민족해방의 과제는 민족문제에 계급적 내용을 불어넣는다. 이는 민족해방을 주 내용으로 삼으면서 민중의 생활상 요구에 기반을 둔 반봉건민주주의의 과제를 해결하는 방향으로 진행되었다. 민중적 요구에 근거한 민족국가의 형성은 이러한 민족적·계급적 과제를 실현하기 위한 것이었다.

그러나 8·15해방이라는 민족사적 계기가 완전한 민족해방과 자주적 민족국가의 성립으로 이어지지 못하고, 외세의 세계구조 재편에 따라 타율적으로 영토가 분할되고 민족구성원이 지리적으로 격리되는 결과를 맞음으로써 해방 이후의 민족적 과제는 완전한 민족해방을 이루고 민주변혁을 완성하는 것 외에도 민족통일이라는 또 하나의 영역을 포함하게 되었다. 8·15해방 이후에 민족문제 위상이 식민지 시대와는 달리 매우 복합적인 이유는 영토의 분할과 민족구성원의 지리적 격리가 1948년을 기해 상이한 두 국가가 형성되는 결과로 나타났기 때문이다. 6·25전쟁은 한반도의 분단을 고착화했으며 역사적으로 분단의 성격 변화를 초래한 계기였다. 6·25전쟁을 지나오면서 자주적인 민족국가 수립이라는 민족적 과제가 외압과 내인의 복합적인 상호작용 속에서 좌절되었다. 1민족 1국가라는 이상적 민족국가의 확립이 지체되고 각기 상이한 주권을 담지하는 국민국가가 성립되었다. 외세는 이 같은 과정을 진행하는 데 더욱 공고를 기해 자주적 민족국가 실현, 민주변혁 완성이라는 민족적 과제를 반공과 성장이라는 허위허식으로 환치하고 분단정책의 합리화를 가속화하는 데 결정적으로 기여했다.

1945~1953년에 국토의 분단으로 사회체제가 각각 분화되는 기초가 형성되었고, 양 체제 사이에서는 상이한 변화가 진행되었다. 이 기간에 나타난 민족해방과 민주변혁을 실현하려는 한반도 민중과 이를 저지하려는 제국주의와 매판세력 간 모순이 주요 모순이었다. 이후 남북한 양 사회체제는 제국주의체제의 변화과정과 더불어 더욱 상이한

체제변화를 겪게 된다. 따라서 1953년 이후의 민족문제 성격과 위상은 세계사와 민족사의 통일적 인식이라는 과제와 함께 민족사 내의 양국 분단체제에 관한 통일인식의 과제를 부과한다. 이로 인해 사회구성체론에 입각한 사회분석 과제는 더욱 복잡한 구조를 띠게 된다. 민족구성원의 생활상의 요구에 입각한 민족적 요구와 민족적 과제가 세계사적 수준에서 세계제국주의체제가 재편되는 과정과 맞물리면서 민족문제의 위상이 변하게 된다. 민족문제와 민족주의는 이제 제국주의의 직접적 지배에 대항하는 민족해방의 단일 과제로 수렴되는 것이 아니라 자주·민주·통일의 복합적 과제를 해결해야만 하는 중층성을 낳기에 이른 것이다.

제국주의 시대에는 해당 사회모순의 담지자이자 극복주체인 변혁주체의 형성이 고립된 단위 국가 차원에서 이루어지지 않는다. 제국주의의 한국사회에 대한 규정성을 어떻게 평가하느냐에 따라 한국사회구성체에 대한 성격 규정이 달라질 뿐만 아니라 변혁주체를 설정하는 논리적 구도와 변혁주체를 형성하는 실천적 전략전술이 달라진다. 한반도의 경우 제국주의와 관련해 분단극복 과제가 현재진행형일 뿐만 아니라 분단상황이 여러 계급계층의 민족적 결집을 방해하고 있기 때문에 변혁주체 문제를 일국 차원에서 형성되는 모순영역에만 국한할 수 없다. 한국사회의 계급문제는 이처럼 변혁주체 설정과 형성에 민족문제가 커다란 영향을 미치는 특성이 있다. 한국사회에서 변혁주체 문제는 자본의 국제적 운동과 관련된 민족문제와 깊게 연관되어 있기 때문에 민족 - 계급범주의 상호관련성을 과학적으로 해명하는 작업이 변혁주체의 위상을 설정하는 데 중요한 영역을 차지한다.

4. 맺음말

민족문제의 세계사적 위상과 민족사적 위상에 관한 인식이 통일되지 않으면 분단문제를 비롯해 민족문제의 위상과 성격을 일면적으로 파악하게 되어 민족운동의 과제와 내용, 변혁주체 형성과정과 경로 등에 여러 문제가 생긴다.

이를 극복하기 위해서는 첫째, 제국주의와 민족문제의 위상과 성격을 변화와 연속의 통일성 속에서 파악할 수 있는 방법론을 수립해야 한다. 즉 식민지와 신식민지의 차별성을 제국주의체제 변화(전반적 위기 1, 2단계의 구분)의 틀 속에서 해명함으로써 식민지 시대와 분단시대의 차별성을 민족사적 수준에서 분명히 해야 한다. 전반적 위기의 시대, 사회이행과 변혁의 시대인 현대의 추이와 성격을 분명히 인식한다고 할 때 제국주의체제가 신식민지에 어떤 규정을 미치는지 명확히 이해할 필요가 있다. 민족사에서 식민지 시대와 분단시대의 문제영역을 관통하는 연속성은 제국주의 시대라는 세계사적 수준의 시대 규정이다. 그러나 전반적 위기 1, 2단계에 대응하는 식민주의에서 신식민주의로 변화 단계를 고려하면 분명히 양 시대를 갈라놓는 차별성이 존재함을 알 수 있다. 이 같은 맥락에서 양 시대의 연속성만을 강구하는 '민족론적 편향'과 양 시대의 단절성만을 강조하는 '계급론적 편향'을 극복해야 한다. 이를 위해서는 민족해방이라는 민족사적 과제의 연속선상에서 이루어지는 세계체제적 규정과 내적 구조의 변화를 통일적으로 파악하고, 이에 따라 주체가 형성되는 과정을 분명히 파악할 수 있어야 할 것이다.

둘째, 민족문제의 세계사적·민족사적 의미를 구체적으로 해명하기 위해서는 8·15해방 이후의 현대사에 위치하는 '역사적 계기'를 평가해야 한다.[8)] 1945～1953년 시기는 분단의 역사적 의미를 분명히 하고, 분단구조의 고착화로 일어난 민족문제의 위상 변화와 향후 민족적 과제의 성격 변화, 민족운동의 주체형성 문제를 총체적으로 위치 짓는 '역사적 계기'이다. 이는 민족국가를 형성하는 데 실패한 민족적 의미를 분명히 인식하는 것으로서, 분열된 영토와 민족이 두 개의 분단국가로 귀착된 세계사적 규정성과 이것의 민족사적 의미는 무엇인지 해명해주는 실마리이다. 민족사적 관점에서 한반도 현대사를 바라볼 경우 식민지 시대와 분단시대를 구분하는 것은 정당하다. 세계사적 의미에서 식민지 시대와 분단시대는 각각 전반적 위기의 1, 2단계에 대응된다. 이러한 전반적 위기의 1, 2단계의 차별성은 세계 4대모순 간 관계 변화와 3대혁명세력 간 위상 변화를 반영할 뿐만 아니라 제2차 세계대전 이후 현대사의 변화된 흐름을 반영하는 것으로서, 제국주의적 시각에서 볼 때 구식민주의와 신식민주의를 구분하는 실질적 근거가 된다.

셋째, 분단문제를 포함한 민족문제의 위상과 성격 변화를 연구할 때 남한과 북한을 전국적(한반도적)·민족적 수준에서 비교해야 한다. 한반도 차원, 북한 차원, 남한 차원의 민족문제는 세계사적 위상 속에서는 통일되어 있지만 남북 각각의 입장에서 보면 구성요소가 상이하다. 한

---

8) 이러한 '역사적 계기'는 8·15해방 및 1945～1948년의 해방공간, 6·25전쟁, 4·19혁명, 1980년, 1987년 6월 항쟁 등에서 찾을 수 있다. "역사에서 주요 계기는 한 시대의 역사적 상황에 따르는 주관적·객관적 조건이 배경이다. 그리고 이때 계기는 주어진 주관적·객관적 조건 속에서 일정한 획기적인 한 사회에 있어서 모순이 전기를 맞거나 첨예화되었을 때 주어지는 기회이다. 따라서 계기는 일정한 사회적 상황에서 일정한 사회적 주체에 의한 기회의 문제가 되는 동시에 한 사회의 모순관계 위에 있는 가능성의 문제가 된다는 것이다"(박현채, 1987: 86).

반도(민족 전체적) 차원의 민족문제는 민족 내에서 남북한 통일문제로 수렴된다. 따라서 민족 전체 차원에서는 제국주의의 간섭이 배제된 '민족대단결'에 입각한 민족통일을 추구하는 것이 가장 합리적이고 이상적인 대안으로 제기될 수 있다. 그러나 남북 간 민족 내 모순은 동일 민족 내부의 모순에 국한되는 것은 아니다. 민족 내 모순은 제국주의와 사회주의 간 모순, 제국주의와 신식민지 간 모순, 제국주의 간 모순, 일국 내 계급모순에 의해 규정된다. 남한 차원에서는 제국주의와 신식민지 간 민족모순을 주요 모순으로 삼는 민족문제가 한국 내 계급관계 안에서 내재화된다. 한편 이것이 남북 간 체제대립으로 발현되며, 북한 차원에서는 제국주의와 사회주의 간 체제대립을 주요 모순으로 삼는 민족문제가 남북 간 체제대립으로 발현된다.

민족 전체의 시각은 단순히 남한과 북한이라는 부분의 합으로서 획득할 수 없다. 단순한 부분의 합으로 민족구성의 전체상을 드러내기에는 양자의 상호관계가 매우 복잡할 뿐만 아니라, 한반도를 둘러싼 주변 강국의 영향력과 세계적 차원에서 이루어지는 국제정치의 규정력이 압도적이다. 민족전체적 시각은 남북한의 상호관계를 국제관계 맥락에서 통일적으로 고려하는 것이어야 한다. 선언적 차원에서 남북통일의 관철, 단일민족국가 형성, 민족자주화 성취 등을 강요할 것이 아니라, 통일을 지향하는 가운데 남북분단의 구체적 현실에서 출발하는 민족 전체의 시각을 획득해야 할 것이다.

제 4 장

노동자계급 상태연구방법론 시론*

1. 문제제기

1985년 이후 사회과학계에서는 사회구성체논쟁에서 시작해 계급론, 국가론, 변혁론에 관한 진보적 지향의 연구가 급속하게 추진되어왔다. 그간의 논의과정에서 기존 연구의 비정치경제학적인 여러 개념과 방법론이 수정·비판되었다. 한편 사회운동의 요구에 부응하는 실천적인 정치경제학의 방법론을 정립하고 이를 현실에 적용하기 위한 모색이 꾸준히 증대되어왔다.

그러나 현재의 실정을 보면 사회구성체 및 독점과 제국주의의 규정성에 관한 이론적 논의가 진전을 이루었는데도 민중의 실제 생활을 규정하는 자본과 국가의 정책, 이것이 민중의 생활상태에 미치는 영향, 이에 입각한 정책개발의 대안모색이 상대적으로 방기되고 있다. 사회구성체에 관한 이론적 논의가 구체적 내용을 확보하기 위해서는 민중의 생활상태에 관한 분석이 더 활발하게 이루어져야 한다. 또한 반제반

---

* ≪경제와 사회≫ 3권(1989년 11월)에 수록되었던 글이다.

독점투쟁의 실질적 내용을 대중의 구체적인 생활상의 요구에 입각해 집대성하고 이를 기반으로 반제반독점전선을 가시화해야 하는 현실을 인정한다면 상태연구를 활성화할 필요가 있다.[1)]

기존의 노동자계급 상태연구는 대체로 빈곤층에 대한 연구로서 빈곤층의 생활상태를 기술하고 이를 향상하기 위한 정책적 합의를 체제 수준에서 제안하는 정도였다. 이러한 경향 때문에 노동자계급의 상태 연구 자체가 경시되었으며 이론적으로도 개량적 냄새를 풍기는 것으로 인식된 감이 있다. 1980년대 초반의 노동자계급 상태연구는 도시빈민론의 좁은 틀을 벗어나지 못했기 때문에 빈곤문제를 자본 축적양식과 관련해 사회구성체 수준에서 드러내는 데 애당초 한계가 따를 수밖에 없었다. 노동자계급 상태를 본격적으로 연구한 기존의 연구성과가 미약할 뿐만 아니라 이를 해명할 수 있는 방법론적 틀의 모색도 별로 진행된 것이 없기 때문에 변혁적 관점에 입각한 노동자계급 상태연구의 활성화가 요구되었다.[2)]

---

1) 그간 사회과학연구에서 국가독점자본주의에 관한 이론적 논의는 무성했지만 국가가 축적에 개입하는 방식이나 이에 따른 계급적 결과 및 사회 여러 계급 간 모순과 운동에 관한 연구는 상당히 정체되었던 것이 사실이다. 규제이론이나 국가론에 관한 관심이 우리 사회가 처한 현실의 문제와 깊게 결합되지 못한다면 이론의 자폐성을 초래할 것이다. 계급상태에 관한 연구는 계급운동의 출발점일 뿐만 아니라 축적이론과 노동상태를 매개해 운동의 구체적 전술을 수립하는 대중운동의 기반이 된다. 이러한 기본 작업이 충실히 이루어질 때 정치노선을 둘러싼 논쟁도 진면목을 발휘할 수 있을 것이다.

2) 노동과정에 관한 연구는 개별 산업에 관한 사례연구 수준에서 한동안 활성화되었으나 전체 생활상태와 관련되지 못해서 생산현장의 노동과정 변화와 이에 따른 착취율 강화를 원론적 수준에서 해명하는 데 그쳤다. 계급론의 영역에서는 취업인구의 통계분석에 입각한 계급구성 연구가 추진됨으로써 산업

최근 들어 대중의 구체적인 생활상의 요구를 반영하는 생활강령과 경제강령을 적극적으로 모색해야 할 필요성이 제기되고 있다. 노동력 재생산과 관련된 주택, 의료, 교육 등의 분야에서 활발하게 진행될 수밖에 없는 생활상의 이해를 중심으로 한 투쟁은 이것이 사회복지를 확장하기 위한 경제적 영역의 싸움이든, 정치적 자유를 둘러싼 정치적 영역의 싸움이든 모두 민중의 구체적인 생활에서 시작되는 것이고 또 그곳에서 시작되어야 한다. 생활강령과 경제강령의 상호관련을 올바로 맺어주고 이들의 상호침투를 관철시키는 것은 경제주의와 정치주의 양극단으로 편향되는 것을 시정하는 계기가 된다.

이러한 맥락에서 볼 때 대중상태에 관한 정치경제학적 연구가 활성화되지 않고서는 진보적 대중운동의 현실적 기반을 폭넓게 확보할 수 없음을 알 수 있다. 구체적인 생활상의 조건에 입각해 대중을 확보하고 대중의 생활상의 요구에 입각한 현실 운동의 진로와 대안을 제시하는 것은 대중운동이 발전하는 데 매우 중요하다. 계급상태에 관한 연구가 활성화되면 대중운동의 진로와 방향에 여러 객관적 근거가 마련된다. 계급상태에 관한 연구는 자본 축적양식의 변화와 이것이 각 계급의 생활상의 조건이나 생산과정의 위치에 미치는 영향, 변혁운동의 함의를 총체적인 관련성 속에서 해명해야 한다. 이러한 시각에 입각해야만 빈곤상태에 관한 연구가 사회구성체 수준에서 의미를 띠며 노동자계급이 처한 객관적 조건과 노동운동의 주체적 조건 사이의 관계를 올바로 설정할 수 있을 것이다.

구조와 관련된 계급 구성을 해명하는 일차적 성과를 확보했다. 그러나 노동자계급을 포함한 근로대중의 생활상태를 자본의 축적양식 및 착취구조의 변화와 관련해 해명한 연구는 아직까지 본격화되지 못하고 있는 실정이다.

이 글에서는 이 같은 의미의 노동자계급 상태연구를 활성화하기 위해 상태연구방법론에 관한 시론적 모색을 시도하려 한다. 이 글의 구성은 다음과 같다. 2절에서는 정치경제학에서 계급상태론이 차지하는 의미와 위상을 살펴보고, 3절에서는 노동자계급 상태분석의 기본 틀과 방법론에 관한 고전적 이해와 이를 현대적으로 적용할 수 있는지 시론적 차원에서 검토할 것이다. 4절에서는 정치경제학과 빈곤론의 관련성을 현대적 조건 속에서 검토하고 원론의 문제의식과 방법론을 적용하는 단초를 마련한다. 5절에서는 국가의 노동력 재생산과 도시근로자가구의 가계수지구조 분석을 중심으로 이러한 방법론이 현실을 분석하는데 어떻게 적용되어야 하는지 살펴본다. 이 글의 주목적은 계급상태연구에 관한 시론적 분석 틀과 연구영역을 제시하는 것이다.

2. 정치경제학과 계급상태론

1) 계급상태론의 의미와 위상

대중의 생활상태를 연구하는 계급상태론은 변혁운동의 객관적 조건과 구체적 기반을 마련하는 것으로 매우 실천적인 의미가 있다. 계급상태연구는 이론과 정책을 매개함으로써 과학적 이론과 변혁운동의 통일성을 확보하기 위한 기반을 제공해준다. 생활상태에 관한 연구의 실천적 의미는 자본축적, 국가정책, 계급상태 간 연관성을 총괄적으로 분석함으로써 사회변혁을 위한 정책대안의 객관적 근거를 제공하는 것이다.[3]

---

3) 계급상태론의 영역은 주어진 시기의 객관적 조건에 입각해 변혁운동의 객관

계급상태연구의 목적은 첫째, 자본 축적양식의 변화와 이것이 민중의 생활상태에 미치는 영향을 파악해서 변혁주체를 형성하는 데 구체적인 근거와 기반으로 활용하는 것이다. 계급상태론은 자본과 노동의 대립을 중심으로 진행되는 축적의 일반 법칙이 대중의 구체적 상태를 어떻게 주형화하고 이것이 변혁주체를 형성하는 데 어떠한 조건으로 작용하는지 집중적으로 분석하는 것이다. 생활상의 동질성은 생활상의 요구를 통일하는 객관적인 기반이기 때문에 이에 대한 연구는 노동운동의 객관적 조건을 해명하고, 변혁주체를 형성하는 계기를 포착함으로써 변혁운동의 발전을 지원한다.

둘째, 노동자계급을 포함한 전체 민중의 생활상태를 연구하는 것은 이론적 측면에서 보면 현실에 관한 구체적 연구와 이론적 연구를 결합하는 의미가 있다. 구체적 현실을 분석하는 작업은 정치경제학 이론과 방법론을 대중의 구체적 상태에 적용하고 이러한 상태를 직접적·간접적으로 규정하는 국가와 자본의 정책분석에 적용하는 것이다. 이것은 현상분석과 구조분석의 결합을 도모한다.

이러한 상태연구는 자본 축적양식의 변화를 중심으로 국가정책 분석과 상태분석을 결합해 자본정책이 민중의 생활상태에 미치는 영향을 총체적으로 분석하는 틀을 확보해야 한다. 자본 축적양식과 국가정책, 생활상태에 관한 총체적 분석은 민중의 '생활상의 요구'에 입각한 투

적 기반을 마련하는 데 의미가 있다. 계급상태연구는 변혁운동에서 여러 측면으로 통일성을 확보하기 위한 기반이며, 구체적인 전술을 수립하는 근거가 된다. "노동자계급의 상태는 모든 사회운동의 진정한 토대이자 출발점이다. 왜냐하면 그것은 우리 시대에서 사회적으로 비참한 것을 가장 적나라하게 보여주기 때문이다. …… 사회주의에 대한 모든 감상적인 환상을 떨쳐내기 위해 반드시 필요하다"(엥겔스, 1988: 18).

쟁 및 정책개발을 위한 객관적 근거를 제공할 수 있다. 국가독점자본주의 아래 국가정책은 총자본의 이해를 반영하는 것으로서 민중의 생활상태에 막대한 영향력을 미친다. 사회 성격에 관한 연구는 국가정책에 관한 구체적인 분석과 이에 따른 여러 계급계층의 생활상태 분석에 의해 보완되지 않으면 공허한 관념상의 규정에 그칠 우려가 있다. 따라서 독점자본의 축적양식과 노동력 재생산 방식의 변화를 매개하는 국가의 여러 정책을 분석하는 가운데 자본 축적양식의 변화와 관련된 새로운 착취형태 및 '빈곤의 새로운 형태'를 파악하는 것이 중요한 과제로 부각된다. 즉 사회구성원의 생활양식을 축적양식의 변화와 관련해 분석함으로써 빈곤의 '한국적·현대적' 관철형태를 파악하는 동시에 이것을 극복하기 위한 민중의 생활상의 요구를 여러 부문별로 정식화하는 것이 필요하다.

2) 계급상태론의 개별영역과 연구대상

종래의 노동자상태에 관한 연구는 빈곤의 생활상태를 한국 자본주의의 재생산 구조(축적양식) 속에서 검토하는 분석 틀을 확보하지 못했다. 이에 따라 노동자상태를 규정하는 객관적 요인에 대한 분석과 노동운동의 주체적 요인에 대한 고려가 총체적으로 이루어지지 못했다. 또 노동자상태와 빈곤의 원인을 생산과 소비의 전체 과정 속에서 이론적으로 해명하는 작업이 경시됨으로써 현대 자본주의의 재생산 과정과 자본의 축적논리에 따라 빈곤의 현상형태가 어떻게 드러나며 이에 대한 노동운동의 함의가 무엇인가를 해명하는 작업이 상당히 지체되었다.

계급상태론을 다루는 연구는 ① 자본 축적양식 변화에 대한 연구, ② 이에 따른 여러 계급 간 순환관계, 노동자계급의 내부구성 변화, 고용구조, 노동착취 및 노동강도에 관한 연구, ③ 노동이 이루어지고 노동력이 재생산되는 공간적 환경에 관한 연구, ④ 노동력의 재생산과 관련된 계급상태에 관한 연구, ⑤ 생활조건과 노동조건의 결과가 의식에 반영된 상태와 노동운동의 목적의식적 진향에 따른 대타적 의식 수준을 해명하는 연구, ⑥ 객관적 상태와 이것을 극복하기 위한 노동운동에 관한 연구로 구성된다.

① 자본 축적양식의 변화에 대한 연구는 세계경제의 변화동태와 과학기술혁명에 따라 신국제분업이 전개되는 가운데 한국의 자본 축적양식이 어떻게 조응해나가는가를 해명하는 연구이다.

②는 과학기술혁명의 진전으로 인한 노동과정의 변화와 이에 따른 착취율의 변화, 즉 노동시간 및 노동강도의 변화를 해명하고 이것이 산업구조 및 계급구조에 미치는 영향, 그리고 이것에 따라 노동자계급 내부구성에서 일어나는 변화를 해명하는 연구이다. 과학기술혁명에 의한 산업구조의 변동과 산업부문 간, 동일산업 내부의 부문 간 구조변화는 지역구조를 변화시킨다.

③은 자본축적에 따른 도시화와 관련해 공단지역의 노동조건과 거주조건을 연구하는 것으로서 자본축적에 따른 공간입지의 변화와 공간의 자본화가 노동자계급 및 여타 사회계급의 생활에 미치는 지역적·공간적 영향에 관한 연구이다.

④ 노동력의 재생산과 관련된 계급상태연구는 계급상태연구에서 가장 중심적인 위치를 차지한다. 여기에는 개인적 차원의 노동력 재생산과 관련된 영역, 즉 주택·의료·그 밖의 집합적 소비수단 확충 등의 문제가 포함된다. 특히 독점자본의 축적양식이 관철됨에 따라 노동의 사회화뿐만 아니라 소비와 생활의 사회화가 진전되기 때문에 노동력 재생산의 사회적 차원의 의미가 커지고 국가의 개입이 증대한다. 여기에

는 노동조건의 결과인 육체적 재생산과 관련해 의료 및 건강의 문제가 노동력 재생산 수준에서 제기되고 세대 재생산문제가 포함된다. 특히 가구단위에서 다취업형태의 고용과 생활구조에서 이것의 영향을 분석하는 것이 노동력의 가치 분할이라는 차원에서 연구되어야 한다. 다른 한편으로는 주택문제와 관련해 이것이 지역구조와 연결되는 맥락과 계급상태에 대한 영향력을 해명해야 한다.

⑤ 노동자계급의 사회심리 및 의식에 대한 연구는 자본과 국가의 이데올로기적 통제기제와 이로 인한 대중의 허위의식을 밝힘으로써 노동운동의 주체적 조건을 마련하고 주체를 형성하는 적극적 계기를 확보한다. 이것은 지배 이데올로기의 침투기제와 그 물질적 배경을 드러냄으로써 의식화와 교육의 방향을 설정하는 근거가 된다.

⑥ 노동운동의 주관적·객관적 조건에 대한 연구는 계급상태의 동질성에 따른 노동자계급의 산업적·지역적 결집의 조건과 자본의 흐름에 대항하는 노동운동의 주체적 조건을 연구한다. 이는 노동조합의 조직형태 및 투쟁영역을 개발하는 문제와 관련된 실천적 정책 마련과 긴밀하게 연관된다.

3. 계급상태연구방법론

노동자계급 상태에 관한 연구는 일차적으로 착취형태 변화와 관련 있는 자본축적의 맥락에서 검토되어야 한다. 엄밀한 의미에서 평가하자면 상태연구방법론은 정치경제학과 별개로 존재하는 것이 아니다. 정치경제학 속에 상태연구가 위치하는데 굳이 상태연구방법론을 논의하는 이유는 전체 정치경제학 내에서 상태분석이 차지하는 위상을 확정하고 이것을 구성하는 여러 영역 간 관련성을 총체적으로 드러내기 위해서다. 이 절에서는 정치경제학 원론에서 제기된 상태연구의 위상과 방법론을 검토하고 현대적 의미와 변화를 살펴본 후에 시론적 차원에서 상태연구의 분석 틀을 제시하려 한다.

1) 엥겔스와 마르크스의 노동자 상태연구

노동자계급의 원초적 형성과 이들의 객관적 지위와 처지 및 이것이 전체 사회의 변화에 미치는 노동운동상의 효과에 대한 최초의 이론적·실증적 연구는 엥겔스의 『영국 노동자계급의 상태』에서 이루어졌다. 엥겔스는 노동자계급의 상태연구가 사회주의운동의 객관적 토대임을 강조하면서 노동자 상태연구의 중요성을 부각했다.

엥겔스는 『영국 노동자계급의 상태』에서 영국의 산업혁명으로 인한 사회적·경제적 효과가 계급상태에 어떠한 영향을 미치는지 분석했다. 그는 특정 산업이나 부문이 아니라 전체 노동자계급을 대상으로 산업혁명이 미친 계급적 결과를 검토한다. 『영국 노동자계급의 상태』는 노동자계급의 상태에 대한 단순한 조사·서술이 아니라 변혁적 노동운동의 관점에서 산업화의 전개 및 사회적·정치적 귀결을 기술하고 있다. 『영국 노동자계급의 상태』는 정치경제학의 방법론을 구체적인 계급상태분석에 최초로 적용한 것이었다. 이 시도가 정치경제학적 계급상태 연구에 미친 이론적 핵심은 다음과 같다.

① 산업혁명이 초래한 계급관계상의 변화: 자본의 집중화와 계급의 양극화(계급론의 영역: 노동자계급의 내부구성과 계층, 과잉인구론의 맹아, 실업문제, 노동자 간 경쟁), ② 산업혁명과 도시화의 관계: 노동운동의 객관적 조건인 도시로 인구가 집중되는 현상과 노동자계급의 형성(산업도시의

특징과 거주·주택문제의 사회적 위상), ③ 산업화와 노동운동의 객관적 조건: 궁핍화와 주체형성의 조건(노동조합운동)[4], ④ 생산현장에서 산업화로 인한 노동자계급의 여러 상태: 노동조건, 노동강도, 산업재해와 질병, ⑤ 자료 및 통계활용에 대한 조사연구의 방법론적 전형, ⑥ 노동통제 및 공장제도·노무관리에 대한 분석, 법률조항의 실제 효과인 계급성에 대한 비판.

노동자계급 상태에 대한 정치경제학적 연구의 방법론적 틀은 엥겔스의 선구적 업적과 더불어 마르크스의 『자본』에서 그 전형을 찾을 수 있다. 『자본』의 전체 체계는 노동운동의 객관적 조건을 규정하는 자본관계의 변화과정에 맞추어져 있다. 『자본』이 시사하는 상태분석의 정치경제학적 틀은 다음과 같이 요약될 수 있다.

첫째, 자본의 축적과 축적과정의 진행 중 발생하는 자본의 유기적 구성변화로 노동자계급의 상태에 미치는 여러 결과를 분석하는 방식은 상태연구의 가장 기본적인 방법론적 준거가 된다. 『자본』 제1권 제25장(독일어판 제23장) '자본주의적 축적의 일반법칙'에서는 자본의 유기적 구성변화에 따른 노동자계급의 내부구성 변화 및 궁핍화를 상대적

---

4) 엥겔스는 도시화 문제를 산업혁명과 관련지어 해명하면서 이를 노동자계급 형성의 객관적 근거로 들고 있다. "대도시의 생활은 노동자계급을 부르주아지에서 분리한다. 또한 노동자계급에게 노동자 생활상의 위치에 따르는 세계관의 발전이 촉진된다. 억압에 대한 자각이 증대하고 노동자는 사회적·정치적으로 중요한 세력이 된다. 대도시는 노동운동의 발생지이다. 대도시에서 노동자는 처음으로 자신의 상태를 심각히 돌아보게 되며 그 결과로 투쟁을 시작한다. 대도시에서 처음으로 프롤레타리아트와 부르주아지의 대립이 드러난다. 대도시에서 노동조합이 형성되며 차티즘(Chartism)이 나오고 사회주의가 등장한다"(엥겔스, 1988: 161).

과잉인구론에 의해 정식화하고 있다. 마르크스는 제25장의 서두에서 다음과 같이 기술하고 있다. "이 장에서는 자본의 증가가 노동자계급의 운명에 미치는 영향을 고찰한다. 이 연구에서 가장 중요한 요인은 자본의 구성과 축적과정의 진행 중 일어나는 변화이다"(마르크스, 1989: 774). 잉여가치를 생산하는 모든 방법은 축적의 방법이며, 축적의 모든 확대는 다시 축적을 발전하게 만드는 수단이 된다. 이렇게 자본이 축적됨에 따라 노동자의 상태는 그가 받는 임금이 많든지 적든지 악화될 수밖에 없다는 결론에 도달한다. 자본주의 축적의 일반 법칙은 자본의 축적에 대응한 빈곤의 축적을 필연적으로 만든다. 한쪽 끝에서 부를 축적하면 맞은편 끝(즉 자신의 생산물을 자본으로 생산하는 노동자계급의 축)에서는 빈궁, 노동의 고통, 노예상태, 무지, 야만화 및 도덕적 타락이 축적된다(마르크스, 1989: 823).

이러한 빈곤화의 영역은 ① 노동자계급의 의식주와 관련된 문제(빈궁), ② 노동과정의 기술적 측면에서 노동강도 및 노동의 내용과 관련된 소외(노동의 고통), ③ 노동과정의 사회적 측면에서 노동통제 및 억압(노예상태), ④ 자유시간과 노동시간의 문제 및 노동력의 질과 관련된 문제(무지, 야만화), ⑤ 소비상태 및 생활과 관련된 문제(도덕적 타락) 등으로 나타난다. 이 구체적 현상형태는 축적양식의 변화와 계급 역관계의 추이와 각국의 문화 및 사회적 조건에 따라 상이한 형태로 드러날 것이다.[5]

---

5) 쿠진스키(Kuczynski)는 노동자계급 상태의 궁핍화를 드러내는 물질적 구성요소로 다음의 17개 지표를 제시했다. ① 노동자 보호입법, ② 실업과 조업단축, ③ 고용관계, ④ 노동시간, ⑤ 노동자 소득의 구상, ⑥ 영양상태, ⑦ 교육, ⑧ 가족상태, ⑨ 노동강도, ⑩ 질병과 사망, ⑪ 범죄, ⑫ 임금, ⑬ 생계비, ⑭ 직장 위생상태, ⑮ 사회보험, ⑯ 노동재해, ⑰ 주택사정. 그는 이 요인을 전체

둘째, 잉여가치의 생산과 관련한 노동과정 변화의 틀 속에서 기계제 대공업이 노동자계급에 미친 영향과 생산현장의 노동자계급 상태를 분석한 『자본』 제1권 3, 4, 5편의 분석방법도 상태연구의 방법론적 준거가 된다. 우리는 상대적 잉여가치의 창출방식과 기계제 도입을 연관 지어 해명하고, 이것의 계급적 결과를 궁핍화론(상대적 과잉인구론)에 따라 정리하는 방식에 유의하면서 수용해야 할 것이다. 자본의 유기적 구성의 고도화와 이에 따른 잉여착취율 증대는 생산과정에서 노동의 고통을 증대시킨다. 생산과정에서 노동자상태는 노동자계급에 다음과 같은 결과를 가져온다. "생산을 발전시키는 모든 수단은 생산자를 지배하고 착취하는 수단으로 전화하며, 노동자를 불완전한 인간으로 만들고 기계의 부속물로 전락시키며, 노동자가 겪는 고통의 실질적인 내용을 파괴함으로써 노동을 혐오스러운 고통으로 전락시키며, 과학이 독립적인 힘으로써 노동과정에 도입되는 정도에 따라서 노동자를 노동과정의 지적 잠재력에서 소외시킨다. 또한 노동생산성을 재고하는 모든 방법은 노동자의 노동조건을 개악하며, 노동과정에서 노동자를 독재(그 비열함 때문에 더욱 혐오스럽다)에 굴복시키며, 노동자의 전체 생활시간을 노동시간으로 전화하고, 노동자의 처지(마르크스, 1989: 812~813)를 자본이라는 수레바퀴 밑으로(자본을 위해 희생시키려고) 질질 끌고 간다."

셋째, 이 같은 생산과정의 상태와 더불어 소비 및 생활영역의 노동자상태 분석을 자본 축적양식의 변동과 관련지어 해명하는 것이 필요

적으로 고려해야만 노동자의 상태를 올바로 확인할 수 있다고 주장했다 [J.Kuczynski, 『絶對的窮乏化理論』(有斐閣, 1960), p. 67~73]. 빈곤의 실증문제(빈곤의 지표)와 절대적 궁핍화론에 대해서는 이후 많은 논란과 비판이 이루어졌다. 일본에서의 빈곤화론을 둘러싼 논쟁에 대해서는 戶木田嘉久(1982: 61~105) 참조.

하다. "자본주의적 축적법칙을 완전히 해명하기 위해서는 작업장 밖에서 노동자의 형편, 즉 노동자의 식생활과 거주조건도 고려할 필요가 있다"(마르크스, 1989: 823).

넷째, 노동자상태를 노동운동 및 변혁운동과 연관 짓는 실천적 관점과 방법론이 필요하다.[6] 자본주의적 축적의 적대적 성격과 이로 인한 노동자상태의 악화는 결국 변혁주체로서 프롤레타리아트가 성장하고 노동운동이 발전하는 결과를 낳는다. "(자본주의적 축적과정에서) 모든 이익을 가로채고 독점하는 대자본가는 끊임없이 줄어들지만 빈궁, 억압, 예속, 타락, 착취의 정도는 더욱 증대한다. 그러나 이와 동시에 그 수가 계속 증가하며, 또 자본주의적 생산과정에 의해 훈련되며 조직되는 계급인 노동자계급의 반항 또한 확대된다. 자본독점은 자본독점과 더불어 그 아래에서 번창해온 생산방식의 질곡으로 된다. 생산수단의 집중과 노동의 사회화는 마침내 자본주의적 외피와 양립할 수 없는 지점에 도달한다. 자본주의적 외피는 파열된다. 자본주의적 사적 소유의 조종(弔鐘)이 울린다. 수탈자가 수탈당한다"(마르크스, 1989: 959).

앞서 살펴본 엥겔스와 마르크스의 연구가 우리에게 시사하는 방법론적 전거는 ① 자본 축적양식의 변화를 중심으로 노동자상태를 연구하는 것, ② 유기적 구성의 고도화에 따른 노동과정의 변화 및 이것이 계급구조와 생산과정에서 노동자상태에 미치는 영향을 생산 측면에서

---

6) 정세분석과 정책수립의 영역은 상태론과 운동론을 매개하는 부분으로 실천적인 의미를 띤다. 이에 대해서는 레닌의 저작을 참조할 수 있을 것이다. 구체적인 생활상태에 입각한 전술구호를 확정하고 이를 전체 변혁운동 전략과 해당 시기의 통일된 정세분석 속에서 수행하는 방식에 대해서는 여러 국가의 운동 경험을 참조할 수 있을 것이다. 상태론과 운동론의 매개에 대해서는 平田喜久雄(1983) 참조.

분석하는 것, ③ 생산과정과 소비영역의 상태를 통일적으로 연구하는 것, ④ 노동자상태의 노동운동 및 변혁운동의 함의를 분석해 변혁운동의 이론적 근거를 마련하는 것 등으로 요약할 수 있을 것이다.

2) 분석의 틀

앞서 살펴본 노동자상태 연구의 기본 관점과 방법론은 오늘날에도 여전히 유용하다. 변화하는 국제정세와 계급 역관계 속에서 자본 축적 양식이 어떻게 변하고 있고, 이것이 노동자상태에 어떠한 변화를 가져오며, 변혁운동에 담고 있는 함의는 무엇인지 일관되게 분석하는 데서 상태연구의 현대적 의미를 찾을 수 있다.

현대의 노동자상태에 관한 연구는 과학기술혁명에 따른 상대적 잉여가치를 창출하는 방식의 변화와 이에 따른 잉여가치율 및 자본구성의 변화가 노동과 노동자계급 상태를 어떻게 규정하는지 밝히는 데서 출발한다. 이는 ① 세계 자본주의체제에서 과학기술혁명이 진행되는 구조와 그에 따른 신국제분업 구조의 형성을 밝혀내고, ② 이것의 수동적 배치에 따른 일국 내의 산업구조상 변동 및 지역구조의 변동을 축적양식의 변화라는 틀 속에서 해명하며, ③ 새로운 착취양식이 노동자계급에게 미치는 객관적 결과에 관한 생산영역의 분석과 노동력 재생산과 관련된 생활영역의 노동자계급 상태에 대한 분석을 수행하며 (이는 노동운동의 주체적 조건과 결합해 노동운동의 향후 발전을 도모하는 방식에 대한 연구로 진전되어야 할 것이다) ④ 자본주의적 축적의 사회적 재생산 조건을 규제하는 총자본인 국가정책에 대한 분석(이때 국가의 역할에 대한 분석과 사회정책 및 사회문제의 정치경제학적 위상을 분명히 드러내야 할 것이다)을 통일적으로 수행하는 분석 틀이 필요하다.

<그림 4-1> 계급상태론의 위상과 연구영역의 관계

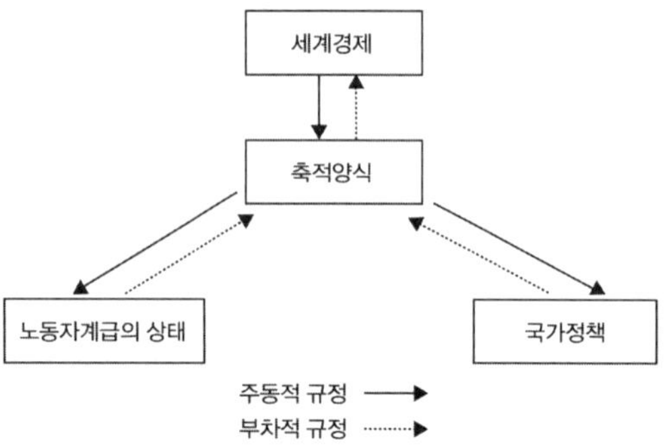

생활상태에 과학적으로 접근하려면 ① 세계 자본주의체제의 변화와 신국제분업의 동태, ② 자본 축적양식과 경제동향 및 사회구성체의 성격과 발전단계, ③ 계급의 생활상태, ④ 국가의 정책을 계급 역관계의 변화 추이 속에서 통일적으로 고려해야 한다. <그림 4-1>은 이 같은 분석 틀을 나타낸 것이다. 이들 개별 영역의 연구내용과 구성 및 상호 관련성을 다음과 같이 정리할 수 있다.

첫째, 과학기술혁명의 진전과 신국제분업의 전개를 세계경제 차원에서 해명하는 연구.

둘째, 이것이 내국적인 축적양식과 계급구조에 가져온 변화를 해명하는 연구. 과학기술혁명의 진전에 따른 생산발전은 노동과정을 변화시킨다. 이는 노동과정의 기술적 측면과 사회적·조직적 양 측면에서 관철된다. 노동과정상의 변화는 결국 축적의 기본 조건과 노동력 재생산 조건을 포괄적으로 규정하게 된다. 따라서 이에 대한 연구는 축적양식의 변화와 이것이 노동자상태에 영향을 매개하는 의미가 있다. 과학기술혁명에 따라 계급구조가 변하면(기본 계급 간 관계, 사회계급 간 관계) 노동자계급의 내부구성과 변혁주체가 형성되는 객관적 조건에 여러 영향을 미친다. 계급론에서는 과학기술 형성의 결과로 나타난 계급구조 변화와 이를 반영하는 노동자계급 내부구성의 문제, 현역 노동자군과 산업예비군 순환에 관한 연구가 이루어져야 한다.

셋째, 노동자계급을 포함한 여러 계급계층의 상태를 분석하는 연구. 노동의 사회화, 생활의 사회화로 대표되는 현대적 조건의 변화를 염두에 두면서 빈곤의 현대적·한국적 관철형태와 이로 인한 노동자계급의 객관적 상태를 분석하고 이에 따라 노동운동의 주체적 조건을 연구해야 한다. 노동자계급을 포함한 근로대중의 생활상태(노동현장의 상태와 생활현장의 상태를 포괄하는 넓은 의미의 생활상태)는 자본 축적양식의 변화와 국가 제반 정책, 이에 대한 대항으로서 노동자계급 운동을 포함한 사회운동의 추이에 따라 변한다. 일반적으로 노동자계급 상태는 노동과정의 상태(노동조건, 노동시간, 노동강도), 노동력 재생산 과정(생활영역)의 상태로 구성된다. 따라서 노동자상태에 관한 연구는 이 영역을 총괄적으로 포함해야 한다.

넷째, 국가정책에 관한 연구. 자본과 노동을 전체적으로 관리·규제하는 국가의 기능이 강화되어 자본축적의 사회적 재생산 조건에 미치는 국가의 역할이 대단히 커졌다. 총자본으로서 국가는 노동자를 포함한 일반 대중의 생활상태에 일차적인 규정력을 발휘한다. 즉 노동력 재생산과 관련된 제반 정책, 즉 임금정책, 주택·토지정책, 의료정책, 공공복지정책, 교육정책을 규제함으로써 주어진 시기의 계급 역관계를 반영하는 정책을 수행한다. 특히 주택과 의료, 교육은 노동력의 물질적·정신적 재생산과 직결된 영역으로서 총자본은 축적조건의 변화에 따라 장기적 관점과 해당 시기의 경제 및 정치 동향에 입각해 적극적 통제와 규제를 가한다. 계급 역관계가 일방적으로 자본에 유리하게 편제되어 있는 경우에 자본은 최소한의 비용으로 노동력 재생산을 지원한다. 이러한 사태는 상대적 과잉인구의 광범한 존재 및 산업노동자의 법적·정치적 무권리를 강제한 억압적 통치체제 아래에서 가능하다. 노동자계급의 정치 진출이 자본의 축적조건에 상당한 위협이 된다면 자본은 노동자계급을 개량화해 체제내화하거나 분배의 영역에서 개선책을 마련해 축적조건의 장기적 변화에 대응하려 한다.

이때 이러한 정책의 결과로 모든 자본에 동일한 경제효과가 나타나지는 않는다. 독점자본과 비독점자본, 대자본과 중소자본, 민족자본과 매판자본 사이에는 특정한 정책의 사회경제적 효과 및 결과를 둘러싸고 상이한 이해관계가 대립한다. 장기적 이해와 단기적 이해, 총자본의 이해와 개별자본의 이해 사이에는 모순이 존재할 수밖에 없다. 그러나 기본적으로 총자본으로서 국가가 시행하는 제반 규제책은 단기적 이해와 장기적 이해의 통일, 개별 자본분파와 전체 자본의 이해 통일을 지향하는 것이다. 모든 계급의 상태와 이데올로기는 국가의 힘에서 자유롭지 못하다. 따라서 국가재정, 국가정책, 국가의 자본 재생산과 노동력 재생산을 다루는 규제 등에 대한 정치경제학적 분석이 요구된다.

이들 영역 간 관계와 상호연관성을 무시한 채 개별 영역 수준에 그친다면 모든 논의는 불모성에 빠져들 수 있다. 즉 축적양식의 변화에서 곧바로 사회 성격을 유추하고 이를 논리적 인과에 따라 변혁론과 정합적 관계로 연결하면 중간에 비워둔 구체적 상태분석이 공란으로 남게 되어 현실운동을 진행하는 데 별다른 도움을 주지 못한다.

노동자 생활상태에 관한 연구는 자본 축적양식 및 축적조건의 변화 동태와 관련해 과학기술혁명의 종속국적 관철형태와 이에 따른 계급구성, 노동조건, 노동과정의 변화를 노동상태의 변화에 따라 해명하고 노동력 재생산의 전체 틀에서 접근하는 방법론을 따라야 한다. 생산영역의 노동과정과 생활영역의 노동 재생산은 서로 긴밀하게 결합되어 있는 것으로서 이러한 노동자상태를 규정하는 자본축적의 변화 및 성격, 이를 총자본의 입장에서 관리·규제하는 국가정책, 이러한 객관적 조건에서 이루어지는 노동운동을 포함한 변혁운동의 동태를 총괄적으로 고려하는 방법론이 필요하다.

4. 정치경제학과 빈곤연구

이 절에서는 자본 축적양식 변화와 관련한 ① 자본제적 축적의 일반법칙의 현대적 관철형태 변화(현대적 빈곤의 현상형태), ② 생산력 증대와 새로운 소비욕구 창출에 따른 노동력 가치구성의 변화를 검토함으로써 정치경제학적 빈곤연구의 기본 틀을 확인하려 한다.

1) 현대적 빈곤의 현상상태

마르크스의 자본주의적 축적의 일반법칙은 자본주의적 축적양식에 근본적인 변화가 이루어지지 않는 한 다양한 변화를 동반하며 일관되게 관철된다. 기존의 노동자상태 연구는 생산, 교환, 분배, 소비의 총체적 연관관계를 포괄하는 사회구성체 수준의 해명을 방기한 채 생활상태 영역을 생산영역이나 소비영역 범주에만 국한시킴으로써 자본 축적양식의 변화와 민중생활의 관련성을 총체적으로 해명하지 못했다. 따라서 노동력의 재생산이라는 틀에 입각해 자본의 축적양식 변화를 해명하고, 생산영역의 일차적 착취와 소비영역의 추가적 착취기제를 정치경제학적으로 분석하는 방법론을 모색해야 한다.

착취형태 변화와 자본주의적 축적의 일반법칙 관철형태의 변화를 초래한 여러 요인은 ① 과학기술혁명과 생산력 발전 및 신국제분업의 변화, ② 국가의 개입 증대와 독점 강화, ③ 노동운동 강화에 따른 노동력 재생산에 대한 사회적 영역의 확대 등에서 찾을 수 있다.

과학기술혁명의 진전에 따른 변화된 착취형태와 관련 있는 새로운 빈곤의 성격은 ① 자본의 국제화와 생산의 국제화에 따른 노동 착취과정의 국제화, ② 생활과 소비의 사회화에 따른 추가적·이차적 착취 증대, ③ 독점 강화에 따른 독점가격을 통한 착취 등에 의해 규정된다.

독점자본은 자본의 유기적 구성을 고도화하고 생산기술을 발전시켜서 노동시간을 줄이고, 명목임금의 상승을 통한 개량의 외피를 마련한다. 그러나 지속적으로 착취율을 강화하고 노동자계급을 분절화하여 노동에 대한 적극적 공세를 취한다. 서구의 선진 자본주의국가에서는 과학기술혁명의 진전에 따라 생산설비가 확충되자 단위시간당 생산고와 노동자 1인당 공업생산고가 증가하는 데도 순생산물 중에서 임금이 차지하는 비율은 감소하고, 노동생산성과 실질임금 상승률의 괴리가 벌어지고 있다.[7)]

과학기술혁명에 따른 기술과 생산조직, 사회적 분업과 노동내용의 변화는 기본적인 계급 역관계의 변동과 함께 임노동의 자본주의적 착취방법과 형태를 변화시킨다. 노동의 기술적 장비가 증대하면 자본에 의한 노동의 실질적 포섭이 강화된다. 과학기술혁명이 진전됨에 따라 자본의 유기적 구성이 고도화되면 현역 노동자군에 대한 상대적 과잉인구의 압력이 증대하게 된다. 주당 평균 노동시간이 감소하는 것은 불완전한 취업증대와 실업증가의 다른 표현일 수도 있다.

---

7) エヌ·ガウズネル, 「資本主義的搾取の新形態」, 『世界經濟と國際關係』, 43集, pp. 88~106 참조.

생산현장에서 일어나는 착취, 즉 노동과정의 기술적 측면에서 나타나는 노동강도의 강화와 저임금에 따른 장시간 노동의 구조적 강제, 열악한 작업환경에 따라 급격하게 마모되는 노동력은 현대적 빈곤의 가장 기본적인 형태이다. 이와 함께 노동과정의 사회적 측면에서도 착취가 강화된다. 이는 노동과정의 기술적 측면에서 보완이 이루어지는 것으로 노동력 생산현장에서 이루어지는 관리와 통제이다. 이른바 조직관리와 경영 수준에서 나타나는 노동통제 또한 노동자 상태를 규정하는 중요한 요소이다. 억압적·관료적·병영적 통제로 대표되는 노동통제방식은 장기적으로 자본의 실질적 포섭에 걸맞게 전화될 것이다. 그러나 특정 국민의 정치적 성격 변화와 관련된 사회 전반의 계급 역관계가 변화되지 않고서는 통제구조의 변화를 기대할 수 없다.

독점자본의 추가적 착취가 민중의 생활상태에 어떠한 결과를 가져오는지 밝히기 위해서는 생산과 소비영역의 통일 속에서 축적양식의 변화를 드러내야 한다. 독점자본은 과학기술혁명을 통해 생산영역에서 노동자를 초과 착취할 뿐만 아니라 소비영역과 생활영역에서 국가의 제반 정책에 힘입어 노동자를 추가적으로 착취한다. 독점자본이 민중을 추가적으로 착취하는 형태는 ① 소비구조의 변환을 통해 이루어지는 소비영역의 착취, ② 투기적 축적과 인플레이션 물가상승을 통한 착취, ③ 조세구조를 통한 착취 등이다. 이러한 추가적 착취 때문에 근로대중의 생활상 고통은 더욱 증대한다.

이러한 맥락에서 과학기술혁명이 소비구조에 미친 영향을 분석할 필요가 있다. 과학기술혁명은 ① 상품을 생산하기 위해 신기술을 직접적이고 신속하게 도입하여 생활필수품의 상품화를 촉진할 뿐만 아니라 상품의 순환과 유통을 증대함으로써 대중의 소비욕구를 창출한다. 이는 생산이 소비를 규정하는 자본제적 사회의 메커니즘을 반영하는 것이지만 독점단계에 이르면 소비가 생산에 미치는 영향력이 더욱 확대되어 노동력 재생산과 관련된 여러 부분이 상품화된다. 독점자본은 생산영역뿐만 아니라 유통·소비영역에도 침투해 잉여를 환수하고 가치를 증식하는 데 골몰한다. 독점자본은 신상품을 개발하고 노동자가 높은 생활수준과 새로운 욕망을 추구하도록 소비수준을 끌어올려서 자본의 가치 실현을 도모한다. 이러한 자본의 축적구조는 전형적인 포디즘(Fordrsm)적 축적양식이다. 우리나라에서는 신국제분업의 종속적 지위와 잉여의 대외 유출, 자본의 소재 보전과 가치 실현이라는 대외 종속성 때문에 내수와 대량생산·대량소비에 의한 포디즘적 축적구조를 갖추고 있지는 못하지만 일부 노동자계급 상층에서는 이 같은 생활상의 포섭이 이루어지고 있다고 보아야 할 것이다.[8)]

② 내구소비재가 급속하게 보급되고 이것이 소비구조에 반영되면서

---

8) 주식소유계층 확산, 자가소유주택 확대 등의 정책이 국민생활에 미치는 정치적·경제적 영향은 주어진 조건에 따라 상이하다. 즉 이러한 개량을 주도하는 주체가 누구인지가 개량의 성격을 규정하는 준거가 된다. 이른바 국민주, 연금제 확대, 자가소유주택 확장 등은 경제적 토대에서 체제내화를 수행한다. 주가 급증, 부동산가격 상승은 자본의 고도축적과 긴밀한 관련을 맺고 있다. 이러한 재산을 소유한 소(小)소유자는 임금상승보다는 소유 재산(주식, 토지, 주택)의 가격상승에 더 높은 이해를 걸고 있다. 이들은 임금인상보다는 자본의 이윤이 자신의 이해에 더 합치된다고 보기 때문에 자본의 입장에서 자본주의체제의 운용기제를 적극 지원하는 체제의 파수병으로 대두한다. 그러나 소소유자의 경제적 이해는 대주주와 대토지 소유주인 독점자본에 의해 지극히 제한된 영역에서만 확보될 수 있다. 그러나 이들은 자신이 체제의 수혜자가 된 것 같은 착각에 빠져든다. 소소유자의 확대가 어느 범위까지 확장될 수 있고, 이것이 이들에게 미치는 사회심리적·이데올로기적 영향력이 어떻게 발현될 것인가에 대해서는 앞으로 구체적인 정세의 흐름을 통해 더 면밀히 검토해야 할 것이다.

개인적 소비구조에 큰 변화가 생겼다. ①, ②의 경과는 과학기술혁명 1단계에서 두드러지는 형태로서 상품을 생산하는 데 과학기술이 적용되어 시장이 확대되는 경향을 의미한다. ③ 서비스 분야의 확대도 과학기술혁명이 이룬 신소비구조의 주요 영역이다. 노동력의 질이 향상되고 노동 복잡도가 증대하면서 각종 서비스 부분의 상품화가 촉진되고, 이것이 개인의 소비구조와 여가 등을 조직화하여 광범하게 침투함으로써 소비구조가 변한다. ④ 신과학기술혁명의 도입으로 정신적 재화가 물질적 재화의 생산을 능가하고 정보의 생산과 소비의 연관성이 확장된다. 이는 과학기술혁명 2단계에서 두드러진다. ⑤ 과학기술혁명은 노동력의 질적 향상을 촉진할 뿐만 아니라 노동력 재생산과 연관된 지출구조의 변화를 초래한다. 이른바 집합적 소비수단 및 사회 하부설비가 급속하게 확장되면 노동자의 생활 및 소비구조에 커다란 변화가 생긴다. 도시 및 생산공간의 급격한 변화와 노동력 재생산 수단의 사회적 공급 확장현상이 소비구조의 변화를 촉진하는 것이다. 이에 대해 총자본으로서 국가는 계급 편향적인 제반 규제와 정책을 구사해 자본재생산의 사회적 조건을 확보한다. 인플레이션을 통한 자본축적의 보완, 토지개발 개입과 각종 규제라는 임의적 운용을 통한 자본집중, 조세 및 금융을 통한 자본 지원은 이미 우리에게 낯익은 것이 되었다.[9)]

과학기술혁명으로 생산력이 급격하게 증대했는데도 노동강도와 소

---

9) 자본축적이 위기에 직면하면 정부는 재정정책을 통해 독점자본을 지원하거나 산업 구조조정을 유도해 자본의 지역·부문 간 이동을 조정한다. 특히 인플레이션 가속기에는 토지의 가치 보장기능이 더욱 커지기 때문에 인플레이션 보전대상으로서 토지투기가 일어나는데, 대규모 토지소유는 지역개발에 따른 개발이익을 거두어들임으로써 자본에 최대한의 이윤을 보장해주는 안정적 수단으로 활용된다.

비영역의 추가적 착취가 강화되고 있으며, 생산과 소비의 모순이 증대되고 있다. 독점자본에 의한 소비의 인위적 창출과 추가적 착취 때문에 생활상의 빈곤이 계속되고, 특히 생산현장의 고통이 강화된다.

2) 노동력 가치 구성의 변화와 현대적 빈곤

노동력 가치의 구성과 관련해 과학기술혁명이 노동력 가치의 동향에 어떠한 영향을 미치는지 살펴볼 필요가 있다. 이것은 노동자계급의 궁핍화와 관련된 논의와 빈곤형태를 둘러싼 현대적 빈곤의 구체적인 관철방식을 해명하는 실마리를 제공해준다. 과학기술혁명에 따른 급속한 생산력 발전과 생산성 증대가 노동력 가치의 구성과 노동력 재생산 및 소비구조에 어떠한 영향을 미치는지 해명하는 작업의 의미는 빈곤의 현대적 형태를 드러내고 개량문제를 해명하는 데 있다. 특히 노동력 재생산에 필요한 노동력 가치의 양적 측면은 통상임금이라는 가격으로 표현되는데 임금의 형태와 구성을 노동력 가치의 구성 측면과 연관 짓는 작업은 임금투쟁의 정치적 성격을 강화하는 실천적 의미가 있다. 이러한 작업은 ① 노동력 재생산에 필요한 욕망의 현대적 내용과 범위 및 구성에 관한 연구, ② 노동력 재생산에 필요한 욕망(노동력의 가치)의 충족 방향과 형태에 관한 연구를 필요로 한다.

첫째, 노동력 재생산에 필요한 욕망의 현대적 내용과 범위 및 구성은 과학기술혁명의 진전과 생활수단의 상품화에 의해 확대된다. 자본주의 발전은 노동력 재생산에 필요한 재화와 서비스의 상품 범위를 확대시킨다. 과학과 기술이 직접적으로 생산에 적용되고 생산과 소비의 연관성이 증대함에 따라 가사노동으로 충당되는 노동력 재생산 부분의 비율이 감소하고 상품화된 생활수단의 영역이 확대된다. 또한 생산현장에서 증대되는 노동강도는 노동자의 '새로운 사회적 욕망'을 창출한다. 복잡노동에 필요한 교육 수준의 상승, 의료 및 휴식에 대한 욕구 확대, 도시 인구집중에 따른 쾌적한 주거욕구 확대 등이 '새로운 사회적 욕구'로 대두되는 것이다.

노동력 가치의 구성 부분은 노동자 자신과 가족을 재생산하는 데 필요한 이 같은 재화와 서비스 가격으로 구성된다. 생산력 증대로 노동력을 재생산하는 데 필요한 상품의 가치가 낮아져 개별 노동력 재생산 수단의 가치가 전체적으로 하락한다. 그러나 소비구조와 소비양식의 변화 때문에 노동력 재생산에 필요한 가치의 총량은 증대한다. 자본주의의 발전으로 노동자 생활이 상품경제에 편입되면 노동자가 소비하는 전체 상품량이 증가하고, 노동력 재생산에 필요한 상품량이 증가하면 노동력의 가치가 증대한다. 또한 노동력 가치 이하의 저임금과 인플레이션에 따른 물가상승(실질임금 감소)은 생산성이 증대함에 따라 노동력 가치가 하락하는 것을 방해한다. 이 밖에 노동력 가치와 노동력 가격의 격차를 유발하는 다른 요인도 많다. 생필품의 가격이 가치 이상으로 책정되고 독점가격이 관철되는 조건에서는 생산성 향상에 따라 노동력 가치가 하락하는 생활적 이득을 기대할 수 없다.[10)]

---

10) 노동력 가치 구성에 관한 논의로는 エヌ·イケノフ, 「勞動力の價値と教育の社會的諸問題」, 『世界經濟と國際關係』, 25集, pp. 156~168 참조. 노동력 가치가 저하하는 요인에는 ① 생산력 발전에 의한 개별 생활필수품의 가치 저하, ② 기계 이용에 의한 숙련의 분해(여성 및 연소노동 채용을 통한 노동력의 가치 분해), ③ 상대적 과잉인구의 누적, ④ 임노동자화에 의한 세대 규모의 축소 등이 있다. 노동력 가치가 상승하는 요인에는 ① 상품생산 발전에 따른 신상품 수요(내구소비재, 교육, 의료 등의 서비스 수요 증가), ② 자영업의 분해와 취업구조의 변화, ③ 임노동자화에 의한 생활기반의 약체

<그림 4-2> 노동력 재생산의 구성과 충족형태

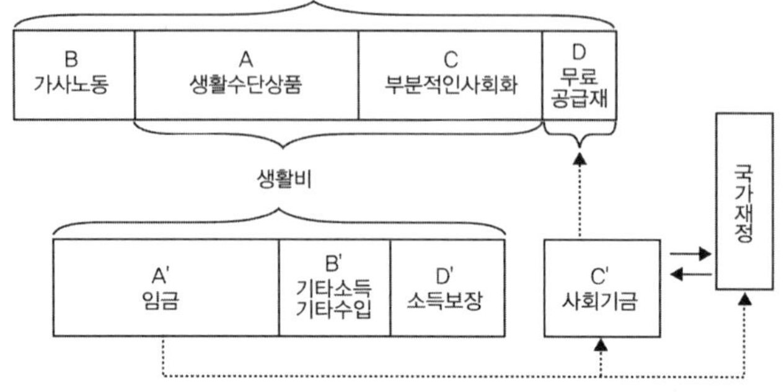

<비고>

① A는 지속적 확대경향
② B는 점차 감소경향
③ C는 점진적 증가경향
④ D는 극소
⑤ 생활비 중 A'의 비중은 감소경향
⑥ 생활비 중 B'의 비중은 점진적 증가경향
⑦ 생활비 중 C', D'는 극소

이른바 고소득과 이를 넘어서는 고소비의 결합은 인플레이션과 더불어 대중 빈곤을 초래하는 빈곤의 현대적 형태를 잘 보여준다. 노동력 가치 증대를 초래하는 또 다른 요인으로는 사회발전에 따라 형성되는 새로운 욕망을 들 수 있다. 과학기술혁명의 진전에 따라 복잡노동이 증대하면 자식 세대의 노동력을 재생산하는 데 필요한 교육비가 상승한다. 또한 공간의 자본화에 따른 도시 주택가격 상승은 노동력 재생산을 위협하는 요인으로 작용한다. 이는 빈곤이 세대적으로 세습되고 고임금 아래 빈곤이 관철되는 기제로 작용한다. <그림 4-2>는 노동력

화, ④ 독점의 발전(독점가격과 인플레이션) ⑤ 노동강화에 따른 노동력 재생산비의 증대, ⑥ 도시화·공업화에 따른 의료비·주거비 상승, ⑦ 집합적 소비수단 확대와 이에 따른 사회보험 부담금 증대 등이 있다(小川和憲, 1982: 85).

재생산에 필요한 생활수단 및 서비스의 구성과 이를 충족하는 형태와 방법을 표시한 것이다.

둘째, 국가의 노동력 재생산에 대한 영향력이 증대하면 노동력 재생산과 관련된 욕망의 충족방법과 형태가 변한다. 국가는 노동력을 재생산하는 원천인 임금에서 조세를 수취해 노동자 가계를 규제한다. 현대 자본주의국가는 조세를 운용해 노동력 재생산에 필요한 소비기금을 지원하고 집합적 소비수단을 제공해 노동력 재생산을 규제한다. 이런 사회적 간접임금의 증대는 자본축적 조건과 계급 역관계의 변화 추이에 영향을 받는다. 그러나 복지비용 증대는 세입구조 변화와 관련될 뿐만 아니라 국가재정의 위기와 직접 연관되기 때문에 집합적 소비수단의 사용비용을 가계부담이나 임금으로 전가하는 경향이 강화되기도 한다.

5. 분석의 적용과 연구영역

앞서 살펴본 방법론을 현실에 적용하는 작업은 구체적 현실에 대한 분석을 요구하는 상태분석의 실질적인 대상영역이다. 이 절에서는 상태연구의 대상영역 중 노동력 재생산과 관련된 국가정책과 도시근로자 가구의 소비구조를 시론적으로 분석해서 앞으로 진행되어야 할 실증분석의 영역을 제시하려 한다.

1) 노동력 재생산과 관련된 국가의 정책분석

노동력 재생산과 관련된 문제는 노동자의 물질적·정신적 상태와 긴밀하게 연관된 것으로서 이것은 임금을 중심으로 계급투쟁의 원동력을 구성한다. 이에 대한 분석은 노동자상태에 대한 일차적 분석이 될 뿐만 아니라 자본주의적 생산기제 분석의 과학적 근거가 된다. 노동자계급을 유지하고 재생산하는 것은 자본을 재생산하기 위한 필수조건이다. "자본가에게 없어서는 안 되는 생산수단인 노동자 자체의 생산은 노동자계급의 개인적 소비로 이루어진다. 노동자는 개인적 소비를 통해 자신뿐만 아니라 가족을 유지하고 재생산한다. 노동자가 정상적인 생존조건을 확보하려면 생활수단의 개인적 소비를 통해 욕망을 충족해야 한다."

노동력 재생산에 필요한 욕망은 ① 인간 유기체의 생존 보장과 관련된 자연적·생리적 욕망, ② 인격체로서 인간을 형성하는 데 필요한 지적·사회적 욕망으로 구성된다. 이러한 필요욕망의 범위와 충족방법은 고정된 형태가 아니다. 이것은 각국의 역사적 조건과 문화에 따라 결정된다. 현대 자본주의에서 과학기술혁명이 진전됨에 따라 생산력이 급격하게 발전하고 노동운동이 진전함에 따라 노동력 재생산 과정의 내용도 변한다. 과학기술혁명의 진전에 따른 사회적·문화적 조건의 변화는 노동력을 재생산하는 데 필요한 욕망의 내용과 구성, 충족방식에 많은 변화를 가져온다. 노동력을 재생산하기 위한 국가 역할의 증대는 이러한 맥락에서 검토되어야 한다.[11]

국가의 노동력 재생산 정책은 자본 축적양식의 변화와 노동운동의 활성화 정도에 따라 내용과 형태가 달라진다. 사회적 임금 확대나 집합적 소비수단의 공급으로 나타나는 국가의 노동력 재생산 정책은 국가

---

11) エフ·ブルンカーロフ, 「マルケスと勞動力の再生産の諸問題」, 『世界經濟と國際關係』, 64集, pp. 30~33.; イエ·ルザヴィナ, 「資本主義的搾取領域としての個人消費」, 『世界經濟と國際關係』, 40集, pp. 12~134 참조.

<표 4-1> 기능별 일반정부지출 추이

단위: %, 억 원

	1972	1978	1980	1985	1987	1988
Ⅰ. 사회통제비용	41.2	40.8	38.4	363	39.2	35.7
일반행정비	12.1	9.5	8.2	9.2	9.4	9.2
치안유지비	4.6	3.8	4.0	4.4	4.5	4.2
국방비	22.9	27.0	25.4	21.5	21.1	21.1
방송관련비	0.6	0.5	0.1	0.1	0.1	0.1
기타	0.8	0.3	0.5	0.9	3.9	0.9
Ⅱ. 사회적 비용	28.8	26.2	28.4	31.5	32.3	33.1
1. 교육	17.5	14.0	14.8	16.3	16.5	15.9
2. 사회적 소비수단 및 사회복지	11.3	12.2	13.6	15.2	15.8	17.1
의료	2.1	2.3	1.9	2.2	3.2	3.0
주택	1.1	1.9	2.3	3.9	2.9	2.8
지역개발	3.0	2.6	2.7	1.8	2.8	2.7
사회복지	3.6	3.9	5.4	4.5	5.6	6.1
기타						
Ⅲ. 자본 재생산 비용						
1. 자본지원금	14.1	16.7	18.8	16.1	14.1	16.1
농업	3.0	6.2	8.8	8.8	8.8	9.2
제조업	5.7	6.7	2.5	2.5	2.3	2.5
기타	5.3	3.8	4.7	4.7	2.9	4.3
2. 하부설비	13.0	12.2	10.5	10.5	7.9	8.2
전기	2.1	4.1	1.1	1.1	1.2	2.0
도로	8.3	5.4	6.1	6.1	4.8	3.7
운송·통신	2.5	2.5	3.3	3.3	1.8	2.4
Ⅳ. 기타(공채이자 등)	2.3	3.8	5.3	5.3	6.2	6.7
총계	8,186 (100)	53,095 (100)	92,558 (100)	184,431 (100)	221,183 (100)	261,034 (100)

자료: 한국은행, 「경제통계연보」, 각 년도.

비고: 1988년은 예산수치이다.

가 조세를 운용하는 데 따라서 구체화된다. <표 4-1>은 일반정부지출의 추세를 기능별로 구분한 것이다.

기능별 일반정부지출 추세를 보면, ① 사회적 통제비용(일반행정비, 치안유지비, 국방비 등)은 1972년에 41.2%에서 1988년에는 35.7%로

5.5% 감소했고, ② 자본지원금은 14.1%에서 16.1%로 2.1% 증가했다. 제조업에 대한 지원 비중이 1985년 이후 다소 감소했으나 1970년대에 비하면 하부설비에 대한 자본지원금의 상대적 비중은 증대했다. 한편 정부의 사회적 소비수단 및 복지관련 지출(사회보장, 주택, 의료보건 등)은 1972년에 11.3%에서 1988년에는 17.1%로 5.8% 증가했다. 복지관련 지출의 상대적 비중은 여전히 낮은 편이지만 1980년대 이후에는 증가율이 가장 높음을 알 수 있다.

원론적인 수준에서 볼 때, 조세는 한 사회에서 생산된 잉여가치가 사회적 수준에서 재분배되는 것이다. 따라서 국가재정 수입과 지출의 특성에 따라 국가권력의 계급적 성격을 확인할 수 있다. 자본주의사회에서 이루어지는 생산영역의 착취를 보상하거나 무마하는 방식은 개량과 관련해 소비영역의 풍요로움을 제공하는 복지정책 형태로 나타난다. 소비영역의 풍요로움은 ① 사회적 임금(집합적 소비수단) 확대, ② 생산영역의 착취율 저하로 보장된다. 국가가 조세를 운영해서 적극적으로 ①의 방식을 취하는 것이 복지정책이다. ②의 임금인상은 동일한 소비수준이 유지될 경우 노동시간을 단축시키거나 개인적 소비 차원의 수준을 향상시킬 것이다.

국가 복지정책은 생산 차원의 이윤과 임금 간 관계 조정, 분배영역의 공평성 확보, 재정자원 확충의 형평성이라는 문제를 해결해야 한다. 이러한 복지정책은 국가가 총자본 기능을 수행하면서 자본과 노동의 생산관계를 안정적으로 재생산해내고 체제 위기를 효율적으로 규제·관리하는 효과가 있다. 즉 물질적 생활과 정신생활을 관리하는 것이다. 이를 통해 국가는 장기적으로 체제 안정을 도모하고 가시적으로 표출되는 자본과 노동 간 모순을 무마시킨다. 이러한 보정적 정의를 실현하기 위해 조세로 재정을 충당한다. 조세구조의 형평화를 보장하려면 전체 자본의 이윤과 지대에서 수취하는 조세 비중을 강화해야 한다. 그러나 이는 결과적으로 잉여가치 중에서 자본의 이윤과 지대가 차지하는 비중을 낮추고 노동임금 비중을 높이는 효과를 불러오기 때문에 자본의 강력한 반발을 사게 된다. 총자본으로서 국가가 이러한 정책을 시행할 수밖에 없는 조건은 ① 과잉생산과 과소소비로 인한 경제위기, ② 근로대중의 정치적 진출에 따른 사회경제적 위기로 이들의 생활상의 요구를 제한된 수준에서나마 수용해야 하는 상황 등이다. 체제의 경제위기와 정치 위기는 밀접하게 연관되어 있다.

<그림 4-2>와 <표 4-3>에서 확인할 수 있듯이 노동력 재생산에 필요한 필요생활수단재와 서비스재 중 완전 무료화(탈상품화)된 부분이 협소하고, 중요한 집합적 소비수단(주택, 의료 등) 대부분이 수익자 부담에 의한 상품화 형태를 띠고 있다. 또 사회적 간접임금의 지불(소득보장 및 연금)이 제약되어 있을 뿐만 아니라 조세구조상 사회기금 충당이 계급 편향적으로 이루어지고 있다. 따라서 아직까지는 본격적으로 복지정책을 시행하고 노동력 재생산을 관리하기 위한 국가의 개입이 적극적으로 시행되고 있지 않다고 판단할 수 있다. 이데올로기적 재생산에 근거해 노동자의 생활상의 요구를 억압해오던 기존의 노동력 재생산 정책을 변화시킬 수 있는 힘은 결국 대중운동의 활성화에 달려 있는 것이다.

국가의 재정정책과 사회복지의 확대는 결국 계급 역관계에 의해 규정된다. 국가가 복지재정을 확대할지 억압적 통제비용을 확대할지는 해당 시기의 계급 역관계나 조성된 정세에 따른다. 왜냐하면 대중의 정치적 세력화가 미약하거나 자연발생적이면 국가는 복지정책 대신에 이데올로기적·폭압적 억압력을 구사해 안정적인 체제의 재생산을 기도하기 때문이다. 총자본의 이해를 반영하는 국가정책은 가능한 한 자

본의 비용을 최소화하면서 안정적인 체제 재생산을 유지하려 한다. 따라서 세입구조의 계급적 불평등과 조세에 의한 추가적 착취를 타파하고 세출 측면에서 더 많은 복지비용을 획득하기 위해서는 생산영역에서 임금인상을 쟁취하는 작업이 병행되야만 한다는 것을 재확인할 필요가 있다.[12)]

2) 가계 수입·지출구조의 변화와 가계비 구성 분석

생산과 소비는 인간생활의 목적이자 수단으로서 양자는 경제적으로 깊이 연관되어 있다. 인간의 자기개발은 생활의 모든 활동형태의 통일, 즉 노동활동과 사회생활 및 문화생활을 포함한 생산 외 활동의 통일을 요구한다. 생산과정의 노동자상태와 더불어 소비영역 및 생활과정의 노동자상태 연구가 중요한 이유가 여기에 있다. 노동자 가계수입 지출구조는 자본 축적양식의 변화에 조응해 변동한다. 가계수지 구조 변화는 ① 생활영역의 노동자상태를 간접적으로 살펴볼 수 있는 근거가 되며, ② 노동력 재생산 구조의 변동 추이, ③ 소비양식의 변화 추이, ④ 노동력 재생산과 연관된 노동자계급의 투쟁영역을 개발하는 데 여러 시사점을 던져준다.

아래에서는 정부가 간행한 「도시가계연보」를 활용해 도시근로자가구의 가계수지 구조 변동을 살펴보고 이 같은 함의를 시론적으로 도출

---

12) 국가정책 분석과 관련해서는 계급상태를 규정하는 자본과 국가의 여러 정책을 구체적이고 개별적인 수준에서 해명하는 작업이 필요하다. 여기에는 임금정책, 토지주택정책, 경제정책(재정금융정책), 의료정책, 노동정책, 교육정책 등이 포함된다. 이에 대해서는 학술단체협의회(1989) 참조.

<표 4-2> 도시근로자가구 가구당 월평균 가계수입

	1978	1980	1982	1984	1985	1987	1988
Ⅰ. 소득	135,405	213,069	290,337	366,214	388,830	497,718	584,602
	(68.2)	(61.8)	(62.9)	(6.27)	(62.5)	(59.1)	(57.3)
1. 근로소득	134,315	211,043	284,270	357,630	378,769	482,684	566,833
	(67.6)	(61.2)	(61.6)	(61.3)	(60.8)	(57.3)	(55.6)
가구수	122,110	189,713	258,043	323,206	340,106	415,416	487,768
	(61.5)	(55.0)	(55.9)	(55.4)	(54.6)	(49.3)	(47.8)
가구원	12,205	21,330	26,227	34,397	38,663	67,268	79,065
	(6.1)	(6.1)	(5.6)	(5.8)	(6.2)	(7.9)	(7.7)
2. 부업소득	1,090	2,026	6,075	8,611	10,061	15,034	17,769
	(0.5)	(0.5)	(1.3)	(1.4)	(1.6)	(1.7)	(1.7)
Ⅱ. 기타소득	9,060	21,017	26,716	36,084	42,354	63,956	72,613
	(4.5)	(6.1)	(5.7)	(6.1)	(6.8)	(7.5)	(7.1)
이자배당금	1,520	4,321	3,977	4,555	4,104	7,127	6,045
	(0.7)	(1.2)	(0.8)	(0.7)	(0.6)	(0.8)	(0.5)
임대료	1,660	3,489	4,470	5,807	6,994	10,437	12,286
	(0.8)	(1.0)	(0.9)	(0.9)	(1.1)	(1.2)	(1.2)
사회보장	0	0	4,284	7,324	8,539	10,031	12,287
	(0)	(0)	(0.9)	(1.2)	(1.3)	(1.1)	(1.2)
수증보조	3,110	7,212	8,119	8,941	10,398	13,647	13,949
	(1.5)	(2.0)	(1.7)	(1.5)	(1.6)	(1.6)	(1.3)
기타	2,770	5,995	5,866	9,457	123,119	22,714	28,046
	(1.3)	(1.7)	(1.2)	(1.6)	(1.9)	(2.6)	(2.7)
Ⅲ. 기타수입	32,730	65,634	77,253	96,471	103,556	175,540	229,036
저금	8,460	17,564	28,411	46,400	555,585	93,512	134,736
계	5,810	11,869	8,699	8,260	9,207	9,395	11,407
대부	9,140	19,863	19,897	21,840	20,753	33,833	38,186
월부	4,150	5,026	8,636	7,602	7,954	13,131	14,299
기타	5,170	11,312	11,610	12,369	10,057	25,669	30,408
Ⅳ. 이월금	21,240	44,766	66,562	84,576	87,377	104,757	132,303
Ⅴ. 총수입							
1. 이월금 미포함	177,195	299,720	394,306	498,769	534,740	737,214	886,251
Ⅵ. 총수입							
2. 이월금 포함	198,435	344,486	460,868	583,345	622,117	841,971	1,018,554

자료: 경제기획원, 「도시가계연보」, 각 년도

하려 한다. <표 4-2>는 도시근로자가구의 가구당 월평균 가계총수입을 시계열별로 정리한 것이다. 가구당 취업인구수는 1978년에 1.26명에서 1988년에는 1.41명에 이르게 된다. 이는 소비지출 증대에 따라 가구당 다취업현상이 강화되고 있음을 의미한다. 총가계수입 중 가구주의 근로소득이 차지하는 비중은 1978년에 61.5%에서 1988년에는 47.8%로 13.7% 감소한 반면 기타 가구원 소득은 6.1%에서 7.7%로 1.6% 증가한다. 이는 노동력의 가치 분할에 의해 자본의 착취가 강화되고 있음을 간접적으로 보여준다.

기타소득 중 사회보장 수혜는 1988년에 1.2%여서 사회적 임금형태가 노동력 재생산에 미치는 영향이 아직까지 대단히 미약함을 알 수 있다. 이에 반해 근로소득과 기타소득 이외의 기타수입과 이월금이 전체 총수입에서 큰 비중을 차지하고 있다. 특히 저축에서 인출한 금액의 비중은 1979년에 4.2%에서 1988년에는 13.2%로 9% 증가했다. 도시근로자가구 총지출(가계지출+기타지출)에서 저금에 지출한 비중이 1978년에 10.4%(이월금 미포함)에서 1988년에는 20.2%로 9.8% 증가한 사실을 볼 때 근로자가구에 대한 금융자본의 추가적 착취가 강화되고 있음을 간접적으로 확인할 수 있다. 그리고 근로자 가계지출(소비지출+비소비지출) 중 직접세는 1978년에 2.2%에서 1988년에는 3.2%로 증가했으며, 사회보장 관련 지출액도 1982년에 1.1%에서 1988년에는 1.7%로 증가했다. 아직까지 독점자본은 근로자가구에 광범하게 침투하지 않았지만 이후 수입·지출구조가 변동되면 각종 소비자 금융을 통해 침투를 강화할 것으로 보인다.

<표 4-3>은 도시근로자가구 가계지출(소비지출+비소비지출)을 지출항목·시계열별로 구성한 것이다. ① 개인적 재생산비 부분은 식품, 의류, 소모용 가사용품으로 구성되며, ② 상품화에 의한 사회적 강요비 부분은 내구소비재와 상품화된 서비스로 구성된다. ③ 집합적 소비부분은 공공서비스를 포함한 교육, 의료, 주택으로 구성된다. 이들 세 부

<표 4-3> 도시근로자가구 월평균 가계지출(소비지출+비소비지출) 구조 추이

	1978	1980	1982	1984	1985	1987	1988
Ⅰ. 개인재생산비	60,684	91,022	113,965	127,542	133,570	154,995	177,939
	(46.4)	(42.0)	(38.1)	(34.1)	(32.6)	(30.2)	(29.4)
식품	47,620	71,370	90,445	99,854	104,423	117,333	131,957
	(36.5)	(32.9)	(30.2)	(26.7)	(25.5)	(22.9)	(21.8)
의류	105,68	15,560	18,673	21,808	22,675	29,164	35,767
	(8.1)	(7.1)	(6.2)	(5.8)	(5.5)	(5.6)	(5.9)
가사소모품	2,296	4,092	4,847	5,880	6,472	8,498	10,215
	(1.7)	(1.8)	(1.6)	(1.5)	(1.5)	(1.6)	(1.6)
Ⅱ. 상품화된 소비	23,970	36,834	56,107	75,343	83,985	121,357	153,439
	(18.4)	(17.0)	(18.7)	(20.1)	(20.5)	(23.7)	(25.3)
1. 내수소비재	7,712	10,492	12,987	15,752	171,99	24,756	33,056
	(5.9)	(4.8)	(4.3)	(4.2)	(4.2)	(4.8)	(5.4)
내구성 가사용품	4,031	4,120	4,192	6,158	6,155	10,025	11,977
	(3.1)	(1.9)	(1.4)	(1.6)	(1.5)	(1.9)	(2.0)
개인교통	173	184	390	730	1,366	2,244	6,384
(승용차)	(0.1)	(0.1)	(0.1)	(0.1)	(0.3)	(0.4)	(1.0)
기타	3,508	6,188	8,315	8,837	9,678	12,487	14,695
	(2.6)	(2.8)	(2.7)	(2.3)	(2.3)	(2.4)	(2.4)
2. 서비스 상품	16,258	26,342	43,210	59,591	66,786	96,601	120,383
	(12.4)	(12.1)	(14.4)	(15.9)	(16.3)	(18.8)	(19.9)
문화오락	3,349	4,226	8,198	9,765	10,355	13,887	18,011
	(26)	(2.1)	(2.7)	(2.6)	(2.5)	(2.7)	(2.9)
개인서비스	3,831	6,559	11,415	14,415	15,870	25,282	33,662
	(2.9)	(3.0)	(3.8)	(3.8)	(3.8)	(4.9)	(5.5)
기타	8,978	15,157	23,597	35,411	40,561	57,432	68,710
	(9.8)	(6.9)	(7.8)	(9.4)	(9.9)	(11.2)	(11.3)
Ⅲ. 집합적 소비수단	40,354	80,695	112,554	146,120	164,738	198,752	224,235
	(31.1)	(37.2)	(37.6)	(39.1)	(40.2)	(38.8)	(37.0)
주거	19,306	41,086	53,828	74,021	86,946	104,837	120,724
	(14.8)	(18.9)	(18.0)	(19.8)	(21.2)	(20.4)	(19.9)
교육	5,860	9,578	13,716	17,788	19,396	26,240	29,043
	(4.5)	(4.4)	(4.5)	(4.7)	(4.7)	(5.1)	(4.8)
공공교통	5,510	10,055	15,075	17,340	18,365	23,729	26,070
	(4.2)	(4.6)	(5.0)	(4.6)	(4.4)	(4.5)	(4.3)
광열전기	6,593	13,027	18,398	20,823	22,459	24,119	24,726
	(5.0)	(6.0)	(6.1)	(5.5)	(5.4)	(4.7)	(4.0)
의료	2,833	6,137	10,198	14,278	15,347	18,073	21,097
	(2.1)	(2.8)	(3.4)	(3.8)	(3.7)	(3.5)	(3.4)
가사서비스	432	812	1,339	1,870	2,225	2,204	2,575

	(0.3)	(0.3)	(0.4)	(0.5)	(0.5)	(0.4)	(0.4)
소비지출총계	124,988	208,551	282,626	349,005	382,293	475,104	555,613
	(96.1)	(96.3)	(94.6)	(93.6)	(93.6)	(92.9)	(91.9)
Ⅳ. 비소비지출	5,130	8,107	16,315	24,019	26,550	36,828	49,140
	(3.9)	(3.7)	(5.4)	(6.4)	(6.4)	(7.1)	(8.1)
직접세	2,870	3,538	5,227	7896	9,154	13,212	19,612
	(2.2)	(1.6)	(1.7)	(2.1)	(2.2)	(2.5)	(3.2)
이자	1,220	2,414	3,126	3,205	3,143	4,081	4,253
	(0.9)	(1.1)	(1.0)	(0.8)	(0.7)	(0.7)	(0.7)
사회보장분담금	0	0	3,334	5,210	5,347	7,483	10,612
	(0)	(0)	(1.1)	(1.3)	(1.3)	(1.4)	(1.7)
기타	1,040	2,155	4,628	7,708	8,906	12,052	14,663
	(0.7)	(0.9)	(1.5)	(2.0)	(2.1)	(2.3)	(2.4)
가계지출총계	130,118	216,658	298,941	373,024	408,843	511,932	604,753
	(100)	(100)	(100)	(100)	(100)	(100)	(100)

자료: 경제기획원, 「도시가계연보」, 각 년도.
비고: 주거비용은 월세, 전세평가액, 자가평가액을 합산한 것이다. 이에 따라 전체 가계 지출 총액의 차이가 난다.

분의 지출이 소비지출을 구성한다. ④ 비소비지출 부분은 직접세, 이자, 지출, 사회보장 관련 지출 등으로 구성된다.[13]

도시근로자가구의 가계지출 구성의 연도별 변화 추이 특성은 다음과 같다. 첫째, 개인적 재생산비 부분은 1978년에 46.4%에서 1988년에는 29.4%로 17.0% 감소했다. 이에 반해 상품화에 의한 사회적 강요비 부분은 1978년에 18.4%에서 1988년에는 25.3%로 6.9% 상승했다. 특히 상품화된 서비스 부분의 지출과 기타 잡비의 증가가 두드러진다. 내구소비재 부분의 지출 비중이 1980년 이후에는 감소하다가 1987년 이후 들어 다시 증가하고 있다.

둘째, 집합적 소비부분에 속하는 주택, 교육, 의료 등의 부분에서 이루어지는 지출은 1978년에 31.1%에서 1988년에는 37.1%로 6.0%

---

13) 이러한 구분방법에 대해서는 江口英一(1986) 참조.

증가했다. 이는 아직까지 집합적 소비부분이 사회적 소비수단으로 규정되지 못한 현실을 반영한다. 대부분 수익자 부담에 입각해 상품화되고 있기 때문에 이 부분의 지출이 계속 증가하는 것이다. 사회복지 확장이란 허울 아래 현실에서는 집합적 소비수단의 사회적 내용이 희석되고 있다. 특히 주택 관련 비용은 1978년에 14.8%에서 1988년에는 19.9%로 증가해 이 부분의 지출 증가를 주도하고 있다. 이는 공공임대주택체제의 미성립과 급격한 지가상승을 반영하는 것으로서 사유화된 주택체계의 모순을 가장 심각하게 드러낸다.

셋째, 비소비지출의 비율은 1978년에 3.9%에서 1988년에는 8.1%로 4.2% 증가했다. 직접세와 사회보장 관련 지출은 1978년에 2.2%에서 1988년에는 4.9%로 2.7% 증가했다.

이 같은 가계지출 구조 추이를 볼 때 집합적 소비수단 부분을 둘러싼 투쟁과 비소비지출 중 조세와 사회복지비 지출의 부담 형평을 둘러싼 투쟁이 노동력 재생산에서 매우 중요한 영역이라는 사실을 확인할 수 있다. 또한 간접세 위주의 세제에서 상품화된 사회적 강요비가 증대하면 근로자가구를 압박하는 새로운 요인이 되기 때문에 대안을 모색하는 것이 필요하다.

6. 결론을 대신하여 : 개량과 빈곤문제

현재 노동자상태를 어떠한 관점에서 평가할 것인가. 현재 노동자상태를 바라보는 관점은 각 계급계층의 사회경제적 처지와 이에 따른 사회심리적 상태에 따라 각각 상이해지며, 이것이 각 계급계층의 정치적 입장으로 연결된다.

생활상태 개선영역에서는 노동조합의 운동노선에서 개량주의(재분배론적 관점)와 혁명주의의 두 노선 간 대립이 항상 존재해왔다. '분배정의의 실현'을 요구하는 재분배론적 입장은 생산영역과 단절된 분배영역에서 공평과 정의 실현을 요구하는 것만으로는 독점자본의 운용기제가 변화하기 어렵다는 사실을 놓치는 경우가 허다하다. 왜냐하면 생산의 사회적 재생산조건을 확보하기 위한 총자본으로서 국가 기능이 자본의 축적양식을 유연하게 변화시킬 수 있기 때문이다. 물론 이러한 국가 역량은 세계 자본주의체제 내에서 위치와 세계경제 동향, 내국적인 계급 역관계 변화에 의해 운신의 폭이 제약될 것이다. 그러나 만약 총자본의 입장에서 볼 때 분배 확대와 가치 실현을 위한 소득수준의 향상이 요구된다면 국가는 조세·재정·금융정책을 활용해 소비 및 분배영역의 개량을 추진할 수 있다. 이때 국가는 복지정책을 시행해 일정 정도의 사회성원을 체제내화하고 자본을 가치 증식하고 실현하기 위한 조건을 구축해나갈 수 있다. 실제로 자본축적 및 계급관계 조정의 맥락에서 국가가 시행할 수 있는 정책의 폭은 대단히 광범하다. 그러나 생산영역의 착취관계는 조금도 변하지 않는다. 이 점이 재분배적 관점의 개량주의의 문제점이다. 따라서 재분배적 관점에 입각한 요구가 정식화되려면 생산영역에서 변화를 지향할 필요가 있다. 개량주의와 개량싸움을 통한 사회변혁을 구분하는 가장 핵심적인 준거는 그것이 생산영역의 변혁과 관계가 있느냐 그렇지 않느냐에 있다.

민중의 생활상태에 관한 정치경제학적 이론과 방법론의 결여는 사회운동 차원에서 이 문제를 올바르게 수용하는 데 많은 장애를 가져왔다. 경제 전체의 운용기제와 자본 축적양식의 변화, 이것이 여러 계급의 생활상태와 사회심리에 미치는 영향을 객관적으로 파악하지 않은 채 계급적 입장만을 재확인하는 타성에 젖어 있는 한 대중적 변혁운동의 활성화는 그만큼 지체될 것이다. 근로대중의 구체적인 생활상태를 경시하면 대중의 직접적 이해에 입각한 대중운동의 활성화가 지체되고 운동의 대중적 토대가 부실해진다. 반대로 주어진 생활상의 요구를 중심으로 경제적 요구를 집약하려는 재분배론적 관점은 생산관계의 변화를 지향하는 계급적 입장의 결여로 개량주의의 한계에 봉착한다.

따라서 빈곤을 극복하기 위한 투쟁은 생활상의 요구를 중심으로 민중의 이해를 정치적으로 수렴하고 생산영역의 근본적인 변혁을 지향해야 한다. 이 투쟁은 각 계급계층과 사회집단이 처한 구체적인 생활상태에 근거해 상이한 요구를 전체 요구로 결집하는 전술적 유연성을 발휘하면서도 변혁운동 전체의 전략적 목표를 잃지 않는 일관된 방향감각을 유지해야 할 것이다.

이른바 사회보장투쟁은 경제적 영역에서 대중의 실제 생활을 향상하기 위한 투쟁이다. 사회보장투쟁의 실제 내용을 대중에게 전달하고 대중이 이 내용을 이해 기반으로 삼을 때 광범위한 대중을 획득할 수 있는 기반이 마련된다. 이를 경시하면 대중과 괴리된 총정치노선, 운동과 단절된 관념적 이론만이 남을 것이다. 따라서 생활강령을 제시하고 경제강령을 바로 세우는 것은 변혁운동의 대중적 결집을 확산하고 운동의 대중화를 촉진하는 구체적인 계기가 된다.

이때 중요한 것은 이러한 생활강령의 위상을 전체 운동의 정치노선상에서 분명하게 규정하는 것이다. 사회보장투쟁을 생산영역과 연관짓지 못하면 반드시 개량주의의 한계에 도달한다. 이른바 자유주의적 부르주아가 분배정의의 실현을 외치는 것이나 영원한 정의를 주장하는 것은 생산영역의 변화가 빠진 분배 개선으로 이것이 부르주아 사회보장의 내용이다.

노동력 재생산에 필요한 여러 소비영역에서 생활의 질적 향상을 위해 이루어지는 투쟁은 개량주의인가 아니면 현실에 입각한 변혁운동인가. 이에 대한 판단은 생활영역의 투쟁을 어떻게 생산영역의 투쟁과 결합하는가, 그리고 전제 변혁노선 및 정치노선이 어떠한 성격을 띠는가에 따라 판가름날 것이다. 개량주의의 기회주의적 노선과 변혁노선은 동일한 생활상의 강령을 주장할 수 있다. 형태상으로는 동일한 강령을 요구해도 운동이 지향하는 전략적 목표와 구성원에 따라 운동의 사회적 의미가 상이해진다. 개량주의 노선이 대중을 확보하면 변혁노선은 대중을 개량주의에 넘겨주고 왜소한 운동세력으로 고립된다. 따라서 총정치노선을 고수하는 것이 중요한 만큼 현실적인 생활상태에 뿌리내린 구체적인 투쟁의 일상적 주관성과 대중 확보가 중요하다는 것을 재확인해야 할 것이다.

제 5 장

한국사회 시민운동론 비판*

1. 변혁운동의 위기와 신사회운동의 대두

최근 '신사회운동'에 관한 이론적 논의가 활성화되고 있다. '신사회운동'에 관한 논의는 기존의 '중민론'에서 제기되던 문제영역의 확장과 변혁운동의 자기반성이라는 두 가지 측면에서 진행되고 있다. '신사회운동'에 대한 이론적 모색은 소련과 동구권의 정치경제적 위기 심화, 사회주의와 마르크스주의의 위기와 맞물리면서 정치적 대안으로까지 확장되고 있다.[1)]

---

* 《경제와 사회》 12권(1991년 12월)에 수록되었던 글이다.

1) 동구 사회주의권의 위기, 서구 사회주의운동의 위기와 함께 계급운동의 종말, 마르크스주의의 사멸 혹은 양체제 수렴론을 내세우며 '계급주체 없는 운동'을 주장하는 '서구 시민운동론'의 흐름이 심심찮게 흘러들어오고 있다. 포스트모더니즘을 주장하는 '후기구조주의자(M.Foucault, 푸코)'의 인식방법(해체주의, 다원주의, 주관주의)과 하버마스(J.Habermas) 등의 '담화이론(Discursivemethode)'을 인식론적 기반으로 삼는 서구사조의 경향은 점차 사회분석 영역과 변혁이론 영역에도 영향력을 미치고 있다. 일부 문화영역을 제외한 사

신사회운동에 대한 평가 또한 적극적 수용론에서 비판론에 이르기까지 폭넓은 편차를 보이는 가운데 조심스럽게 선별적 수용론을 주장하는 논의도 나오고 있다.

사회운동의 영역에서는 최근 들어 시민의 생활과 밀접한 관련이 있는 주택문제, 공해환경문제, 소비생활문제 등의 특정 사안을 중심으로 대중의 실제적인 생활상의 이해를 결집하려는 이른바 '시민운동'이 활성화되고 있다. 주택토지문제를 주요 쟁점으로 삼으면서 '경제정의 실현'이라는 기치 아래 '경제정의실천시민연합'이 활동을 활발하게 전개하고 있으며, 올해 초(1991년 2월)에는 지자제 선거를 계기로 '공명선거실천 시민운동협의회'가 출범하기도 했다. 대중의 일상생활과 긴밀한 관련이 있는 주택문제와 공해환경문제가 일반 대중의 생활상의 관심사로 떠오르면서 우리나라에서는 '시민운동'이 새로운 사회운동의 한 형태로 급부상하고 있다.

이들은 기존 변혁운동노선에 근거한 변혁론을 비현실적이라고 비판하고 사회문제와 모순의 다양함과 중층성을 새롭게 강조한다. '공해환

회운동 영역에서는 아직까지 뚜렷한 모습을 나타내지는 않지만 이런 경향은 마르크스주의의 쇠퇴와 사회주의권의 위기, 선진 자본주의국가의 신보수주의화와 함께 물질적 근거와 토대를 마련해가고 있는 것 같다. 현실 정치의 영역에서는 특히 여성과 청년층 및 '중산층'에 뿌리내리면서 '녹색당(Die Grünen)', '여권운동', '환경보호운동', '반핵평화운동'의 형태로 세를 넓혀나가고 있다. 신사회운동의 정치적 성향은 극우파에서 좌파에 이르기까지 폭넓은 분포를 보이고 있지만 대체로 계급적 주체 설정을 하지 않거나 기피하는 프티부르주아적 성향이 지배적이다. '중민론'에 입각한 신사회운동의 모색은 한상진(1991) 참조. 기존 계급론과 변혁론을 다원론적 관점에서 반성하고 있는 시각은 박형준(1991) 참조. 여성운동과 신사회운동의 관련에 대해서는 좌담 「변화하는 세계와 여성해방의 이념」, ≪창작과 비평≫, 겨울호(1991) 참조.

경문제'나 '주택문제', '소비자문제', '여성문제' 등 일반적 생활과 관련이 있는 모든 문제가 새로운 사회운동의 대상영역이 된다. 그러나 독점자본에 경제력이 집중되는 현상을 강도 있게 비판하지만 자본주의 체제 자체에 대한 공격은 삼가하는 데서 볼 수 있듯이 시민운동의 기본 노선은 어디까지나 자본주의 틀에서 합리적인 운용과 '정의'의 실현을 도모한다. 중산층의 경제적 이해가 이러한 주장과 잘 맞아떨어질 뿐만 아니라 이런 주장은 일부 중소자본가의 이해까지도 포괄한다.

이들이 주장하는 사회문제와 '모순의 중층성'은 기존 운동논리를 반박할 만큼 새로운 힘이 없다. 그러나 이들이 주장하는 '모순의 중층성'과 '생활세계의 민주화'란 표어가 참신하고 현실적으로 보이는 이유는 상대적으로 그간 변혁 지향적 운동권이 일반 대중의 일상적 생활과 긴밀하게 연관된 영역을 자기의 활동영역으로 활용하지 못했기 때문이다. 일단 피지배계급이 권력을 획득하면 자동적으로 모든 사회문제가 해결되기 때문에 현 시점에서는 오로지 권력을 획득하기 위해 정치투쟁에 온 힘을 결집해야 하고 일반 대중의 생활상의 문제와 관련된 운동은 경제주의로 전락할 위험이 있다는 이유로 방기되거나 지탄되어왔다. 이런 경직된 운동노선은 급속하게 변하는 대중의 생활상태와 사회심리에 뒤처지고 변혁운동의 대안을 계급환원적이고 비현실적인 것으로 보이게 만들었다.

최근의 수서지구 택지분양 비리를 비롯해 지자제 선거, 대구 영남지역 페놀방류사건까지 사회운동의 동향을 살펴보면 시민운동의 발생배경과 흐름을 어느 정도 조망할 수 있다. 3~4년 전 전두환 정권 시기만 해도 사회운동은 재야운동과 학생운동이 주를 이루었고 시민운동은 명색을 유지하기도 힘들었던 것이 사실이다. 그러나 1988년 대선을 기점으로 운동권이 분열되고 민자당이 대두한 이후 국민의 정치적 무관심이 팽배하고 대중의 다양한 생활상의 이해를 하나로 결집할 수 있는 운동방식의 개발이 미흡했다. 이런 가운데 전문가 집단이나 중간층의 정치적 진출은 상대적으로 활발하게 이루어져 왔다.

시민운동단체의 활동은 아직까지 생소하게 느껴지고 사회적 영향력도 미미하다. 그러나 앞으로는 일반 대중에게 큰 영향을 미칠 것으로 보인다. 새로운 사회운동으로서 시민운동의 활성화, '포스트모더니즘'의 침투라는 사태를 보면서 몇 가지 의문이 든다. 이제 우리나라에도 시민운동이 자리 잡을 수 있는 조건과 토양이 갖추어진 것일까? 대중의 일상생활상의 관심영역을 중심으로 차츰 대중에게 접근해가는 시민운동의 계급적·정치적 성격과 이들이 지향하는 사회의 내용은 무엇일까? 이들은 우리 사회의 민주화와 진보적 개혁에 어떤 영향을 미칠까? 이 운동은 역사의 진보적 흐름에 부합하는 것인가?

이 글에서는 이러한 의문에 답하기 위해 2절에서 시민운동이 발생한 근거인 우리 사회의 변화동태를 살펴본다. 그리고 3절에서는 시민운동단체의 구체적 활동실태를 몇 가지 영역에서 살펴보려 한다. 또 4절에서는 시민운동의 계급적·정치적 성격과 향후 전망을 검토할 것이다.

2. 한국사회의 변화와 시민운동론의 사회경제적 배경

시민운동에 대한 이론적·실천적 평가는 ① 사회 성격에 대한 규정, ② 계급구성 및 변혁주체에 대한 규정, ③ 변혁 전망과 향후 사회의 성격 및 운동노선과 긴밀한 연관성이 있다. 시민운동이 우리 사회에서 명실공히 시민권을 확보하려면 먼저 시민운동의 모태가 되는 우리 사회의 성격이 어떤지 밝혀야 한다. 즉 한국사회의 성격과 사회구성원이 지향하는 사회적 행위 및 생활상태가 시민운동을 진행할 수 있는 객관적 조건을 갖추고 있는지 밝혀야 한다.

한국사회의 성격을 신식민지 국가독점자본주의로 파악하면 한국사회에서 시민사회의 성립 자체가 제한되고 왜곡되어 있다는 전제가 따르고 신식민지파시즘에 대해 전면적이고 직접적인 민중전선을 수립해야 하는 상황이 고려된다. 따라서 시민사회의 자율이 극도로 억압되어 있고 군부독재 및 자본의 폭압적 지배가 일반화된 상황에서는 시민운동이 발현하기 어렵고, 기껏해야 '중산층(중간제계층)' 위주의 권익보호운동으로 전락하는 상황이 우려된다.

한국의 자본주의 발전 정도에 대한 평가 또한 시민운동의 사회적 위상을 가늠하는 중요한 전거이다. 독점의 강화-종속 심화라는 테제에 입각하면 시민사회는 형성될 수 없다. 정치적 다원주의 및 의회민주주의의 가동이 애당초 제한된 신식민지파시즘의 구도에 시민운동은 접합될 수 없다. 반면 선진국 진입론을 주장하는 부르주아적 전망이나 '중진자본주의론'적 구도에서는 시민운동이 향후 우리 사회의 긍정적인 대안으로 제시될 것이다. 그런데 현재 진행되고 있는 시민운동에 이론적 자원을 제공하는 '중민론'이나 '한국판 신사회운동론', '한국판 포스트모더니즘'에는 이른바 '신사회운동'의 객관적 조건인 현실사회에 대한 구체적 분석이 결여되어 있다. 한국사회의 구조를 '종속적 발전을 특징으로 삼는 자본주의와 관료적 권위주의의 결합'으로 파악하고 '중산층'의 양적 증대와 '중산층 의식'의 진보성을 인정하는 정도로는 신사회운동의 합리적인 근거를 온전하게 해명할 수도 없을 뿐만 아니라 현실적 추동력도 확보할 수 없다.

신사회운동은 한국사회를 구체적으로 분석하고 변혁운동과 관련성을 모색해야 한다. 이는 대중생활의 구체적 조건이 어떻게 변하고 있고, 이것이 대중의식과 행동에 어떤 영향을 미치는지 면밀하게 관찰하고 정치적인 함의를 이끌어내야만 가능할 것이다.

1) 한국사회와 시민운동

기존 사회운동이 침체되고 시민운동이 활성화된 것은 객관적인 현실이 변했기 때문이다. 우리 사회는 국내외적으로 급격하게 변하고 있다. 직장, 지역, 가정의 영역과 정치, 문화를 포함한 모든 영역에서 사람들의 생활방식과 의식이 과거에 비해 눈에 띄게 달라지고 있다.

자본주의사회에서 대중의 현대적 존재양식을 규정하는 일차적인 요인은 생산영역의 지위와 생산수단에 대한 관계이다. 그러나 인간 생활에 필요한 대부분의 재화와 서비스가 급격하게 상품화되면 — 자본축적의 고도화, 독점의 강화 — 생산영역 못지않게 소비영역에서도 대중의 존재형태에 미치는 영향력의 범위와 비중이 급격하게 증대된다. 자본의 침투와 지배가 생활영역으로 파고들면 자본은 상품소비를 매개로 대중의 생활영역에 깊숙이 침투한다. 생산영역에서 대중의 지배가 더욱 안정화되기 때문에 체제를 재생산하는 데 중요한 요소로 작용한다.

생활영역으로 자본의 침투가 가속화되면 일반 대중의 의식과 행동은 계급적인 틀보다 자신이 속해 있는 사회적 범주의 이해관계와 조직틀에 많은 영향을 받는다. 생산영역과 소비영역이 고도로 분화되고 소비영역에서 각 계급계층에 대한 자본의 차별적인 포섭이 진행되면 사람들은 계급적 동질성보다 자신이 처해 있는 조직이나 생활조건에 더 직접적인 영향을 받는다.

독점자본은 상품이 급격하게 순환·유통되는 과정에서 대중의 소비욕구를 창출한다. 생산이 소비를 규정하는 자본제적 사회의 기본 메커니즘에서 벗어나지는 않지만 독점단계에 이르면 소비가 생산에 미치는 영향력이 더욱 확대된다. 내구소비재가 가계에 침투하면 상품을 생산하는 데 과학기술이 직접적으로 적용되어 시장이 확대될 뿐만 아니라 대중생활의 내용도 변한다. 이에 따라 노동력을 재생산하는 데 관련 있는 모든 부분이 급속하게 상품화되고 임노동자는 증대된 노동력 재생산 비용을 충당하기 위해 이전보다 더 자본의 이해에 종속된다. 자본은 노동력을 재생산하는 데 필요한 모든 영역에 침투해 노동자 가계에 대한 전면적인 지배권을 확보한다. 이는 생산현장에서 생산자(노동자)와 생활현장 소비영역에서 소비자(시민)라는 이중적 인간으로의 분해와 통합을 가져온다. 이때 분해와 통합이 이루어지는 형태와 속도가 변혁적 노동운동과 개량적 시민운동을 구분·통합하는 배경으로 작용한다.

생산영역에서 착취의 기본 법칙이 어김없이 관철되고 유통·소비영역에서 추가적·이차적 착취가 강화되는데도 생활영역에서 대중 포섭이 광범하게 병행되면, 더 나아가 개인적 삶에 대한 생활·소비영역의 영향력이 증대하면 생산영역의 조직적 결집력에 의거한 운동의 힘은 상당히 무력화될 소지가 있다. 생활·소비영역에서 자본이 노동을 전면적으로 포섭하는 현상은 물적 토대나 기반이 온전히 갖춰져야만 이루어지는 것은 아니다. 한국사회는 독점 강화 - 종속심화로 인해 개량의 물적 토대가 마련되어 있지 않아 실제로 개량이 불가능하고 개량 싸움이 변혁운동으로 연결된다는 주장에는 설득력이 없다. 왜냐하면 물적 개량의 토대는 계급계층의 대상에 따라서 상대적이고 유동적으로 편재되기 때문이다.[2)]

---

2) 신식민지 국가독점자본주의론에서 보는 개량문제에 대해서는 오건호(1991) 참조.

사회정치적 이데올로기를 비롯해 상품소비와 생활과 결합된 이데올로기는 모든 사회성원을 소비영역으로 몰아넣는다. 소비자의 심리를 정확하게 예측하고 더 나아가 이들의 소비심리를 조작하는 자본주의적 마케팅은 물질적 기반과는 무관하게 소비대중의 구분을 이용해 사회성원 전체를 분단화하여 포섭하는 능력이 있다. 노동자계급의 분단화는 생산영역에서뿐만 아니라 소비영역에서도 이루어진다.[3)]

상품소비 이데올로기에 입각한 자본주의적 개량화의 실질적 힘은 생활영역의 포섭에 기반한 생산영역의 파편화·분산화로 나타난다.

이러한 이유에서 기존의 생산조직과 영역에 입각한 계급운동은 상당한 시련에 봉착하게 된다. 자본 축적양식의 변화에 따라 산업구조와 계급구조가 변하면 생산영역의 중심이 급격하게 해체되고 생활·소비영역에서 다중심·다원화가 촉진된다. 이렇게 되면 대중적 관심이 생산관계의 근본적 변혁에 집중되지 않고 생활영역의 복지, 풍요로운 소비생활, 이에 따른 개별 가족단위의 욕구 충족으로 향하게 된다.

이런 이유에서 포스트모더니즘에 관한 논의와 '신사회운동'에 관한 쟁점의 핵심은 현대 자본주의사회에서 생활·소비영역의 영향력을 강화하고 도시 생활양식을 확대하는 차원에서 찾아야 한다.

2) 생활양식, 중산층론, 신사회운동

신사회운동의 발현은 현대사회의 구조변화와 밀접한 관련이 있다. 부르주아 시민혁명의 고전적 단계와 달리 현대 자본주의사회의 시민생활영역은 매우 다양한 모습으로 일상생활에서 폭을 넓혀나가고 있다.

---

3) 독점자본의 가계침투와 소비양식 변화에 대해서는 백욱인(1991a) 참조.

독점자본주의 아래에서는 자본축적이 더욱 고도화되어 '생산의 사회화'뿐만 아니라 '소비의 사회화'도 진전되기 때문에 생산영역의 모순이 소비영역의 모순과 긴밀하게 연관된다. 국가는 자본의 가치증식 위기를 회복하기 위해 자본의 재생산 과정에 직접 관여할 뿐만 아니라 노동력의 재생산 행정에도 적극적으로 개입해서 노동력 재생산이 이루어지는 생활·소비영역의 문제가 가구단위에 국한되지 않고 사회적인 문제로 발전된다.

국가독점자본주의 단계에서 이루어지는 '생산과 노동의 사회화', '생활과 소비의 사회화'의 적극적인 측면은 사회주의로 이행하는 데 필요한 물적 토대를 확립하는 것이지만, 이와 함께 조세와 인플레이션, 독점가격을 통한 소비영역의 추가적 착취와 생산영역의 착취가 강화되어 노동과 자본 간 모순은 더욱 격화된다. 국가독점자본주의사회에서 진행되는 소비와 생활의 사회화는 자본의 가치 증식 및 가치 실현과 긴밀한 관련이 있기 때문에 제한된 영역과 사회적 조건에서만 이루어진다. 따라서 자본주의사회에서는 소비와 생활이 완전하게 사회화될 수 없다. 서구 선진 자본주의국가에서 재정위기를 타개하기 위해 복지와 관련된 지출이 감소하고, 집합적(사회적) 소비수단이 재상품화(recommodification)되는 현상은 자본주의사회에서 생활의 사회화에 따른 한계를 잘 보여준다. 신보수주의가 등장하면서 시행된 노동에 대한 자본의 공세는 집합적인 소비수단의 문제를 중요한 계급투쟁의 영역으로 전화시키는 결과를 가져온다.

이와 함께 환경파괴와 공해의 피해에 대한 사회성원의 관심이 점증함에 따라 환경보호운동과 반공해운동이 서구 시민운동의 주요 영역으로 등장하게 되었다. 또 핵전쟁의 위기가 심화되면서 반핵평화운동과 반전운동이 진보적 사회운동의 일익을 담당하게 되었다. 이러한 시민운동의 영역은 인간 생활 및 인류 생존과 직결된 것이기 때문에 현대 자본주의사회에서 사회성원 다수의 적극적인 참여와 지지를 확보할 수 있었다.

과학기술혁명에 따른 서구 자본주의국가의 산업구조와 계급구조의 변화, 이를 반영하는 사회구성원의 생활상태와 사회심리 및 이데올로기의 변화가 정치영역에서 신보수주의와 새로운 대안적 사회운동의 모태로 작용하고 있음을 알 수 있다. 한편 앞에서 살펴본 사회구조의 변화와 이에 따른 시민운동 영역의 확산은 도시화와 밀접한 관련이 있다.

현대 자본주의의 본질적인 특성은 도시를 통해 외화된다. 여기서 도시화 개념은 단순히 농촌과 대비되는 의미의 도시화가 아니라 자본이 생산, 소비, 분배, 유통되는 전 영역에 걸쳐 생산과 생활이 도시화된 사회를 의미한다. 자본주의 아래 인간은 생산현장에서는 생산자 - 노동자로, 생활현장과 소비영역에서는 소비자 - 시민이라는 이중적 인간으로 분해와 통합을 이룬다. 바로 이 점 때문에 현대의 시민운동은 단순히 무계급 - 초계급 운동에 머물지 않고 계급적 성격과 주체를 가질 수밖에 없다. 현대의 노동자는 노동자이면서 시민이다. 생산현장에서 노동자적 지위와 별개로 존재하는 시민운동은 소비 위주의 개량적 한계에 봉착할 수밖에 없다. 노동운동과 시민운동, 변혁운동과 생활상 요구에 입각한 도시사회운동의 통합이 중요한 이유가 여기에 있다.

모든 사회운동은 사회적 계급관계를 중심으로 이루어지지만 개별적 사회운동의 구체적 형태는 계급적 모순이 특정한 수준에서 발현된 것이기 때문에 다양한 모습을 띤다. 도시사회운동은 자본주의사회의 계급적 기반 위에서 이루어진다. 도시사회운동은 도시문제를 둘러싼 여러 계급분파의 이해 갈등이 기본 동인이다. 주택, 공해, 교통, 의료, 교육 등의 사회문제는 자본주의사회에서 파생되는 모순으로서 자본과 노동의 모순이 생활영역에서 발현된 것이다.

따라서 생산관계상의 계급관계에 근거하면서도 도시공간을 중심으로 이루어지는 사회적·지역적 모순에 주목할 필요가 있다. 생산관계에 포함된 계급적 모순은 정치적·사회적·지역적 모순의 원인이기 때문에 가장 본질적인 모순임이 틀림없다. 그러나 생산관계상의 계급모순이 여타 부문에 미치는 규정성을 구체적으로 드러내지 못하면 계급투쟁의 총체성을 담보하지 못하기 때문에 상대적으로 계급투쟁의 공간이 위축된다. 생산관계상의 모순에만 주목해 생산현장에서 이루어지는 경제투쟁만을 강조하면 직접 생산자의 생활 전반 — 생산활동, 소비활동, 여가활동 — 을 통괄하지 못하기 때문에 계급투쟁 영역을 왜소화하고 일반 민주주의(정치적·경제적·사회적·문화적·지역적 민주주의 쟁취)를 둘러싼 제반 문제를 정치적 수준에서 쟁점화할 수 없게 된다.

생활영역에서 발생하는 모순은 도시의 계급관계에 근거하고 있지만 계급관계와는 다른 범주의 영역에서 사회적 관계로 발현된다. 생활영역에서 드러나는 사회관계상의 모순은 도시사회운동의 구체적인 원동력이다. 도시사회운동은 지역단위에서 지역주민을 주체로 이루어지는 생활영역의 운동이다. 그러나 이것은 시민운동을 포함한 도시사회운동의 기본 형태일 뿐 도시사회운동의 잠재적 가능태의 전부는 아니다. 도시사회운동은 특정한 정치적 이념의 통일성 아래 계급동맹적 운동형태로 발전할 수 있다. 도시사회운동의 적극적 의미는 부문운동을 지역차원에서 결합-통일할 수 있다는 것이다.[4)]

독점상품이 대중매체와 마케팅을 활용해 가계에 침투(새로운 욕망의 창출과 생활의 전면적 포섭)하는 것은 생산현장에서 직접 노동과정을 통

---

4) 도시사회운동에 대해서는 백욱인(1987) 참조.

제·포섭하는 것보다 훨씬 더 강력한 이데올로기적 통제기제로 작용한다. 가계를 유지하고 사회적으로 일반화된 소비수준에 자신의 수입을 맞추기 위해 초과노동과 온갖 수단을 동원한 자금확보에 매몰되면 사회성원의 도덕적 타락이 야기된다. 생활영역에서 상품유통을 통해 이루어지는 자본의 노동 포섭은 생활의식을 보수화하고 정치의식에 영향을 미친다. 그래서 본질적 영역에서 일어나는 권력과 자본의 착취보다 자신의 생활과 직접 관련된 영역에만 민감한 반응을 보이는 탈정치화된 생활의식과 무관심이 만연하게 되는 것이다.

이와 함께 문화산업은 대중의 여가를 조종하고 탈이데올로기화하면서 대중의식을 조작·통제하는 기능을 수행한다. 이런 관점에서 볼 때 문화영역에 종사하는 사람의 영향력이 이전 시대보다 훨씬 확장된 것을 알 수 있다. 대중문화 상품의 대중 통제력은 생산영역에서 이루어지는 어떤 이데올로기적 선전이나 선동보다도 강력하다. 만화, 비디오, 가요가 일반 대중의 생활, 열망, 가치, 정서에 미치는 영향력의 범위는 매우 광범하다.

서비스 영역의 확대는 대중의식의 또 다른 영역에서 통제기제로 작용한다. 각종 서비스의 발달은 물질적 재화의 효용가치를 높이는 산업생산 영역뿐만 아니라 일상생활과 이데올로기에도 영향을 미친다. 예를 들어 외식영역의 확대, 정보산업의 증대, 제조업 생산부문의 쇠퇴는 단지 생산적 노동자(핵심 노동자)층이 수적으로 감소한다는 문제에 국한된 현상이 아니다. 대중의 물질적 재생산과 관련 있는 영역이 점차 상품화될 뿐만 아니라 정신적 재생산 영역 전반의 서비스도 급격하게 상품화된다.

생활을 위한 수입원으로서 임금뿐 아니라 각종 부가가치를 창출하는 영역이 확대되면서 대중생활과 관련이 있는 각종 영역이 수입을 낳는 수입원으로 등장하고, 생활수단을 활용해 수입을 낳는 신종 영역이 광범하게 확장된다. 이에 따라 사회 전체의 계급계층 사이에는 전통적인 계급의식의 단일 규정적 요인이 감소하고 소비영역의 동질성과 이질성에 따른 계층의식이 사회행동으로 현실화될 가능성이 커진다. 노동자계급과 자본가계급의 전통적인 계급전선이 가시화되는 것보다 생활영역에서 각종 이해를 중심으로 한 새로운 영역의 전선이 가시화되는 것이다.

계급환원론적·생산영역 환원론적 사회운동은 이러한 사회구조의 변화에 능동적으로 대처하는 데 많은 어려움을 안게 된다. 자본이 생산영역과 더불어 생활영역의 포섭을 강화하는 데 대해 사회운동의 새로운 대응이 필요한 이유를 여기서 찾을 수 있다. 사회성원의 계급적 의식이 무뎌지고 노동자계급 내부의 계급적 통일성이 약화되는 현상은 이런 생활구조의 변화 때문에 발생한다.

생활수단이 전면적으로 상품화되고 대량생산에 따라 내구소비재가 대량보급되면서 생산영역에서 자본의 포섭이 완결되고 생활·소비영역에서 물질적·이데올로기적 포섭이 강화된다. 생산·소비수단에서 소외되고 접근이 단절된 노동자와 접근이 비교적 쉬운 노동자 사이의 생활의식과 자본에 대한 인식은 대단히 상이하다. 생산현장과 생활현장의 소외는 노동자에게 커다란 영향을 미친다. 소득이 높고 생활수단에 접근하기 쉬운 직종에 종사하는 임노동자와 생산현장에서 소외되었을 뿐만 아니라 생활현장에서 생활수단에 대한 접근이 막혀 있는 노동자 사이의 의식상의 격차는 클 수밖에 없다. 이런 문제는 단순히 '중간층론'이나 '노동귀족론'으로 설명될 수 없다. 이는 새로운 패러다임에서 해명해야 할 문제이다. 이 문제를 계층론적 중산층론이나 경직된 노동귀족론으로 해명하려는 시도는 현상에 안주하거나 공허한 개념 도식으로 현실을 재단하는 게으름에 지나지 않는다.

현대사회에서 '부르주아지의 프롤레타리아에 대한 매수'가 실제로 어떻게 이루어지며, 효과와 한계는 무엇인지 구체적으로 분석하지 않고 형식적인 논리와 고증학적 수준에서 '노동귀족론'을 재구성하는 작업은 무의미하다. 매수방식으로서 축적체제 및 생활양식의 변화를 구명하는 것은 그 나름대로 충분한 의미가 있다. 이는 단지 축적의 여러 요소를 분해해 몇 가지 양적 지표로 현실을 보여주거나 특정 축적체제가 확립·진행되는 과정을 검증하는 실증주의의 좁은 한계에 머무르자는 주장이 아니다. 실제로 이런 축적양식이 자본과 노동 간 계급적 관계와 지형을 어떻게 변화시키고 있으며, 노동자의 생활과 노동력 재생산의 조건 및 생활에 어떤 영향을 미치는지, 또 이런 영향력이 정치의식과 이데올로기의 흐름과 발전에 어떤 해악을 미치고, 대응책은 어떻게 모색해야 할지에 대한 실천적이고도 정치적인 문제와 긴밀하게 맞닿아 있는 것이다.

소비양식과 축적체제, 생활양식에 대한 연구는 사회성층론을 복원하거나 개량주의적 운동경향을 부추기거나 혹은 방법론적으로 개량경제학과 부르주아 사회학을 활성화하려는 것이 아니다. 대중생활의 구체적 조건과 이것을 규정하는 자본운동의 구체적인 결과를 해명하고 노동운동을 포함한 변혁운동의 전략과 전술을 구축하자는 전제가 깔려 있는 것이다. 노동자계급 상태에 대한 연구영역을 개량주의와 직결하여 비판하거나 노동력 재생산에 대한 분석범위를 노동운동과 계급투쟁이라는 단일 지평에서 재단해서는 안 될 것이다.5)

부르주아지와 프롤레타리아트가 축적조건과 축적양식 및 계급의 입

5) 서관모(1991: 308~311) 참조.

장에서 맞부딪치는 일상적인 여러 영역에 대한 분석을 방기한 채 계급투쟁의 도식만 되뇌고 신식민지국가자본주의론 정립과 이 운동에 대한 함의만 주장하면서 어떻게 경제와 정치의 결합이나 총제적인 사회정세 속의 전략전술을 수립할 수 있는지 의문이다.

매수가 이루어지는 구체적 기제, 매수의 물적 토대가 형성되는 과정과 매수의 물적 기반(축적조건과 착취의 여러 조건)을 둘러싼 계급투쟁의 지형을 구체적으로 밝히는 유물론적·정치경제학적 분석에는 변혁론이나 사회성격론의 공허한 이론 도식보다는 구체적인 분석력과 계급 역관계를 읽는 섬세한 인식능력이 필요하다.

3. 시민운동의 영역과 활동실태

시민운동은 지역, 쟁점, 주체에 따라 다음의 특성을 띤다. 첫째, 전국적 규모의 운동보다는 지역적, 국부 단위의 운동이 잘 어울린다. 지역운동이나 주민운동은 시민운동적 틀에 친화력을 보인다. 둘째, 시민운동의 쟁점은 생산영역보다는 소비영역에 친화력이 있다. 작은 삶에 대한 관심, 국부적 영역에서 권력 분권화를 지향하는 태도에는 소비영역의 다양함이 반영되어 있다. 셋째, 시민운동의 주체는 지역, 쟁점에 따라 다양한 계급계층으로 구성된다. 아래에서는 시민운동의 이러한 특성을 몇 가지 운동실태를 중심으로 살펴보려 한다.

1) 지역운동과 시민운동

시민운동은 전국적 성격보다는 지역적 성격, 구조적(총체적 모순) 모순보다는 국지적(지엽적) 모순에 더 적합한 운동 틀이다. 시민운동은 일반적으로 특정한 단위의 지역을 매개로 이루어진다.

독점자본의 지역 침투는 지역주민의 생산영역 활동과 소비영역 생활을 규정하는 일차적 요인이다. 지역구조는 자본의 지역공간 편성 논리에 의해 일방적으로 형성된다. 지역주민을 정치적으로 결집하는 사회경제적 계기는 자본의 지역구조화이다. 대체로 지역구조는 자본에 의한 생산영역의 재편성에 의해 규정된다. '지역 불균등 발전'에 의한 '지역격차'와 지역유형의 고착화는 국가와 자본의 이러한 지역구조 편성에 따른 것이다. 국가와 자본은 자본축적을 가속화하기 위해 특정한 지역유형을 창출한다. 이는 특정 도시와 농촌의 지역적 분화와 통합을 촉진하고 자본의 생산과 유통에 관련된 특정 지역권을 형성한다. 또 지역 간 경제 격차를 심화시켜 지역의 분할을 촉진한다.

지역공간의 발전전략을 둘러싸고 일어나는 자본과 노동(지역주민)의 대립과 마찰은 상시적인 것이다. 특정 지역의 개발이 지역주민에게 이익인지 손해인지를 둘러싸고 국가와 자본, 자본과 지역주민, 지역주민 내부의 이해 대립과 갈등이 발생한다. 지역주민의 생활상 이해가 일치하면 지역주민운동이 폭발적으로 전개되지만 쟁점의 단발성과 국가행정력에 의해 조직적·장기적·운동적 성격을 띠기가 몹시 힘들다.

경제적 차원에서 자원의 지역배분과 지역개발을 둘러싼 이해는 곧바로 정치적 영역의 갈등과 대립으로 전개된다. 이처럼 상이한 이해를 관철하기 위한 과정이 곧바로 지역정치 과정의 구성요소가 된다. 자본과 국가는 이윤과 통치의 측면에서 지역체제를 정비하고 지역 지배정책을 수행한다. 지역자치제의 문제는 국가와 자본의 지역 통제구조와 지역 지배정책을 지역주민의 민주적 참여를 통해 어떻게 극복하는가에 따라 의미가 달라질 것이다. 지역공간의 민주적 재편성과 지역 불균등

발전의 해소, 주민의 생활상 이해를 반영하는 지역정치의 획득 등이 지역자치제의 주요 목표가 될 수 있을 것이다.

자본과 국가에 의한 지역구조의 재편성은 지역주민이 자치적·주체적으로 문화를 형성하는 통로를 봉쇄한다. 각종 문화공간과 생활터전이 이윤을 획득하기 위한 수단으로 재편성되는 상황에서는 지역주민의 공동체적 문화가 발전할 수 없다. 또한 과밀한 도시인구는 생활상의 공통성을 파괴하고 사람들의 연대와 단결을 저해한다. 자본에 의해 지역공동체가 해소되고 새로운 정주체계 및 산업체계가 형성되면 지역문화와 지역의식에 변화가 생긴다. 지역감정의 문제는 사회경제적 차원의 지역문제가 정치적 틀을 통해 증폭된 것이다. 따라서 지역의식과 지역감정의 경제적 기반과 계급적 요인을 잘 분별해야 할 것이다. 지역의식을 창출하는 사회경제적·정치적 동인을 밝히 것은 지역운동을 활성화하기 위해 매우 중요하다.

지자제선거는 정치영역에서 시민운동의 활동방식과 개입을 잘 보여주는 사례이다. 지역 차원의 시민운동에 주민이 참여하지 않는다면 시민운동단체는 몇몇 명망가나 활동가의 단체로 전락할 수밖에 없다. 시민운동단체는 계급계층 조직에 입각한 것이 아니기 때문에 특정 쟁점에 따라 이해를 같이하는 부문별 계층 조직의 이해를 하나로 묶을 수 있어야 한다.

지역운동의 조직적인 기반을 마련하기 위해서는 사안별 조직, 부문별 계층 조직, 지역적 특수성에 입각한 다양한 조직 형성방안을 연구하고, 상이한 조직 간 연대와 통일을 확보할 수 있는 구체적인 계기와 방법을 모색해야 한다. 이를 위해서는 지역대중의 생활조건과 생활상의 이해를 반영하는 각종 사업을 일상적으로 전개하고 여기에 필요한 조직적 틀을 정비해야 한다.

2) 소비자운동과 시민운동

자본주의사회에서 소비영역의 측면은 두 가지이다. 자본주의사회의 소비영역은 노동력 재생산 과정인 동시에 자본 재생산의 한 단계이다. 소비영역에 관한 문제의식과 운동은 개인 소득수준이 낮은 단계에서는 직접적인 착취를 둘러싼 '노동력 재생산'적 관점에서 노동문제와 노동운동으로 전개된다. 그리고 소득수준이 향상되면 자본 재생산의 측면, 즉 소비영역에서 진행되는 자본의 추가적 수탈에 대항하는 반독점소비자운동으로 진행된다[小谷正守(編), 1984: 7~35].

서구 자본주의국가에서는 자본주의의 독점 강화에 대항하는 소비자불매운동의 사회적 영향력이 매우 크다. 우리나라에서도 두산그룹 산하의 전자업체가 페놀을 방류한 사태에 대해 경실련을 포함한 시민운동단체들이 각종 집회를 열어 독점재벌의 파렴치한 행각을 비난했다. 또한 슈퍼마켓 업주들은 두산 계열사 제품을 판매하지 않기로 결의해 독점재벌 상품의 불매운동에 나섰다. 소비자들도 이런 불매운동에 호응해 악덕재벌에 대한 시민 차원의 대응을 강화했다. 그러나 사건이 일어나고 시일이 지나면 운동은 지속되지 못하고 특별한 소득 없이 약화된다. 회의적인 판단을 내리지 않을 수 없다. 생산영역과 관련되지 못한 소비영역의 대응은 항상 불완전하고 일시적이며 제한적일 수밖에 없다.

소비자불매운동은 독점재벌의 가치 실현 경로를 막음으로써 독점재벌의 시장에 막대한 영향을 미치기 때문에 재벌을 효율적으로 통제할 수 있는 요소이다. 관제 소비자단체는 일반 대중의 이런 요구를 적당히 걸러내어 소비자불매운동이 특정 수위를 넘어서는 사태를 미연에 방지한다.[6] 독점자본이 만드는 상품을 안 사고, 정부에 납부해야 하는 각종

공과금의 불입을 거부하고, 정권의 부당한 강제력과 악법을 거부하는 시민불복종운동은 특정 상황에서 커다란 위력을 발휘할 수 있다. 그런데 이런 불복종의 영역은 생산과 관련된 것이 아니고 소비와 관련된 것이다. 5공화국 시절에 시민들의 적극적인 참여로 큰 효과를 얻었던 'KBS안보기운동', '시청료납부거부운동'도 따지고 보면 문화, 이데올로기의 소비영역에서 이루어진 시민불복종운동이다. 그러나 이런 시민불복종운동이 방송의 내용과 성격을 민주적으로 변화시키기까지는 좀 더 연속적이고 핵심적인 영역에서 변혁을 도모하는 운동과 긴밀하게 연관되어야 한다는 사실을 알려준 것은 6공화국 때 일어난 KBS 사태이다. 방송민주화를 위한 KBS 노동조합원들의 요구는 권력의 폭압적 탄압에 의해 무산되었다. 문화 이데올로기를 생산하는 방송현장의 민주화 주체는 당연히 방송언론인 대중이어야 한다. 시민운동은 이러한 움직임에 여론적 지원과 지지를 결집해주고 사회적 생활세계의 민주화를 전진시키는 역할을 모색해야 할 것이다.

3) 공해환경문제와 시민운동

공해환경문제는 시민운동단체가 가장 쉽게 접근할 수 있는 운동영역이다. 경실련을 포함한 시민운동단체는 두산전자의 낙동강 페놀방류사건에 가장 발빠르게 대응했다. 시민운동단체는 수도세납부 거부운동을 비롯해 페놀방류기업 제품불매운동까지 다양한 운동형태를 선보였다. 시위형태도 맥주 쏟아붓기 등 놀이적 성격이 강한 해프닝을 벌이면

---

6) 현재 한국소비자보호단체협의회에는 소비자문제를 연구하는 시민의 모임, 소비자연, YMCA, YWCA 등의 시민단체가 가입되어 있다.

서 대중의 관심을 유발했다. 다른 한편 우리는 원진 레이온 사태를 보면서 산업재해 문제가 얼마나 끔찍한 것인지 확인했다. 수족이 마비되고 직업병에 걸린 노동자를 강제로 퇴사시키는 기업의 악독한 행태에 대해 시민운동단체가 보인 대응과 관심은 낙동강 페놀방류사건에 견주어 볼 때 별로 대수롭지 않은 수준이었다. 이런 사태에서 우리는 시민운동의 성격과 현 주소를 읽을 수 있다.

소비영역에서 불특정 시민대중을 대상으로 하는 이러한 운동방식은 불특정 대중의 광범한 관심을 묶는 유효한 틀로 작용할 수도 있지만 위의 사례에서 보는 것처럼 가장 큰 고통과 심한 압박을 받는 피해 당사자와는 일정한 거리를 유지하고 있음을 알 수 있다.

공해는 단기적으로는 각 계급계층과 소득수준에 따라 차별적으로 영향을 미치지만 장기적으로 오염 정도가 심해지면 모든 인간에게 해악을 미친다. 공해문제를 해결하기 위한 주체는 공해로 인해 직접 피해를 받고 있는 모든 계층의 사람들이다. 이른바 전 인류적 가치를 보전하기 위해 노력하는 사람이라면 누구든지 반(反)공해운동의 잠재적 주체인 것이다. 그러나 현실의 사태는 그리 간단하지 않다. 공해의 피해는 계급에 따라 차별적으로 관철되는 것이 현재의 상태이다. 공해의 피해는 지역과 계급에 따라 차별적으로 이루어진다. 따라서 공해반대운동의 중심 주체는 현실에서 가장 직접적으로 피해를 받는 해당 지역의 주민이나 해당 계급이 될 수밖에 없다. 공해반대운동의 진로는 이들을 중심으로 주변의 잠재적인 피해자를 동일한 대열에 결집하는 방향으로 진행되어야 한다. 그러나 공해피해의 직접적인 당사자가 운동의 주체가 되지 않고 여유 있는 잠재적 피해자가 공해문제에 더욱 민감하게 반응하는 것이 현실이다. 그렇다고 잠재적 운동주체의 진출을 무시해서는 안 된다. 이들을 적극적으로 공해반대운동에 끌어낼 필요가 있다. 이들의 구체적인 생활상의 이해를 대변하는 것이 우리 사회의 민주화운동과 동렬에 서는 것이다.

생활의 구체적인 이해에 입각해 작으나마 구체적으로 조직을 꾸려나가는 것은 개량주의에 봉착하는 한계가 따를지라도 매우 소중한 움직임이다. 그러나 이러한 생활상의 공해반대운동은 생활·소비영역에서 이루어진다는 사실을 염두에 둘 필요가 있다. 왜냐하면 생산과 분리된 생활·소비영역의 운동은 비록 이 운동이 생활상의 이해와 구체성을 반영해도 개량주의의 한계에 봉착할 위험이 있기 때문이다. 생산영역에서 이루어지는 공해 산출의 기본 원인을 규제하고 생산구조 자체의 변혁을 지향해야만 사회의 진보적 발전과 민주화에 기여할 수 있다.

4) 주택문제와 시민운동

'경제정의실천시민연합'으로 대표되는 시민운동단체는 계급계층적 자기 대중이나 지역적 기반을 중심으로 구성되지 않는다. 시민운동은 해당 시기의 생활상의 쟁점이나 사건을 중심으로 특정 사안을 대중적으로 선전하면서 여론의 향배에 영향을 미치고, 정치적 영향력을 강화하거나 소속 회원의 대중적 행위를 업고 시위와 가두캠페인을 벌이는 방법을 주로 사용한다. 이 단체는 해당 사안을 전공한 지식인 그룹이 중심에 서고 일반시민을 회원으로 확보한다. 지식인은 사회적 명망과 전문성을 기반으로 특정 쟁점에 대한 비판과 대책을 언론기관에 체계적으로 전달하고 해당 사안을 홍보·선전한다. 시민운동단체의 공통적인 특징은 유연하고 세련된 방법으로 사회여론을 형성하는 것이다.

주택투쟁이나 공해반대운동은 소비영역의 쟁점을 중심으로 한 투쟁이다. 따라서 단일 계급운동이라기보다는 여러 계급계층의 공통된 요구가 표출되고 운동대상도 구체적인 생활공간상의 현상적 대립물과 대치되는 경우가 일반적이다.

1989년 이후 주택문제에 대해 가장 기민한 움직임을 보인 단체는 경제정의실천시민연합(이하 경실련)으로 대표되는 이른바 '시민운동'단체였다. 경실련은 자신만의 구체적인 조직이 없었는데도 홍보정책을 활용해 언론의 각광을 받으면서 일반 대중에게 주택문제에 대한 정책대안을 제시하는 유일한 단체로 비추어졌다. 운동노선의 시비를 따지기 이전에 주어진 정세에서 대중의 여론을 조직적으로 활용한 경실련의 활동방식은 기존 운동단체의 구태의연한 대처와 좋은 대비가 된다. 초기에는 홍보정책을 활용하는 선전에 힘입어 활성화되었다가 1990년 이후에는 애매한 대중적 근거 때문에 침체에 빠졌지만, 제도개선투쟁에서 경실련이 보여준 활동방식은 시사하는 바가 많다.

경실련은 세입자연합 같은 무주택조직을 결성해 이 조직의 힘을 근거로 임대료 인상 폭을 규제하는 방안을 고려 중이다. 이러한 발상은 주택문제의 사회경제적 원인을 본질적 측면에서 추급하지 않고 현상적으로 나타나는 여러 형태만을 주목한 결과이다. 이는 경실련의 개량주의적 성격을 잘 보여준다. 소비영역에서 발생하는 모순의 원인을 소비영역에서 찾는 경실련의 접근방법은 개량주의자들의 인식의 한계성을 보여준다. 경실련의 접근방법은 소비 차원에서 발현하는 각종 모순의 현상형태에 주목해 주택계급을 설정하는 논리를 따른다. 소비와 분배영역의 정의를 추구하는 이러한 운동노선은 결국 집주인의 도덕적 양심에 호소하는 정신재무장운동의 차원으로 전락하거나 아니면 주택문제의 사회적 위상을 개인적 차원의 윤리나 도덕으로 호도하는 심리주의의 오류에 빠져든다.

'유통영역의 투기 근절', '조세정책을 통한 투기 억제' 등의 요구로 정식화되는 재분배론적 입장은 생산영역과 단절된 분배영역의 공평과 정의를 실현하려는 요구만으로는 독점자본의 운용기제를 조금도 변화시킬 수 없다는 사실을 염두에 두어야 할 것이다. 왜냐하면 생산의 사회적 재생산조건을 확보하기 위한 총자본으로서 국가의 기능이 자본축적양식을 유연하게 변화시킬 수 있기 때문이다.

자본축적 및 계급관계 조정의 맥락으로 볼 때 국가가 시행할 수 있는 정책의 폭은 대단히 넓다. 그러나 생산영역의 착취관계는 조금도 변하지 않는다. 이 지점에서 재분배적 관점에 따른 개량주의의 문제점이 드러난다. 따라서 재분배적 관점에 입각한 요구의 정식화는 항상 생산영역의 변화를 지향할 필요가 있다. 이러한 요구의 제기는 해당 국면의 구체적인 정세와 관련해 그것이 미칠 사회경제적 효과를 분명하게 예측해야 한다.

소비 차원에서 발생하는 제반 모순은 생산 차원의 자본 - 임노동 관계에 뿌리를 두고 있다. 독점자본이 국민의 생활을 전면적으로 지배하고 국가의 계급 편향적인 정책 결과가 주택문제의 사회경제적 성격을 규정하는 것이지 개인 주택소유자의 악의가 고임대료를 불러일으키는 것은 아니다. 독점자본이 토지를 소유하는 것을 규제하지 않고 세금을 강화해서 투기를 근절하려는 것은 위와 동일한 맥락에서 유통주의와 개량주의의 근본적 한계를 표출하는 것과 마찬가지다.

대안적인 토지주택정책의 작성과 시행은 대중의 광범한 재분배 요구를 정치적으로 수렴해나가는 가운데 생산영역에서 근본적인 변혁을 지향해야 한다. 또한 각 계급계층 및 사회집단이 처한 구체적인 생활상태에 근거해 상이한 요구를 전체의 요구로 결집하는 전술적 유연성을 발휘하면서도 일관된 방향감각을 유지해야 할 것이다.

5) 전문직 사회운동과 지식인 운동

우리 사회에서 다른 어떤 계급계층보다 국가권력에서 자유로운 활동공간을 확보할 수 있었던 층은 전문직 종사자를 중심으로 한 지식인층이었다. 교수, 언론인, 문인, 종교인, 변호사, 의료인 등은 그 나름대로 시민사회에서 자신의 참호를 형성할 수 있었고 대중적 지지를 확보할 수 있었다. 지식인 운동이 사회운동의 대표적 영역이었던 1970년대에서 이런 역사적 흐름이 이어져 온 것 같다. 1987년 6·29 이후 전문직 종사자의 사회적 발언과 영향력은 노동대중과 사무직 노동운동의 진출로 상대적인 감소 추세를 보이다가 1989년 이후 보수화가 강화되면서 다시 신사회운동의 주도체로 떠올랐다. 한국사회에서 노동조합은 아직까지 자율적인 시민권을 확보하지 못하고 있다. 이에 반해 각종 전문직 종사자와 지식인 조직은 비교적 빨리 시민권을 확보했다.

특정 쟁점과 사안을 중심으로 전개되는 운동 이외에도 각종 전문가 및 사무 전문직 종사자들이 협회나 협의회를 구성해 사회운동을 벌여나가는 운동형태도 활성화되고 있다. 연구 전문직 노동조합운동이 활성화되는가 하면 과학기술자협의회, 인도주의 의사협의회, 건강사회실천을 위한 치과의사협의회, 건강사회를 위한 약사회 등 각종 전문가단체의 활동이 활성화되었다. 이들 운동은 전문직 종사자로서 위상과 지식인 운동이라는 이중적 성격을 띤다.

이러한 전문직 사회운동의 활성화는 시민사회영역을 확장하고 부분적 영역에서 진행되는 자율적 공간구조의 확보라는 적극적인 의미가 있다. 그람시의 진지전이나 헤게모니론을 우리 사회에서 신사회운동의 논리로 차용한다면 전문직 운동은 현실성이나 설명력에서 가장 타당한 근거를 확보한다. 지배계급을 중심으로 하는 각종 사회단체와는 달리 전문가 단체는 그들만의 이념과 방향에서 신사회운동의 논리와 자율성 확보 및 사회 민주화를 전개할 수 있다는 유용한 지위를 점거하고 있다. 즉 이 집단은 사회 내에서 비교적 빨리 시민권을 확보할 수 있는 집단인 것이다. 이들이 차지하는 '중산층'적 존재조건은 '자유주의'적 사회참여의 근간으로 작용한다. 그러나 신중산층의 상당수를 차지하는 지식인의 의식은 개인적인 보수주의와 사회적인 진보주의의 양면성을 띤다. 집단화할 경우에는 정의라는 대의명분을 따르지만 개인적인 이해 앞에서는 자기 이익에 고착하는 기득권적 계층의 모습을 보인다. 전문인들은 유사업종이나 전문직종에 의거해 사회운동을 전개하든 특정 쟁점을 중심으로 연대해서 사회운동을 전개하든 조직적·이데올로기적 약점은 있다.

4. 시민운동의 계급적·정치적 성격

시민운동론의 조류는 운동주체를 설정할 때 기존 변혁노선의 계급중심적 사고를 경직된 도식주의의 산물로 비판하고 '중산층'을 중심으로 민주적 시민사회의 정립을 주창한다. 시민운동은 국가와 분리된 영역, 즉 시민사회의 기반에서 우러나오는 사회구성원의 자발적 결사와 생활상의 요구에 입각한 운동이다. 시민운동은 운동에 참여하는 행위주체의 다계급적인 성격 때문에 계급운동과는 무관하며 별개의 영역에 속하는, 계급운동을 초월한 운동으로 설정된다. 그래서 우리 사회에서는 기층계급운동과 구분되는 이른바 '중산층 운동'을 시민운동의 고유한 틀로 보는 시각이 지배적이다. 그러나 이러한 시민운동관은 특정 계급의 이해를 반영하는 협소한 사고의 소치이다. 따라서 시민운동을 설정할 때 시민생활과 관련된 제반 영역의 문제를 중심으로 특정한 사안의 해결을 요구하는 자발적 주체가 결집한 운동이라는 폭넓은 외연을 고려해야 한다.

시민운동은 형식적인 민주주의 틀을 확보하고 이용하는 것이다. 민주주의 문제를 새로운 차원에서 재검토해야 하는 이유가 여기에 있다. 이들은 민주주의 문제를 형식적인 틀에 국한한다. 민주주의와 사회주의, 혁명을 대립되는 것으로 설정하고 민주주의는 평화, 동의, 협약, 공존의 동의어로, 사회주의와 혁명은 반대, 투쟁, 폭력의 등가물로 평가한다. 민주주의의 형식과 내용을 비판하지 않고 통일된 것으로 보는 시각은 민주주의의 계급적 내용을 상실하는 결과를 가져온다. 계급화해주의 경향은 무력과 갈등, 대립의 현실을 은폐할 뿐만 아니라 계급의 지배를 합리화하는 결과로 이어질 수 있다.

정치영역의 민주화(시민 참여)와 경제영역의 분배정의 실현을 주장하는 시민운동론의 논리는 현실의 모순을 계급관계로 환원할 수 없는 다양하고 중층적인 모순의 축적태로 치환한다. 이러한 인식론은 변혁운동의 모순된 인식을 계급환원론, 본질환원론으로 비판하면서 현실의 복합적 구조에 조응하는 운동영역을 개발하고 여러 계층이 참여하는 시민사회의 활성화를 주장하는 것으로 연결된다.

신사회운동은 기존의 자본 - 노동 간 직접적인 대립과 모순구조에서 출발하는 것이 아니라 자율적인 사회집단의 정치적 결집에 따라 생활세계의 민주화 및 정치적 권위주의에서 민주주의 영역을 확장해나가는 전략을 제시한다. 계급대립의 감소와 비계급적 사회문제의 확대, 이것의 효율적인 운동구조로서의 전환을 중요하게 생각한다면 노동자계급의 헤게모니 같은 고전적 변혁운동의 기본 노선은 기각될 수밖에 없다. 대신 '중산층'의 건전한 상식과 정치적 개입에 의한 참여민주주의의 개화가 강조된다.

시민운동의 위상과 성격을 분명히 정립하기 위해서는 ① 운동의 주체, ② 운동의 내용과 성격, ③ 운동의 최종 목표와 이에 이르는 속도 문제가 해명되어야 한다. 부르주아 시민운동 혹은 자유민주주의의 틀에서 진행되는 시민운동은 첫째, 운동주체를 설정할 때 주체의 비계급화 혹은 중산층운동론이라는 틀을 상정한다. 따라서 일반 민주주의의 계급적 내용과 성격이 희석화되고 보편적 가치의 명목 아래 제반 민주적 권리의 실제 내용을 구성하는 계급계층적 요구가 무마되는 한편 민주주의의 내용과 형식 간 통일성이 상실된다. 둘째, 운동내용에서 시민사회의 모순(자본주의사회의 모순)이 표출되는 양태와 현상에 따라 구체적 생활상의 요구나 제반 권리의 확보를 중심으로 다양한 요구 청원이나 주장을 결집하고 이를 시민불복종운동으로 발전시키지만 문제를 근본적으로 해결하기 위한 총체적 입장으로는 소급하지 않고 현상을 개선하는 데서 마무리하는 개량적 성격을 띤다. 셋째, 변혁의 전망과 변혁속도에서 점진적 개량과 현 체제의 용인이라는 특성을 띤다. 이는 변혁내용을 자유민주주의의 테두리 내에 국한하여 자본주의사회의 근본적 모순을 인정하는 운동관으로 이어진다.

부르주아 시민운동은 전 시민의 참여라는 가치 아래 운동의 계급적 성격을 부인하고 '갈등의 제도화', '집단 이해의 법적 관철', '압력의 조직화', '의회기능의 최대 활용'이라는 형태를 띠면서 '시민불복종운동'이나 비합법 운동형태를 도입하기는 하지만 이를 최대한 억제하는 방식을 선호한다. 생산영역의 노동운동을 배제한 채 중간층을 조직의 근거로 삼는 자유주의적 시민운동은 항상 개량주의로 전락할 위험에 처해 있다.

이러한 인식론은 사회문제를 바라보는 현상주의적(유통주의적) 경향으로 연결된다. 이런 경향은 경제정의 실현이라는 구호로 대표되는 경제개혁 요구도 생산과 관련된 노동현장의 문제는 미루어두고 유통영역의 문제만 다루는 데서도 나타난다.

경제적 부정의의 기본 원인을 철저하게 검토하지 않는 현상적 접근으로는 문제의 원인을 올바로 진단하지 못할 뿐만 아니라 현상의 본질을 은폐하고 대중을 기만하는 사태를 낳을 수 있다. 예를 들어 토지주택문제를 제기하고 환경과 공해문제를 시민운동의 주요한 활동영역으로 내세우는 것은 대중의 생활상태와 관련된 영역을 확장하고 대중의 운동 참여를 증대시킨다는 긍정적 측면이 있다. 그러나 여기에 사회변혁의 근본적 전망이 따르지 않고 전술적인 수준에서 기동성과 참신함만 발휘한다면 개량주의의 폐해만을 양산할 것이다.

모든 개량주의의 일차적인 요구는 생활에서 좀 더 많은 몫을 확보하는 것이다. 그러나 이런 요구가 사회문제의 양질 변화를 가져오는 것은 아니다. 좀 더 많은 개량의 확보는 체제의 근본적 변혁과 안정적인 생활상의 요구를 체제 자체의 운용기제로 확보할 수 있는 방향으로 전화되어야 한다. 그렇지 않으면 요구의 단속성 때문에 운동의 지속성을 확보하지 못하고, 참여 계급계층의 부단한 순환 속에서 체제내화의 길을 걸을 수밖에 없다.

생산수단이 소수에 집중되는 것을 합리적이고 정상적인 현상으로 받아들이면서 분배의 불평등을 시정하고 경제의 보정적 정의를 실현하겠다는 것은 산에 가서 물고기를 찾는 것과 같다. 분배의 형평성을 방해하고 분배의 불평등을 극대화하는 것은 생산영역의 소유문제 즉 생산수단의 사적 소유와 이에 따른 잉여의 사적 수취 때문에 발생하는 것이다.

사회정의 문제는 영원한 정의를 실현하거나 자본주의 아래에서 경제적 배분 정의를 수립하는 데 대한 문제가 아니다. 그것은 사회 부정의의 구체적 형태를 둘러싸고 이해가 상반된 계급 간 투쟁이 이루어지는 현실 정치의 문제인 것이다. 따라서 사회정의를 실현하는 주체는 일반시민이 아니라 부정의한 사회현실의 피해자이며 이를 극복할 수 있는 주체인 민중일 수밖에 없다.

제 6 장

시민적 개혁운동에 대한 비판적 평가*

진보적 시민운동의 활성화를 위하여

1. 변화하는 현실과 민중운동의 위기

'위기'와 '새로움'이란 상징적 규정이 오늘날 우리의 사고를 짓누르고 있다. 이대로는 안 된다고 사고의 일대 혁신을 부르짖는 자본가의 위기의식과 이대로 가다가는 운동권이 고사하리라는 노동계의 위기관 사이에는 엄청난 차이가 존재하지만 '위기'라는 시대인식에서는 맥을 같이한다. '위기'와 '새로움'이란 상징은 상호관련성이 깊다. '새로움'이 '위기'를 낳을 수도 있고 '위기'가 '새로움'을 요구하기도 한다. 그람시는 "위기는 과거의 것이 죽어가는데 새로운 것이 나타나지 않는 상황에 존재한다"고 말했다.

그런데 민중운동의 위기는 민중운동의 활성화와 대중적 역향력 확보에 부정적 조건으로 작용하는 사회현실을 정확하게 인식하지 못하고

---

* 학술단체협의회 제6회 연합심포지엄 논문집 『한국민주주의의 현재적 과제』(1993)에 수록되었던 글이다.

현실에 효율적으로 개입하는 방법을 모르는 데서 찾을 수 있다. 현재 민중운동의 정체와 위기는 시민운동으로 대표되는 새로운 사회운동의 활성화 때문에 발생한 것이 아니다.[1] 아직까지 본격적으로 그 징후를 드러내지는 않았지만 '포스트모더니즘'적인 문화형태와 사고방식이 점차 그 활동공간을 넓힌다면 종래의 운동경향으로는 새로운 사회상황에 대응하는 것이 더욱 어려워질지도 모른다.

새로움을 표방한 각종 운동이 활성화되고 있지만 민중운동이 위축되고 있는 현실에서 민중운동은 새로운 타개책을 어디에서 어떻게 찾아야 할까? 최근 들어 현실에 대한 위기의식을 넘어 새로운 대안을 마련하는 것이 시급한 과제로 대두되고 있는데, 이러한 현실에 대해 새로운 대안을 모색하려면 현실에 대한 과학적 검토와 반성을 시작해야 한다. 그렇다면 현재 우리의 현실이 과거와 다른 점은 무엇이고, 운동의 위기를 가져오는 사회경제적 배경은 무엇이며, 운동을 새롭게 추진하는 실체가 무엇인가를 먼저 해명해야 새로운 대안을 과학적으로 모색할 수 있다.

앞으로 1980~1990년대 한국 사회구조의 변화에 대한 인식과 1990년대에 전개될 변화에 대응한 중장기 전망을 어떻게 포착하느냐에 따라 서로 다른 사회현실 인식과 상이한 운동론이 형성될 것이다. 이와 관련해 일차적으로 민중생활(혹은 시민생활)과 정치구조에서 나타난 변화를 해명해야 한다. 이 글에서는 이러한 문제의식에 기반을 두고 시민

---

1) 이해찬(1993)은 민중운동의 위기 원인을 민중운동이 "시대적 변화, 즉 이념과 상실, 사회구성과 대중의 다양한 요구, 합법적 공간의 확대에 능동적으로 적응하지 못하고 기존의 인식과 운동방식을 답습해온 데"서 찾는다. 한편 진단과 대중 접촉면 상실에 대한 반성과 과거 운동방식에 대한 근본적인 재검토를 촉구하는 원종찬(1993: 19)도 참조할 것.

사회와 관련된 한국사회 변화의 특징을 검토하면서 기존 시민운동의 성격과 문제를 살펴보고 시민운동과 민중운동의 새로운 관계를 점검하면서 새로운 '진보적(변형 지향적) 시민운동'[2]의 가능성을 모색해보려 한다.

2. 한국사회의 변화와 시민운동

1) 정치구조의 변화와 시민사회의 위상

최근 들어 시민사회와 시민운동에 관한 관심이 커지는 이유는 1987년을 계기로 1980년대 후반기 이후 급격하게 변화하는 한국사회의 사회경제적 조건과 정치적 지형과 관련이 있다.[3] 단순히 서구 시민사회론을 도입하거나 새로운 이론을 수입하는 것이 아니라면 왜 1990년대에 들어오면서 '시민사회' 문제가 새삼스럽게 제기되는가에 유의해야 한다.[4]

---

2) 강문구(1993)는 '변혁 지향 시민사회운동'을, 조희연(1993)은 '민중적 입장의 시민기구'가 실천하는 '민중운동과 함께 가는 시민운동'의 가능성을 제시하고 있다. 이 글에서는 이러한 문제제기를 더 구체화해 진보적 시민운동의 가능성과 그 활동조건을 타진해본다.

3) 1987년은 이전 시기와 이후 시기의 사회조건과 운동을 갈라놓는 중요한 분기점으로 재해석되어야 한다. 1987년을 전후로 한 축적체제 변화와 민중생활상태 변화, 사회문화적 의식구조의 변화, 운동형태 변화의 상호연관성에 주목하면서 새로운 운동구도를 모색해야 할 것이다.

4) 과거에도 시민사회에 대한 여러 논의가 있었으나 현실 정치와 관련해, 특히 1992년에 열린 사회학회와 정치학회의 공동학술발표회를 계기로 시민사회에

노태우 정권 이래로 진행된 '의사 개량화'는 김영삼 정권이 출범한 이후 통치방식의 변화와 '개혁정치'를 통해 더욱 가속화되고 있다. 1980년대에서 1990년대에 이르기까지 통치형태는 전두환 정권의 '원초적이고 전면적인 억압통치' 이후 노태우 정권의 '선택적 억압'이라는 과도기를 거쳐 '문민정부'라는 형식적이지만 '도덕적인 정당성'을 확보한 신(新)정권의 의사 헤게모니에 따른 통치로 변해왔다. '형식적 민주주의'로 점진적인 이행을 지향하는 신정권은 '부르주아 민주주의'의 한국적인 초보형태를 갖추기 위해 정치적 수준에서 시민사회의 지원과 협조, 지지를 필요로 한다.

조희연(1993)은 신정권의 '부르주아 민주주의'가 지배계급 내의 타협에 의해 '위에서' 형성되었다는 점과 '지역적 분할지배체제'에 따른 국민적 기반의 제한성 때문에 신정권의 개혁적 성격 또한 제한적이고 모순적일 수밖에 없다고 지적한다. 여기서 통치형태와 관련해 주목할 점은 신정권의 변화된 지배방식은 "군사정권과 달리 언술적 차원에서 자기 정당화 기제를 발전시킴으로써 '의사 헤게모니적 지배'를 관철하려 한다"는 점이다. 바로 이 점에서 현 단계 시민사회의 논점과 관련해 해명이 필요하다. 신정권은 시민사회를 의사 헤게모니의 관철장소로 육성·활용하기 위해 시민사회에 적극적으로 개입하게 된다.

신정권의 '여론정치'는 도덕적 지도력과 정당성에 입각한 주도권 행사를 의미하는 시민사회 내 헤게모니 창출과 밀접한 연관이 있다. 이에

대한 논의가 부각되기 시작했다. 대통령 선거를 앞두고 열린 이 행사에 대통령 후보 세 명 모두가 참석한 사실은 무엇을 의미할까? 이 행사에는 단순한 학술행사 이상의 정치적 의미가 있다. 시민사회론과 시민운동의 이데올로기에 대한 비판(김세균, 1992)은 부르주아 '의사 개량화' 전략과 관련된 이러한 헤게모니 장악구도를 염두에 둔 것 같다.

따라 여론이 형성, 교환, 수렴되는 장소로서 시민사회의 위상은 당연히 이전보다 더 강화될 것이고 이를 추진하는 특정 세력에게 간접적인 지원이 주어질 것을 추측할 수 있다. 또한 통치권력의 '문화적이고 정신적인 지배'를 창출하고 지원할 집단과 계층에게 선별적 지원을 강화할 것이다. 이와 함께 눈에 드러나지 않는 '문화를 통한 대중지배'와 '개량주의적 문화정책'이 활성화될 경우 '건전한(?) 시민사회 육성책'으로 연결되어 시민사회의 외형과 공간은 이전보다 확장될 것이다.

문화를 통한 지배는 경찰, 군대 등 억압적 국가기구를 후방에 배치하고 이데올로기적 국가기구를 전방에 배치하는 한편 국가권력 바깥, 제도권 외곽의 시민사회(특히 여론과 담화를 형성하는 공간)에서 여론 형성에 치중하는 통치방식의 변화를 사용한다. 이런 경우에는 국가와 사회 여러 계층이 물리적으로 충돌하는 경우는 많이 줄어들겠지만 시민사회 내부의 다양한 갈등과 사회집단 간의 상호충돌은 더욱 빈번해질 것이다.[5)]

정치적 영역에서 이루어지는 이러한 통치형태의 변화는 다음에 살펴볼 경제 및 생활·문화영역의 변화와 함께 현 단계 한국 시민사회의 대체적인 윤곽을 규정하고 있다. 시민사회는 신정권의 이러한 통치전략과 관련해 '의사 헤게모니'를 창출하는 유력한 공간으로 확장될 소지가 있다. 민중운동의 활동공간을 축소한 통치방식의 변화는 아이러니하게도 1987년 6월 항쟁으로 쟁취한 성과물이다. 이러한 맥락에서 보면 현 단계의 시민사회는 단일하고 고정된 실체가 아니라 지배권력과 중간층, 기층민중 간의 정치적 이해관계가 상호교차하고 성장하는

---

5) 최근 '한약분쟁'으로 표출된 이익집단 간 갈등이나 직업적·지역적인 이해관계가 시민사회 내부에서 돌출되는 현상이 앞으로 상당히 늘어날 수 있다.

열린 과정으로서 진행되고 있다는 것을 알 수 있다. 시민사회의 이러한 불확정성 및 유동성과 관련해 시민운동의 위상 또한 앞으로 시민사회가 전개되는 양상에 따라 다양한 형태로 분화될 소지가 있다.

국가와 시민사회의 관계는 해당 시기의 자본축적 조건과 정치정세 및 세력관계 형편에 따라 달라진다. 시민운동은 시민세력의 계급적 구성과 성격에 따라 변한다. 국가가 의도적으로 시민사회영역을 확장하는 경우도 있으며 시민사회의 발현이 억제되는 경우도 있다.[6]

시민사회 내의 헤게모니, 그람시의 '진지전'이라는 개념은 시민사회를 ① 상이한 계급과 집단의 헤게모니 투쟁공간, ② 계급 간 힘 관계가 재편성되는 장소, ③ 사회경제적 조건이 생활로 발현되고 생활상의 이해에 따라 상이한 요구와 전망이 교차되는 지점, ④ 새로운 사회에 대한 의식과 이를 위한 운동이 형성되는 근거지로 규정할 때 분명하게 드러난다. 앞으로 시민사회 안에서 정당성을 확보하고 헤게모니를 장

---

6) 시민사회의 공간 확장은 국가권력과 영합적(zero-sum) 관계에 있는 것으로 설정할 수 없다. 국가와 시민사회를 이분법적으로 사고하는 논자들은 시민사회를 국가에서 독립적이고 자율적인 영역으로 상정한다. 이러한 국가-시민사회 이원론은 시민사회에 대한 하부토대적 규정을 무시하기 때문에 시민사회 구성의 계급적 성격과 생활의 장으로서 의미가 희석된다. 한편 이들은 시민사회를 국가권력에 대립하는 단일 실체의 시민세력 집합체로 설정한다. 따라서 시민사회가 성장하는 것은 국가권력이 약화된 결과이며, 국가권력이 약화되면 (국가의 개입이 줄고) 시민사회의 자율성이 확대되어 민주화가 이루어진다는 결론을 내리게 된다. 이런 경우는 시민사회의 발전이 곧 민주화이기 때문에 시민운동을 장려한다. 그러나 시민사회와 국가가 동시에 성장할 수도 있고, 반대로 동시에 약화될 수도 있다. 시민사회의 성장이 곧바로 민주화를 가져온다는 상호관계는 성립될 수 없다. 시민사회는 실체개념이 아닌 관계적 매개개념으로 설정될 때 이러한 모습을 해명할 수 있다. 국가, 시민사회, 경제적 하부토대의 삼분모델에 대해서는 유팔무(1993)를 참조할 것.

악하기 위해 상이한 사회계층과 집단 간의 갈등과 결합, 연대가 활발히 이루어질 것으로 보인다. 시민사회는 중간층만의 활동공간도 아니고, 기층민중의 생활상의 요구와 여론이 형성되는 장도 아니며, 지배계급의 관여와 활동만이 이루어지는 장소도 아니다. 시민사회는 이들의 길항 대립이 복합적 이루어지는 장소이다.

이러한 이유 때문에 시민사회 공간은 계급적 성격에서 자유로울 수 없으며 앞으로 전개방향에 따라서는 상이한 계급계층의 개입과 활동이 본격적으로 이루어질 가능성이 높다. 사회경제적인 차원에서 규정되는 시민사회의 영역(생활 및 문화의 영역)은 자본주의의 확대에 따라 지속적으로 성장해왔으며, 여론 형성의 장으로서 시민사회의 위상도 이러한 통치형태의 변화로 크게 확장될 것이다. 또한 앞으로 여러 영역과 다양한 차원에서 시민운동이 본격적으로 전개되면 시민사회의 위상 자체가 상당히 변할 수도 있다. 이처럼 시민사회는 향후 운동의 흐름과 정세변화에 따라 유동성이 있는 열린 과정으로 이해할 수 있다.

2) 생산과 소비의 변화

기존 사회운동이 침체하고 시민운동이 활성화된 원인은 무엇보다도 객관적 현실이 변한 데 있다. 생활영역에 자본의 침투가 가속화됨에 따라 일반 대중의 의식과 행동은 계급적 틀보다는 자기가 속해 있는 사회적 범주에서 발생하는 이해관계와 조직 틀의 영향을 많이 받는다. 생산영역과 소비영역이 고도로 분화되고 소비영역에서 각 계급계층에 대한 자본의 차별적 포섭이 진행되면 사람들은 생산영역의 계급적 동질성에서 생기는 의식보다는 자신이 처한 생활조건(지역, 거주형태, 환경 등)에서 더욱 직접적인 영향을 받는다.

자본주의적 소비사회의 성장은 생산현장의 생산자(노동자)와 생활현장의 소비자=생활자(시민)라는 이중적 인간으로의 분해와 통합을 가져온다. 이러한 분해와 통합이 이루어지는 형태와 속도는 변혁적 노동운동과 개량적 시민운동의 구분과 통합의 배경이 된다. 생산영역에서는 여전히 착취의 기본 법칙이 관철되고 유통·소비영역에서는 추가적·이차적 착취가 강화되는데도 생활영역에서 대중 포섭이 폭넓게 병행되거나, 더 나아가 개인적 삶인 생활·소비영역에서 영향력이 증대하면 생산영역의 조직적 결집력에 의거한 운동의 힘은 상당히 약화될 소지가 있다(백욱인, 1991b).

1990년대 한국 자본주의에서도 ① 대중소비의 증대와 상품화의 확대, 소비의 개인화에 따라 '생활상의 요구'가 '분리'되는 경향과 이 결과로 ② 생활파괴, 환경파괴, 소비의 사회화에 따라 '생활상의 요구'가 '결집'되는 모순이 동시에 일어난다. 이는 '생활의 개인주의화'와 '생활의 사회화' 간의 모순으로 사회운동이 전개되는 데 주요한 요인이다. 개량적 시민운동의 영역 확대와 진보적 시민운동의 새로운 활성화는 이러한 문제에 접근하는 방식의 차이에 따라 여러 형태를 드러낼 것이다.[7]

현재 우리 사회에서는 계급계층의 분화가 이루어지는 속도와 맞물

---

7) 생활의 개인주의가 확대되는 요인에는 ① 소비의 개인주의화(대량생산 - 대량소비의 틀), ② 생활상 요구의 분산화, ③ 국부적 요구의 활성화, ④ 생활상의 이해 대립이 있다. 이러한 생활의 개인주의화는 계급계층 간의 불평등을 노골적으로 만드는 데도 계급적 불평등을 개인 간의 생활기회 차이로 해소해서 계급운동의 활성화를 저해한다. 새로운 공동성(집단적 요구)이 발현하는 사회경제적 요인으로는 미비한 '사회적 공동소비수단'에 대한 집단적 요구를 들 수 있다. 교육, 공해, 환경, 지역개발, 교통, 통신, 정보공개, 사회복지, 소비, 주택문제 등 생활과 관련된 각종 사회문제는 새로운 사회운동을 활성화한다.

려 소비생활에서 집단 분화가 빠른 속도로 진행되고 있다. 생산과 소비의 시간적·공간적 분화는 집단이 형성되는 데도 영향을 미친다. 생산에 투여되는 시간의 감소와 생활 및 여가에 투여되는 시간의 증대는 사회구성원의 시간을 상이한 두 가지 틀로 분리한다. 이에 따라 생산직 노동자를 포함한 사회계층의 집단 형성방식이 생활과 여가 위주로 재편되는 경향이 나타난다.[8] 생산에서 발생하는 소외와 일에 대한 열정은 생활에서 추구하는 여가와 여유로 빠르게 이동한다. 전문직과 시간이 남는 생산영역 바깥에 위치한 계층을 중심으로 여가문화가 급속하게 번져나간다. 취미나 오락, 문화생활의 동질성을 기초로 하는 각종 그룹과 집단이 생겨나고, 특정 분야와 문제에 대한 대사회적 발언의 장이 형성된다. 그 결과 소비자 집단이나 소비가 생산에 미치는 영향력이 확장되며 생산에서 자본과 노동의 모순은 생산성 향상에 따른 임금 인상이나 생활수준의 향상이라는 대가로 무마된다. 더 많은 여가시간과 풍요로운 생활을 향한 움직임은 사회변혁적 운동방향을 모색하는 것이 아니라 체제내적 개선으로 집중된다.

경제력 상승, 경제규모 확장, 소비의 생산에 대한 영향력 확대 같은 사회경제적 조건의 변화는 소비영역에서 집단 형성을 활성화하는 배경이 된다. 그리고 사회문화적으로는 자기 삶에 대한 향유, 행복에 대한 관심 증대, 정체성에 대한 열망, 현대적 생산영역에서 소외에 대한 보

---

8) 현대 자본주의사회에서 노동시간 단축의 의미와 그 중요성에 대해서는 고르즈(Gorz, 1989)를 참조할 것. "기술사회는 따분하고 동질적인 사회이기는커녕, 히피족, 스피드광, 접신론자, 비행접시 신봉자, 스킨다이버, 스카이다이버, 동성애자, 컴퓨터광, 채식주의자, 보디빌더, 흑인 회교도 등 다양한 집단이 벌집처럼 들어차 있는 사회이다"(Toffler, 1989: 280). 이러한 토플러의 관찰은 생산부문이 아닌 소비부문의 소집단 형성을 강조한 것이다.

상심리 등이 복잡하게 얽혀 있다. 물론 서구의 선진 자본주의처럼 광범한 규모는 아니지만 우리 사회에서도 이런 현상이 드러나고 있다.

계급 정체성은 소비영역에서 이루어지는 대중소비의 동질화 과정 속에서 다양한 차별과 격차에 따라 혼돈된 모습을 보인다. 이에 따라 생산영역에서는 계급적 지위에 따른 계급의식의 형성이 무뎌지고 생활영역에서는 동질성과 분화에 따라 다양한 계층의식이 강화된다.

3) 문화와 세대문제

사람들의 욕구가 변하는 것 자체가 현재 사회운동이 처한 핵심적인 곤경일지도 모르겠다. 현 시기는 정치적 참여를 통해 정치체제를 변혁하려는 욕구나 경제적 불평등을 해소하려는 욕구 너머에서 문화적 욕구와 욕망이 새롭게 생겨나는 문화의 시대인지도 모른다.

이러한 현상을 반영하기라도 하듯 1990년대 초반부터 문화에 대한 관심이 새롭게 확대되고 있다.[9] 상품소비도 물질적 소비욕구라는 일차적 만족에서 정신적 소비와 서비스 소비로 방향을 틀면서 각종 생활문화가 번창하고 새로운 문화의식과 행동방식이 생기고 있다. 한편 우리 사회는 이미 6공화국 말기부터 5공화국의 국가기구 위주의 억압적인 통치방식에서 벗어나 점차 국가기구의 활용에 따른 이데올로기적 지배방식이 나타나고 있었으며 지배세력 내부에서 문화정책에 대한 관심이 확산되고 있었음을 확인할 수 있다(이동연, 1993). 이러한 변화는 1993년 김영삼 정권의 등장과 함께 한층 강화되었다. 이데올로기적 국가기

---

9) 1990년대 문화와 문화운동의 지향에 대해서는 좌담 「현단계 자본주의 문화현실과 과학적 문화이론의 모색」, ≪문화과학≫, 1호(1992) 참조.

구를 효율적으로 활용하는 것은 물론이고 시민사회 내의 반(半)국가기구, 제도 바깥영역의 각종 기구와 단체를 포섭해 시민사회영역에서 국가활동을 지원하고 정당성을 확보하기 위해 전개되었다.

이런 사정을 보면 문화나 생활상의 변화에 대한 새로운 관심과 사람들의 변화하는 사회심리와 정체성, 삶의 의미를 구성하는 요소, 일상적인 바람을 더욱 생활에 접근해서 모색할 필요가 있다. 물론 이런 경향이 우리 사회에서 일상적이지는 않더라도 새로운 징후를 과학적으로 점검해 대응책을 마련해야 할 것이다.

탈사회화, 사회적 영역의 개인화, 개인적 욕구와 체제 저항적인 분출 움직임은 변동 추세를 고려해볼 때 이제까지와는 전혀 다른 모습으로 나타날 가능성이 높다. '문화'와 '세대'의 문제가 중요한 이유를 여기에서 찾을 수 있다. 사실 시민운동이나 기존의 민중운동 모두가 문화나 신세대의 새로운 가치관과 행위방식을 진지하게 고민하거나 탐색하지 않고 있다.[10]

---

10) 문화나 가치관에서 볼 때 민중운동과 시민운동의 거리는 그다지 멀지 않다. 두 운동 모두가 기존의 생활상의 경제적 요구와 생활상의 요구를 목적 - 수단관계의 합리적 절차와 방안에 근거해 해결하려는 운동형태이고 지향하는 사회적 비전도 운동방식과 정치노선을 논외로 하면 유사하다. 앞으로 전개될 새로운 사회운동의 기본적 양태는 합리성에 근거한 자본주의적 재생산 운동이라기보다 체제 자체를 부정하는 무정부주의적 집단행동과 욕구 표출의 집단운동으로 전개될 가능성이 높다. '프로그램화된 사회(programmed society)'에서는 이러한 문제에 대한 대응 방안으로서 멜루치(Melucci, 1980)의 다음과 같은 지적을 상기할 필요가 있다. "지배계급은 정체성의 문제에서 나오는 갈등과 집합행동의 모든 잠재성을 없애버리기 위해 사회적 영역을 '심리화'해버리거나 '의료화'해버리려고 시도한다. 그러므로 개인적인 것을 '사회화'함으로써 일상생활, 대인관계, 무의식 문제 등에 그것이 프로

이러한 새로운 문화욕구는 '자본주의적 생산과정에서 자유로운 계층', 특히 '젊은 세대'를 중심으로 확산되는 경향이 있다. 1990년대에 들어 우리나라의 문화적 움직임의 양상이 예사롭지 않다. 특히 10대와 20대 중반까지는 생산영역에 본격적으로 진입하지 않은 시간적 '유한 여가층'이기 때문에 이들의 의식과 행동경향은 단순히 계급적 조건을 따르지 않는다. 이들은 생산과정의 억압적·소외적 기능 안에 포섭되지 않기 때문에 하부토대의 규정에서 그만큼 자유로운 것이다. 더구나 기본적인 물질적 생계 요구의 수준을 벗어나 있기 때문에 문화적 동질성과 자신을 자유롭게 발현하는 데 대한 요구의 비중이 크다. 이들은 하나로 집약되는 가시적인 적에 대해 집단적으로 저항하기보다는 다양한 억압요소에 각개약진식으로 대응하는 경향을 보인다.

'정치 신세대'에서 '문화 신세대'로 변하는 것은 하부토대의 확장에 기인한 현상이다. '신세대'의 사고와 의식, 행동에서 새로운 모습이 나타나는 것은 일차적으로 변화된 생활의 물적 토대 때문이다. 앞으로 '새로운 사회운동'의 전개 가능성과 관련해 문화와 세대문제가 더욱 세심하게 검토되어야 할 것이다.[11)]

그램화된 사회에서 차지하는 차원을 부여함으로써 지배계급의 시도에 대응해야 한다. 다시 말해 이러한 문제가 새로운 계급갈등의 중심에 위치한다는 것을 보여주어야 한다."

11) 1980년대 중반에는 학생운동의 고양을 계기로 세대에 대한 관심이 확대되었는데 1990년대에 들어서는 전혀 다른 문화적 이유가 관심의 초점이 되고 있다. 1970~1980년대의 청년세대 문화현상이 포디즘적 체제의 대량생산-대량소비의 소비자본주의 궤도로 진입하지 못한 단계에서 내용 없는 형식적 차용 수준의 현상이었던 데 반해 1990년대 신세대의 문화적 움직임은 생활상의 근거와 더 긴밀하게 연관된 사회현상으로 볼 수 있다.

3. 시민운동의 성장과 성격

1) 신사회운동과 시민운동

한국판 새로운 사회운동으로 꼽히는 경제정의실천시민연합(이하 경실련) 중심의 시민운동은 엄밀한 의미에서 '신사회운동(New Social Movements)'이라기보다는 '구사회운동'의 연장선에 있는 변형적 운동형태에 가깝다. 경실련으로 대표되는 현재의 시민운동은 운동방식과 쟁점영역에서 볼 때 이전의 민중운동과 차별된다는 점에서 새로운 사회운동으로 평가할 수도 있겠으나 서구의 논의에서 제기되는 신사회운동에 비하면 여전히 구사회운동에 가깝다. 한국에서 신사회운동의 존재형태를 논의하려면 ① 구노동운동의 제도화와 체제내화, ② 포스트모더니즘의 기반인 사회경제적인 구조, ③ 새로운 '사회적 적대'의 활성화 등 몇 가지 전제를 먼저 확인해야 한다. 그러나 노동자계급의 보수화와 중간계층의 급진주의라는 서구적 신사회운동의 사회적 조건은 당분간 한국에서 나타나기 힘들 것이다.[12] 왜냐하면 아직까지 한국의 노동자계급은 '제도화된 형태의 정치'로 포괄되지 않았고, 사회경제적 생활

---

12) 오페(Offe)는 신사회운동의 사회경제적 조건으로 '노동운동을 축으로 하는 구사회운동'에서 '신사회운동'으로 변화하는 '시민사회 재정치화'의 전제로 '포드주의적 타협'과 '복지국가적 개입'의 증대를 꼽는다. 서구 신사회운동에 대한 설명은 사회갈등의 거점 변화에 대응해 과거의 주도적 운동이었던 노동운동 중심의 변혁운동과는 운동주체, 운동쟁점, 운동방식이 전혀 다른 새로운 사회운동이 등장한다는 것이다. 신사회운동과 구사회운동의 주체, 쟁점, 이데올로기, 활동방법 등에 대한 비교 분석에 관해서는 스콧(Scott, 1990)을 참조할 것.

조건도 개량화의 '포섭'과는 거리가 있기 때문이다.

현재 한국사회에서 서구의 선진 자본주의국가 현상인 '적대의 변화'(Laclau & Mouffe, 1985)나 '사회갈등의 거점 변화'를 본격적으로 논증하는 것은 시기상조이다. 한국의 경우 아직까지 '포드주의적 타협'과 '복지국가의 개입 증대'의 징후를 확연하게 찾아낼 수 있는 단계는 아니다. 물론 1987년 이후에 임금상승과 의료보험, 국민연금을 위시한 부분적 복지정책이 확대되고는 있지만 사회갈등의 거점 변화를 논할 수준에 이르지는 못한다. 다만 향후 축적체제의 변화 여부에 따라 포드주의적 타협의 개연성은 부분적으로 존재한다고 보아야 할 것이다.13)

단 ① 노동자계급 내부의 계층 분화(직종별·기업 규모별)와 계급 간 분해가 확대될 경우, ② 소비영역, 문화적 재생산 영역의 확산 징후가 1990년대 중반에 이르러 빠른 속도로 진척될 경우, ③ 중간제계층 및 생산영역에서 자유롭거나 이탈된 계층 사이에서 '사회갈등의 거점 이동'이 확산될 경우에는 소비생활영역과 문화영역을 중심으로 — 특히 세대문제를 중심으로 — '새로운 적대'가 성장할 수도 있을 것이다.14)

---

13) 특히 생산적 노동자층에서 일어나는 계층 분화와 노동자계급에서 직종별·기업 규모별 분화가 서서히 이루어지고 있는 현실이나 소득 증대에 따라 중산층적 생활양식이 확산되는 현실을 볼 때 기존의 노동운동과는 다른 새로운 노동운동이 출현할 수 있으며 사태의 진전 여하에 따라서는 노동운동의 재개량화가 빠른 속도로 이루어질 수도 있을 것이다. 노동조합운동의 개량화 조짐에 대한 경계로는 권영길(1993) 참조. "노조를 집단이기주의 세력으로 생각하는 국민이 늘고 있는데도 천편일률적인 투쟁을 계속하다 보면 노조가 완전히 이익단체로 낙인찍힐 위험이 있는 것이다. 또 국민이 노조를 집단이기주의 단체로 보지 않더라도 노조가 집단이기주의화할 가능성도 배제할 수 없다"(권영길, 1993: 35).

14) 이러한 사태를 구체적으로 예견하기 위해서는 포스트모던한 문화행태의 등

2) 개량적 시민운동의 성격과 한계

한국사회에서 이루어지고 있는 현 단계의 시민운동이 서구의 신사회운동과 다르다면 경실련으로 대표되는 한국 시민운동의 성격은 어떻고, 장단점은 무엇인가를 살펴보자. 경실련으로 대표되는 시민운동은 6공화국 초기에 단체가 발족될 때부터 기존 민중운동과의 차별성을 명확하게 표방하면서 활동을 시작했다. 민중운동과 가장 두드러진 차이점은 이 운동이 직업계층이나 계급에 의거한 조직대중에 기반을 두지 않고 불특정다수를 겨냥한 여론 형성에 힘입어 정부에 영향력을 미치는 여론 획득식 운동에서 출발한 데 있다. 이들은 대중생활상의 이해와 밀접하게 관련된 핵심적 사안을 중심으로 전문적인 정책대안을 제시하고, 정부에 대해 이를 실현하도록 여론을 형성하는 방식의 압력을 가하면서 시민운동의 활동공간을 넓혀나갔다. 정부의 암묵적 방관과 언론의 적극적인 지원에 힘입어 이러한 시민운동은 짧은 시간에 빠른 속도로 '시민권'을 확보할 수 있었다. 기존 민중운동과 충분한 거리를 유지하면서 — 때로는 노골적인 비판을 가하고 사안에 따라서는 부분적으로 연대해나가면서 — 자기 중심을 확보하는 데 성공한 것이다.

경실련은 대중적 관심이 집중되는 문제에는 영역을 불문하고 — 제도권 야당의 정책활동을 능가할 정도의 열성으로 — 성명서를 발표하고 정책대안을 제시하는 사회적 활동을 전개했다. 이러한 활동이 가능했던 것은 경실련이 특정 계급이나 직업집단의 조직역량에 입각해 활동하는 단체가 아니기 때문이기도 하지만 그보다는 변화된 정치 지형에서 '변형된

장과 사회집단의 문화양식에 따른 분화문제와 세대문제가 한층 깊이 있게 해명되어야 할 것이다.

정치운동'을 펼쳐나가는 운동방식을 택했기 때문이다. 그러면서도 대학생이나 노동계에 이르기까지 다양한 차원에서 회원을 모집하고 민중운동에 대한 활동도 꾸준하게 추진했다. 그 결과 최근에는 점차 약화되는 민중운동에 대한 새로운 대안으로까지 상정되기에 이른 것이다.

민중운동과 관련해 이와 같은 경실련식 시민운동의 성장을 어떻게 평가해야 할까? 시민사회에서 여론을 형성하고 정치영역에서 영향력을 행사하는 두 가지 방법 위주의 활동을 전개하면서 시민사회 내부의 조직확대를 모색하는 방법이 경실련운동의 전형적인 양식이라 할 수 있다. 경실련의 성장은 시민사회에서 여론 형성이 차지하는 영향력이 1980년대 초중반에 비해 상당히 커졌으며, 여론 형성의 방법 또한 변화된 정치 지형과 이에 따른 대중의식의 변화 때문에 달라졌음을 보여준다. 도덕성과 정당성 확보의 기제가 억압적 정권과 달라진 것이다. 이런 현상은 신정권이 들어서면서 더욱 확대되었다. 이미 6공화국 후반기 이후 이런 사회적 여건이 조성되었으며 경실련은 변화하는 사회정세에 대해 한발 앞선 인식과 실천력을 보여준 것으로 평가할 수 있다. 1987년 6월 항쟁과 노동자 대투쟁은 이러한 변화를 갈라놓는 분기점이다. 이런 맥락에서 1987년 6월의 의미를 더 냉정하게 평가해야 한다. 5공화국 당시의 민중운동은 정권의 원죄 때문에 반사적으로 도덕성과 정당성을 얻을 수 있었으나 1987년을 계기로 과거와 같은 정당성과 도덕성을 확보하기가 어려워졌다. 권력의 민주화는 비록 그것이 형식적이더라도 엄청난 변화를 동반한다. 형식적·절차적·제도적 민주주의 틀의 구비가 자동적으로 민중운동의 합법성과 정당성을 부여하지는 않는다.

이처럼 변화된 사회지형의 속성을 가장 잘 활용한 운동형태가 경실련으로 대표되는 새로운 시민운동 방식이었으며, 이런 운동방식은

1990년대 중반의 한국사회에서 기존 민중운동의 정당성과 효율성에 대해 심각한 의문을 던져주는 대안적 운동 틀로까지 성장하게 되었다.

경실련이 세력을 확장할 수 있었던 요인으로는 ① 변화된 사회경제적 조건에 대한 민감한 대응, ② 해당 시기의 쟁점을 대중생활상의 요구에 입각해 시의적절하게 쟁점화하고 이에 대한 정책대안을 제시하는 능력, ③ 정치정세상 국가권력이 상대적으로 경실련을 지원했던 정치적 여건 등을 들 수 있다. 이와 더불어 해당 사안의 직접적 당사자가 아닌 전문직 종사자가 양심과 도덕, 전문성에 따라 개입해 여론을 형성하고 사회적 정당성을 확보한 것도 상당히 유리한 요소로 작용했다.

그러나 시민운동이 개척하는 새로운 운동영역은 발생 초기에 그것이 미치는 결과와 갈등의 포괄성 때문에 범계급적·초계급적·탈계급적 성격을 강하게 드러낸다. 하지만 일단 쟁점의 성격이 분명해지고 문제해결을 위한 정책적 대안이나 도달하려는 목표가 구체화되어 해당 적대의 성격이 분명해지면 차츰 해결책과 목표 달성의 방안을 둘러싸고 상이한 노선과 입장으로 분화될 수밖에 없다. 이런 경우 공해, 평화, 핵문제, 여성문제 등 새로운 시민운동의 고유한 쟁점은 계급적 이해나 상이한 집단 간의 이해관계를 축으로 여러 운동세력으로 다시 분화된다. 신사회운동 발생 초기의 무계급적인 성격은 해당 문제의 위상이 분명해지고 운동이 진행됨에 따라 다시 계급적 틀이나 집단 이해의 축으로 분화된다는 점을 직시해야 한다. 해당 쟁점이 사회적으로 확산되거나 여론화 단계에서는 폭넓은 지지계층을 확보할 수 있겠지만 문제해결을 위해 대중적 지지를 얻고 운동에 참여하는 인원을 동원해서 실현 목표를 달성하기까지는 조직적인 대중역량에 의거해야 한다. 그렇지 않으면 여론이 확산되는 절정단계에서 급격하게 몰락할 우려가 있다. 이런 점 때문에 계급운동의 현상적 쇠퇴를 보고 시민운동의 앞날을 밝게만 예측할 수 없다. 생활상의 요구를 주요 쟁점으로 하는 시민운동은 ① 발생 - 성장 - 쇠퇴의 순환과정이 아주 짧으며, ② 쟁점 위주의 운동이기 때문에 해당 쟁점의 단발성과 지역적 국부성으로 인해 운동이 지속적으로 발전하기 어렵고, ③ 초기에는 여러 계급운동에 참여하지만 운동이 발전할수록 계급적 입장 차이에 따라 분화되기 때문에 기존 대중운동체 간의 연합에 따른 동맹운동의 지속성을 확보하지 못한다는 점에서 생활중심운동의 기본적 제약이 따른다.

4. 시민운동의 개념 확장: 진보적 시민운동을 위하여

이처럼 다양한 시민사회의 영역에서 전개되는 시민운동의 위상은 가변적이다. 앞서 설명한 여론 형성과 소비생활문제의 확대라는 객관적 조건에 힘입어 초기 시민운동이 활성화되는 터전이 주어졌고, 이와 함께 참신하고 기동적인 대응전술의 개발로 국가에 상당한 영향력을 행사해 민주적 개혁에 한몫을 담당할 수 있었다. 새로운 사회운동의 가능성을 열어놓은, 경실련으로 대표되는 시민운동의 활동공간은 특정 운동체가 선점해 활동하는 제한된 공간이 아니다. 어떤 측면에서는 민중운동이 상대적으로 방기한 영역에서 활동공간을 마련하고, 역으로는 민중운동의 활동공간까지 진입해 들어오면서 정책대안을 두드러지게 부각하여 민중운동과 부분적으로 대립하면서 상대적 지위를 높였다고 평가할 수도 있다.

이런 결과는 일차적으로 변혁운동의 취약한 대응력과 조성된 정세가 하강하는 국면에 따른 것이다. 앞으로 민중운동과 함께하는 좀 더 진보적 입장을 분명히 내걸고, 현실 대응력이 높은 정책대안을 제시하고, 탄력적인 운동방식을 개발하면서, 시민사회 내부의 활동을 강화하면 변혁을 지향하는 새로운 '시민적 대중운동'이 활성화될 소지는 열려 있다. 이러한 맥락에서 볼 때 우리는 시민운동을 열린 가능성의 공간으로 파악하고 시민운동 개념의 내포와 외연을 확장할 필요가 있음을 알 수 있다.

넓은 의미의 '시민운동'은 정치적 노선과 운동형태가 서로 다른 다양한 사회운동을 포괄한다. 따라서 현재 확인할 수 있는 시민운동의 몇 가지 수준과 형태를 기준으로 시민운동의 영역을 제한해서는 안 된다. 노동운동의 활성화와 민중생존권 확보를 위한 사회운동, 자유주의자의 새로운 입지를 확보하기 위한 다양한 사회운동, 보수주의자의 극우적 사회운동에 이르기까지 시민운동의 영역에는 그 주도세력의 계급적 성격, 운동의 목적과 노선, 운동형태, 운동방법에 따라 상이한 성격의 — 때로는 상호대립적이기도 한 — 사회운동이 포괄된다.

시민운동은 국가와 분리된 영역에서, 즉 시민사회의 기반에서 분출되는 '생활상의 요구'와 사회구성원의 자발적 결사에 따른 운동이다. 그동안 운동에 참여하는 행위주체의 다계급적 성격으로 인해 마치 시민운동이 계급운동과는 무관한 비계급적 운동만의 독자적인 공간으로 설정된 듯하다. 또한 운동방식과 노선에서 볼 때 변혁운동과 달리 체제내적 한계에서 진행되는 개량주의적 운동으로 평가되는 경우가 일반적이었다. 그러나 시민운동이 차지하는 사회적 위상은 단일한 척도로 재단할 수 없을 만큼 외연과 내포가 복합적이다. 시민운동의 외연을 이렇게 확장하면 시민운동과 계급운동의 거리는 상당히 좁혀질 것이다. 따라서 시민운동의 구체적 내용이나 해당 시기의 사회경제적 상황과 계급적 지형을 고려하지 않은 채 시민운동의 성격을 특정한 '규정 틀'에 입각해 한정하는 것은 운동이 발전하는 데 도움이 되지 않는다.

시민운동의 진보적 의미는 시민사회에서 소외되고 억압된 집단의 이해를 어떻게 조직하고 정치적으로 관철하느냐에서 찾을 수 있다.

시민사회의 활성화는 계급운동 공간의 개방과 직결된 문제이다. 따라서 시민운동의 활동영역을 중산층의 정치적 결집이나 특정 이해집단과 전문가의 사회적 활동을 중심으로 한 '영향력 행사' 및 '갈등의 제도화'에 제한하는 것은 '형식적 민주주의'의 좁은 틀 안에 시민운동의 위상을 가두는 꼴이 된다.

시민의 생활상의 요구나 사회영역에서 열등하고 무력한 객관적 위치 때문에 정치적 결집이 필요한 집단의 요구는 기존 사회의 특권세력이 차지하고 있는 사회영역과 충돌하는 것을 피할 수 없다. 이때 그들의 생활상의 요구와 이해가 더 근본적인 변혁을 추구한다면 이러한 정치적 결집과 요구는 형식적 민주주의의 범주를 넘어 실질적이고 진보적인 민주주의로 성장·진화할 가능성이 있다.

우리는 이와 같은 사태를 고려해 시민사회를 '모순된 실체'로 받아들여야 한다. 시민사회가 '역사 특수적'이며 변화한다는 가정을 받아들여야만 우경화되는 시민운동론에 대해 민중론이 개입하고 사회발전을 가져올 수 있다. 시민사회와 시민운동론을 송두리째 개량주의와 우파의 전유물로 만들 이유는 없는 것이다(백욱인, 1993).

그렇다면 '개량적 시민운동'과 '변혁적 시민운동'을 구분하는 지점은 어디인가? '진보적 시민운동'을 전개할 때 유의해야 할 점은 무엇인지 살펴보자. 생산영역에서 진행되는 노동운동을 배제한 채 중간층을 배타적 조직 근거로 삼는 시민운동은 성격상 개량 싸움을 매개로 한 변혁운동의 일부분이 될 수 없다. 따라서 생산영역에서 진행되는 노동운동과 긴밀하게 결합한 새로운 진보적 시민운동을 모색해야 한다. 그런데 사회문제나 생활상의 쟁점을 중심으로 한 운동은 생산영역에서 분출하는 요구를 따르는 운동보다 어떤 면에서 훨씬 더 어렵다. 자본주의사회에서 발생하는 각종 사회문제를 매개로 한 일상 싸움을 변혁적 노선에서 이끌어나가는 것은 다음과 같은 요인 때문에 간단하지가 않다. 새로운 진보적 시민운동 혹은 생활상의 이해를 중심으로 한 개량 싸움은 ① 운동주체, ② 운동의 내용, ③ 운동의 폭과 속도에서 몇 가지 특성이 있다.

첫째, 특정 쟁점이 생활상의 구체적인 이해와 관련되어 있기 때문에 이러한 문제에 이해관계가 있는 여러 계급계층이 포괄된다(참여계급의 복합성). 둘째, 생산영역이 아니라 생활영역에서 생겨나는 문제를 싸움과 요구의 대상으로 삼기 때문에 타결점과 해결책이 다양하게 제시될 수 있다(다양한 요구와 제한적인 쟁점). 셋째, 한 번의 결정적 운동으로 해당 사안을 완전히 해결하는 것이 아니라 실현할 수 있는 현실적인 대안과 요구를 중심으로 운동을 진행해나간다는 점이다(운동의 점진성).

이와 같은 특징은 ① 다양한 계급계층을 동일한 쟁점과 조직으로 결집함으로써 운동의 대중적 기반을 확대하고, ② 구체적인 생활상의 요구를 중심으로 운동의 대중성을 제고하는 것과 더불어 다양한 운동영역을 확산하며, ③ 유연하고 단계적인 운동방식으로 개혁의 구체적인 성과를 확보할 수 있다는 장점이 있다. 그러나 이러한 장점은 시민운동의 단점과 동전의 양면을 이룬다. 따라서 시민운동, 혹은 점진적 개량 싸움의 본질적 이원성을 직시해야 한다. 모든 사회운동이 상호대립되는 장단점을 갖고 있지만 생활상의 요구를 중심으로 하는 시민운동에서는 이러한 측면이 더욱 노골적으로 드러난다. 이런 이유 때문에 시민운동의 주요한 측면을 어디에 두느냐에 따라 동일한 쟁점을 대상으로 하는 시민운동이 서로 대립하기도 한다. 운동주체와 운동내용 측면에서 '개량적 시민운동'과 '변혁 지향적 시민운동'의 차별점을 간략하게 검토해보자.

첫째, 시민운동에 참여하는 여러 계급계층 중 주도적인 위치를 차지하는 계급이 어떤 계급이냐에 따라 운동의 주도성 문제가 제기될 수 있다(운동주체의 문제). 이 문제는 사안의 성격과 운동에 참여하는 여러 대중의 계급적 처지 때문에 문제의 본질에 더욱 가깝게 접근할 수밖에 없는 계급의 입장과 행동의 주도성에 의해 최종적으로 확인된다. 단 계급 헤게모니의 원칙적이고 도식적인 강조로 인해 편협한 노동자주의나 계급 이해의 합리화에 빠져서는 안 될 것이다. 진정한 의미의 헤게모니는 계급적 처지나 입장에서 자동적으로 부가되는 것이 아니다. 계급적 처지와 입장이 계급의식과 실천으로 연결되면서 객관적으로 발현되어 다른 계급계층에게 폭넓은 지지와 신뢰를 얻어야만 특정 계급의 헤게모니가 관철될 수 있다. 민주적으로 획득된 헤게모니가 진정한 헤게모니인 것이다.

통상 시민운동을 논하면서 시민운동의 계급적 성격과 주체를 애매하게 하고 초계급적 성격을 내세워 기층민중운동이나 변혁운동과 차별성을 지나치게 강조하거나, 반대로 '계급운동을 시민운동으로 수렴할 것'(김성국, 1992)을 주장하는 일단의 움직임이 있다. 이러한 계급해체론적 시민운동의 흐름에 대해서는 현대사회의 모순을 집중적으로 해명해서 이를 중심으로 대중의 생활상의 이해를 결집하는 운동과 분명히 차별화할 필요가 있다. 연대는 차별성을 인정한 후에 이루어지는 것이기 때문에 조건 없는 연대는 성립하지 않는다. 특히 생활상의 요구를 중심으로 싸움이 일어나거나 대중이 결집하는 경우에 서로의 차이점을 확인하는 것은 동일영역에서 연대와 통일을 지향하기 위해서 매우 중요하다.

둘째, 요구내용을 생산의 측면과 결합하려는 시도와 이를 따로 떼어

내어 생활과 소비영역에만 묶어두려는 입장 간의 대립이 발생할 수 있다(운동의 내용과 성격문제). 두 입장의 차이는 동일한 생활상의 쟁점을 내걸면서 동일한 위상의 싸움을 벌여나가는 서로 다른 시민운동의 성격을 판별하는 일차적 준거점이 된다. 운동에 참여하는 세력의 계급적 구성보다도 생산과 생활의 연계 여부가 '개량주의적 시민운동'과 변혁운동으로서 '진보적 시민운동'을 갈라놓는 중요한 요인이다. 더 많은 개량의 확보는 안정적이고 인간적인 생활이 체제 자체의 운동기제를 통해 자동적으로 확보될 수 있는 제도적 체제로 발전을 겨냥하는 것이어야 한다. 그렇지 않고 생활상의 요구가 일시적·부분적으로 수용되면 쟁점 변화에 따른 참여 계급계층이 끊임없이 순환해 지속적으로 운동을 유지해나가기가 힘들 것이다.

5. 시민운동과 민중운동의 관계

현재 전개되고 있는 다양한 형태의 시민운동은 계급 간 힘 관계와 정세 변화에 따라 탄력적인 모습을 보일 것으로 예상된다. 민주화라는 가시적 전선이 사안별로 분산된 상황에서 과거와 같이 일괄적이고 통일적인 '정권타도투쟁'으로는 대중을 설득하기도, 운동의 효율과 적실성도 확보하기도 어렵다. 그러나 민중운동을 재활성화하고 명실상부한 변혁주체로서 위상을 재정립한다면 기존의 시민운동세력과 효율적인 연대를 이룰 수도 있다.15)

15) 여기서 우리는 기존 시민운동과의 '차별 속의 연대'와 '연대 속의 차별'이라는 구분에 유의할 필요가 있다. 이러한 관계 변화는 기본적으로 민중운동과

민중운동과 기존 시민운동이 연대나 새로운 진보적 시민운동의 전개를 모색한다면 다음과 같은 질문을 던질 수 있다. 민중운동 측에서 볼 때 시민운동과 연대하거나 새로운 시민운동을 창출한다면 그 수준은 어때야 하는지에 대한 것이다. 새로운 운동형태가 필요하다면 운동방식의 변화라는 전술상의 문제인지, 아니면 운동노선과 변혁노선 전체를 재고해야 하는 전략상의 문제인지가 쟁점이 될 수 있다.

포스트마르크시즘이나 포스트모더니즘과 관련된 신사회운동론으로 우리의 현실을 재단한다면 현재의 운동은 몇 가지 전술적 봉합으로 새롭게 성장할 수 없다는 결론에 도달할 것이다. 왜냐하면 사회구조 자체가 탈산업주의, 포스트산업자본주의, 소비자본주의로 변하고 이에 따라 기존 모순이 소멸되거나 적대의 성격이 달라지기 때문이다. 그러면 노동운동을 위시한 구사회운동의 성격은 변혁적이 될 수 없고, 변혁의 구체적 전망이 현실 사회주의의 붕괴 때문에 과거와 완전히 다른 차원에서 운동적 대안을 재구성해야 한다는 결론에 이른다. 그러나 이런 판단은 현실성보다는 앞으로의 가능성에 지나치게 집착하거나 서구의 현실을 우리 현실에 곧바로 적용한다는 비판을 받을 수밖에 없다.

하지만 현재의 위기상태가 일시적이고 그간의 전술적인 오류나 운동형태, 조직의 문제였다면 새로운 전술을 개발하고 운동형태를 보완해 현재의 운동이 처한 침체와 위기를 헤쳐나갈 수 있다고 볼 수 있다. 변화하는 대중의 생활상의 요구에 부응하지 못했다면 대중 접촉면을

시민운동 간의 역량 변화에 따라 이루어질 것이다. 과거에는 견인이라는 말을 많이 사용했는데 견인이란 강한 것이 약한 것을 끄는 것이지 약한 것이 강한 것을 끄는 것이 아님을 고려할 때 견인의 원동력이 되는 세력 강화의 문제에 봉착하게 된다. 민중운동과 함께하는 새로운 시민운동의 출현과 민중운동의 활동공간 확장을 통해 견인의 실질적 역량을 확보할 수 있을 것이다.

넓혀나가는 신전술을 전개하면서 대중이 운동에 참여하도록 보강한다. 또 시민운동의 고유영역으로 설정되었던 많은 쟁점에 효율적으로 개입하고 참여하면서 정책대안을 위해 합리적으로 여론을 형성하고 영향력을 확대해나가면 될 것이다. 이런 경우 민중운동이 시민운동에 활발하게 개입하도록 하는 방안이 제시될 것이다. 전술적 확대 강화론과 전략적 전면 재편론 중 어느 것이 현재 조건에 적합하고, 훗날 운동을 전개하는 데 더 현실성 있는 대안인가는 앞으로의 사태 진전에 의해 판가름나겠지만 현재의 중단기적 차원에서는 전술적 확대 강화론이 더 실현 가능한 대안으로 보인다.

아래에서는 민중운동과 시민운동의 연대 형성에 대한 가능성 몇 가지를 점검함으로써 향후 진보적 사회운동의 발전 방향을 생각해보려 한다. 민중운동과 기존 시민운동 간의 관계 정립과 운동의 분화가 어떻게 이루어지느냐에 따라 앞으로 사회운동의 향방이 결정될 것이다. 민주 - 비민주의 단일 전선이 형성되고 통일적으로 '독재타도'를 지향하던 대중의 정치적 요구가 수렴되던 시기가 지나고 민중운동과 시민운동이 분할 발전하는 새로운 운동구도가 정착되면 매우 복잡한 동맹관계가 형성될 것이다. <그림 6-1>은 오페(Offe, 1985)의 신사회운동과 구사회운동 간 동맹관계 모형에 따라 한국사회의 동맹구도를 도식적으로 설정해본 것이다. 그림에서 나타나는 삼자 간의 관계는 좌우진영의 이원적인 대립상태보다 훨씬 더 가변성이 높은 불안정한 구도이다. 주어진 정세에 따라 삼자 간의 동맹관계는 크게 변할 수 있다.

• 동맹 1 변혁 지향적 민중운동과 개량적 시민운동의 연대

기존 보수주의 지배세력과 우파를 소외시키면서 민중운동과 시민운동이 연대해 사회민주화와 각종 생활문제의 제도개선 및 개량적 요구

<그림 6-1> 민중운동과 시민운동 간의 동맹관계

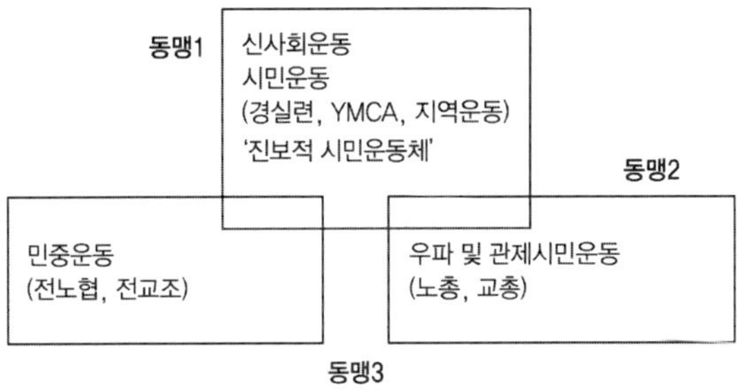

를 수렴하면서 근본적인 민주화로 성장 발전할 수 있는 이상적 경로를 설정할 수 있다. 경실련을 비롯해 현재 활동 중인 시민운동단체와 민중운동체가 사안별로 연대해서 공동활동을 전개하는 것은 그렇게 어렵지 않을 것이다. 만약 시민운동에서 민중운동과 함께하는 변혁 지향적 시민운동체가 만들어지고 대중적 영향력이 확보되면 변혁운동의 진전에 가장 이상적인 동맹구도가 마련될 것이다.

• 동맹 2 신사회운동과 보수우파의 연대

시민운동과 보수우파 연합은 민중운동의 재활성화와 그것이 체제를 위협하는 데까지 이르는 위기 국면, 혹은 조합주의적 형태로 국가와 시민운동의 관계가 재편될 경우를 상정해볼 수 있다. 시민단체를 시민의식운동연합체로 확대 강화하려는 모색이나 노총과 경실련의 연대 같은 경향은 이러한 동맹이 실현될 수도 있다는 의심을 자아낸다.[16]

16) 국가가 제한된 활동공간에서 활동하도록 허락해 활동영역이 제한적인 시민운동은 새로운 조합주의(coporatism)적 통제도구로 전락할 우려가 있다. 현재 개량적 시민운동이 활동범위를 어느 수준까지 확장할 것인가를 미리 판단할 수는 없다. 하지만 진보적 시민운동의 입장에서 체제내적 시민운동의

• 동맹 3 신사회운동에 대항한 좌파와 우파의 연대

우리나라에서 이러한 동맹구도가 현실로 나타날 가능성은 몹시 희박하다. 신사회운동의 진보성이 두드러지면서 구사회운동의 핵심인 민중운동이 보수적 성향을 띠면서 보수우파와 연대하는 경우는 아주 특정한 쟁점을 내건 신사회운동과 같은 시각과 판단을 공유하는 정도일 것이다.

6. 맺음말 : 진보적 운동의 활성화를 위하여

1990년대 한국 자본주의의 조건으로 볼 때 진보적 시민운동이 활성화될 수 있는 객관적 조건이 존재한다. 정치적으로는 자유민주주의 및 사회공간의 활성화와 지방자치제도의 실시를 꼽을 수 있고, 경제적으로는 한국 자본주의의 양적 성장에 따른 소비영역의 확대와 도시문제의 가속화가 있다. 그리고 이러한 변화와 관련한 대중생활과 의식변화 등의 요인이 시민운동의 활성화를 촉진하는 객관적 조건이다.

이에 따라 사회생활과 관련된 여러 영역에서 정치적 이념과 운동노선이 서로 다른 사회운동과 시민운동이 병립적으로 전개될 소지가 다분하다. 사회운동의 분화는 일반 민주주의운동의 활성화와 시민사회영역의 확장에 따라 더욱 가속화될 것이다. 이러한 상황에서 개량적 시민운동에 대한 비판은 그 노선과 실천의 계급적 성격을 드러내는 것만으

기본적 제약과 한계를 고려함으로써 시민운동의 체제내화, 개량화를 방지할 필요가 있다. 이와 관련해 신정권 출범 직후 사정국면과 함께 형성된 '정사협'의 활동을 주목할 필요가 있다.

로는 충분하지 않다. 진정한 의미의 비판과 대안은 변혁운동이 변화하는 생활조건에 대해 구체적인 대안을 제시하고 이를 통해 대중적 지지와 여론을 얻어 힘 관계에서 다른 운동의 노선과 실천을 압도할 때에야 가능하다. 계급적 원칙과 입장에서 차별성을 확보한다고 실천의 장에서 민중운동의 주도성이 강화되는 것은 아니다.

현재 정치구조를 돌파하려면 새로운 대중적 기반을 마련하는 데 주의를 기울여야 한다. 신정권이 시행하는 각종 정책의 사회경제적·정치적 결과가 대중의 실제 생활에 어떠한 고통을 안겨주는가를 세부적으로 드러내고 대중의 생활상의 이해를 관철할 수 있는 구체적 대안을 제시함으로써 서로 다른 대중의 계층적·계급적 이해를 하나의 통일적인 정책대안으로 제시해야 한다. 대중의 정치적 결집을 가져올 수 있는 여러 계기를 충분히 활용하는 것은 현재의 침체된 운동공간을 타개하는 적극적인 의미가 될 것이다.[17)]

그리고 경실련을 위시한 시민운동체와 민중운동의 상호관계를 지금보다 훨씬 유연하고 상호연대적으로 만들기 위해 서로 노력하는 자세가 필요하다. 기존의 시민운동체는 체제내적 운동노선의 한계를 겸허하게 인정해야 한다. 체제내적 정책대안 제시와 시민사회공간 확보의 중요성을 충분히 인정해도 기층민중의 이해를 상대적으로 배제한다면 장기적으로 봤을 때 시민운동의 발전에 별로 도움이 되지 않을 것이다.

---

17) 시민운동을 진보적 사회운동으로 활성화하려면 ① 의회를 중심으로 한 제도권 내부의 활동과 제도권 외부의 대중운동과 상호관련성을 확보하기 위한 틀에 대한 모색, ② 다양한 계급계층의 생활상 요구를 통일된 틀로 집약하는 대중결집의 방도로서 사회운동방법론에 대한 모색, ③ 생활상의 요구를 중심으로 한 정치적 결집체 형성에 대한 모색을 활발하게 시행해나가야 할 것이다. 이러한 문제의 잠정적 방안에 대해서는 조희연(1993) 참조.

특히 ‘합법성’의 기준과 ‘체재내적 활동’의 기준은 변하지 않는 황금률이 아니라 사회적 조건과 정치 지형의 변화, 계급 간 힘의 변화에 따라 유동적일 수 있음을 인식해야 한다. ‘합법성’의 범위를 확장하고 ‘체제로부터의 인정’과 시민권 보장을 쟁취하는 일은 기존의 체제내적인 활동에만 의존한다면 제한될 수밖에 없다는 사실을 과거 운동경험에서 확인할 수 있다. 1980년대 중반에 비해 1990년대 중반의 사회조건과 운동조건이 변한 것은 사실이지만 이런 변화는 어디까지나 절대적이 아니라 상대적이라는 데 유의해야 한다. 현재의 운동조건은 새로운 운동세력이 등장하고 운동이 진행·실천됨에 따라 또다시 상대화될 것이 분명하기 때문에 지금의 조건을 절대적으로 여기고 특정 운동형태를 ‘비합법적’, ‘과격시’해서는 안 될 것이다.

한편 민중운동 측은 현실의 변화에 기민하게 대응하지 못했던 문제점을 솔직히 시인하고 운동영역의 개발을 한층 더 확장하고 새로운 운동형태를 모색하는 데 주력해야 한다. 이를 위해서는 기존의 ‘계급적 대중운동’과 함께 ‘시민적 대중운동’의 활동공간에 적극적으로 진입해야 한다. 생산영역과 생활영역을 이어주는 운동형태를 개발하고 생활공간의 모순과 쟁점을 쟁점화해야 한다. 또 개선과 개혁을 위해 대중의 의견과 지지를 수렴하는 정치적 시민운동단체로 거듭나고 지역운동을 재활성하기까지 그동안 상대적으로 방기되어왔던 운동공간을 창출하는 데 진력해야 할 것이다.

제 7 장

네트워크와 사회운동*

1. 열림과 닫힘 간 대립과 네트워크 사회운동

인간 역사와 마찬가지로 네트워크(Network) 역시 인간의 실천과 참여를 통해 만들어진다. 따라서 다양한 사회집단의 이해관계와 실천에 의해 네트워크의 향후 모습도 달라질 것임을 예측할 수 있다. 인터넷이 채용한 수평적 연결망의 개방성이 오늘의 인터넷을 가능하게 만들었지만 채용된 기술 자체가 자동으로 열린 세상을 보장해주는 것은 결코 아니다. 우리가 현재 사용하는 인터넷은 닫힌 체제와 열린 체제 사이에서 벌어진 오랜 싸움의 결과이다. 그런데 1990년대 중반 이래 인터넷 사용이 대중화되고 네트워크가 급격하게 상업화되면서 네트워크를 둘러싼 닫힌 세력과 열린 세력 간의 긴장과 대립이 다시 첨예하게 드러나고 있다.

이러한 대립은 무엇보다도 정치영역에서 가장 첨예하게 부각된다. 권력이 네트워크를 점차 노골적으로 감시·통제하고 있는 현실은 열린

* 『2001 싸이버스페이스 오디쎄이』(창비, 2001)에 수록되었던 글이다.

세상을 위한 사상과 표현의 자유가 여전히 제한적임을 보여준다. 사상과 표현의 자유는 싸워서 얻는 것이지 그냥 보장되지 않는다. 네트워크에서도 예외가 아니다. '열린 세상의 적'은 사상과 표현의 자유를 제한할 뿐만 아니라 우리의 일상생활 깊숙한 부분까지 파고들어와 감시와 통제의 손길을 뻗친다. 날로 확산되고 있는 전자감시체제는 개인의 사생활을 낱낱이 장악해 닫힌 체제의 기반으로 활용될 수도 있다. 마케팅에 사용하는 데이터베이스가 정부가 보유한 다른 데이터베이스와 '연동(merge)'된다면 지배를 위한 새로운 도구로 전환될 수 있다. 민주주의의 가장 기본적인 인권인 사상과 표현의 자유 및 사생활 보호라는 문제가 네트워크에서 다시 제기되는 것이다.

닫힌 체제와 열린 체제의 대립은 경제분야에서도 벌어진다. '지적재산권(intellectual property)' 이데올로기를 앞세워 독점을 꿈꾸는 '카피라이트(copyright)' 세력과 공유와 나눔을 주장하는 '카피레프트(copyleft)' 세력의 긴장과 대립은 앞으로 더욱 심해질 것이다. 소프트웨어 분야에서도 공유와 공개의 이상이 독점과 폐쇄의 현실과 대립하고 있다. 이러한 닫힘과 열림 간 대립은 네트워크에서 벌어지는 사회운동의 객관적인 조건이다. 급격하게 늘어나는 네트워크의 사회적 영향력을 고려한다면, 네트워크를 매개로 하는 실천은 앞으로 매우 중요한 역할을 할 것이다.

네트워크는 과연 새로운 사회운동의 터전이자 실마리가 될 수 있을까? 네트워크의 사회운동은 어떤 영역에서 이루어지고, 그 특징은 무엇일까? 이 글에서는 닫힘과 열림 간 대립이라는 축을 중심으로 네트워크에서 제기되는 사회문제와 이를 극복하기 위한 사회운동의 논리와 실천을 살펴보려 한다.

2. 네트워크 사회운동의 이론적 실마리

네트워크 사회운동은 ① 도구론적 입장에서 네트워크를 활용해 현실의 사회운동을 지원하는 운동, ② 네트워크에서 발생하는 쟁점을 중심으로 전개되는 운동으로 나눌 수 있다.

첫째, 도구론적 입장에서 전개하는 운동은 네트워크를 커뮤니케이션이나 여론 형성 및 저항의 효율적인 수단으로 활용하는 운동이다. 현실사회의 사회운동이 네트워크를 효율적으로 활용하면 여론을 형성하거나 현실에 개입할 수 있는 발판을 효과적으로 마련할 수 있다. 즉 현실사회에서 전개되는 모든 운동은 네트워크를 도구로 활용할 수 있다. 노동운동이나 시민운동에서 인터넷을 활용하는 경우가 이에 속한다. 하지만 이때 네트워크는 현실의 사회운동을 보조하는 도구 이상은 아니다.

둘째, 좀 더 엄밀하게 살펴보면 네트워크 사회운동은 '네트워크에서 발생하는 사회문제를 해결하기 위해 네트워크를 활용하는 운동'으로 정의할 수 있다. 이는 네트워크에서 발생하는 쟁점이나 네티즌의 생활상의 요구를 중심으로 전개되는 운동을 가리킨다. 이러한 운동에는 사상과 표현의 자유를 위한 운동, 지적재산권을 둘러싼 카피레프트운동, 정보공유운동, 사생활보호운동, 전자감시에 대항하는 운동 외에 이러한 부분 운동을 포괄하는 정보 정의 실현을 위한 운동을 꼽을 수 있다.

그렇다면 네트워크를 도구로 활용하는 사회운동이나 네트워크에서 벌어지는 생활상의 이해를 중심으로 전개되는 사회운동의 실마리는 어디에서 찾아야 할까? 네트워크 사회운동의 실마리를 새로운 공공영역의 등장에서 찾는 '공공영역(public sphere)적 접근'과 '성찰성(reflexivity) 증대'에 따른 주체의 권능강화(empowerment)'라는 두 가지 흐름으로 나눌 수 있다.

자본주의가 생활공간을 생산공간과 소비공간으로 갈라놓았다면 디지털 혁명은 생활세계 자체를 '실제 현실'과 '가상현실(virtual reality)'로 분할하면서 일상적인 생활공간의 틀을 바꾼다. 생활세계는 통제와 관리의 공간이자 시민의 자율적인 활동과 결사가 이루어지는 공적 세계이다. 생활세계는 자본과 노동이 만나는 장소일 뿐만 아니라 모든 계급이 서로 엉기는 생활의 장이며, 계급관계가 발현되지만 거꾸로 계급관계가 소비와 생활을 통해 무뎌지는 공간이기도 하다(백욱인, 1996). 이러한 관점에서 네트워크를 통해 만들어지는 새로운 공간을 또 하나의 '공적 영역(public sphere)'으로 받아들이면서 이곳에서 실천을 모색하는 입장(Poster, 1997)이 등장한다.

이러한 입장은 일찌감치 네트워크의 시민권을 확보한 '전자프론티어재단(EFF)'을 위시한 자유주의자들의 전통과 닿아 있다. 이들은 정보와 컴퓨터, 네트워크를 새로운 평등의 수호자로 본다. 나이스비트(Naisbitt, 1984)는 네트워크가 본격적으로 진행되기 전인 1984년에 이미 컴퓨터가 산업사회의 집중화된 조직구조를 수평화한다고 주장했다. '수평화 도구로서의 컴퓨터'라는 인식은 1990년대에 들어 네그로폰테(Negroponte, 1994), 켈리(Kelly, 1994) 등 디지털 전도사의 선교를 통해 널리 대중화되었다. 이러한 입장은 전문직 종사자와 정보 자본가를 중심으로 하는 '가상계급(virtual class)'의 이데올로기라는 비판(Kroker, 1994)을 받기도 했지만 네트워크 사회운동의 중심적 축이라는 사실을 부인할 수 없다.

'기술유토피아주의'와는 다른 입장이지만 피오레와 사블(Piore and Sabel, 1984)도 '유연 전문화(flexible specialization)'론의 틀에서 정보기술의 긍정적인 측면을 받아들인다. "컴퓨터는 마르크스가 정의한 '장인적 도구(artisan tool)'에 딱 들어맞는다. 컴퓨터는 사용자의 생산능력에 반응하는 도구이다. 이것은 생산과정에 대한 인간의 통제를 회복한다"(Piore and Sabel 1984: 261). 이들은 새로운 정보기술이 경제적 차원에서 '경쟁적 협동(co-operative competition)'을 가능하게 하고, 사회적 차원에서 '공동체적 개인주의(collective individualism)'를 기반으로 '새로운 민주주의(yeoman democracy)'의 이상을 모색할 수 있다고 말한다(Piore and Sabel 1984: 306). 이러한 입장은 '캘리포니아 이데올로기'(Barbrook, 1996)를 대표하는 '제퍼스니언 자유주의(Jeffersonian liberalism)'와도 친화력이 있다.[1)]

한편 근대성과 성찰성에 대한 래시와 어리(Lash and Urry, 1994)는 현대사회에 대한 비판적 인식을 통해 현실에 개입할 수 있는 실천적 개입의 틀을 모색하고 있다. 이들은 현대 자본주의를 '흐름(flows)'의 경제로 포착하면서 주체의 '성찰성(reflexivity)' 증대와 '지구화(globalization)' 진전에 따른 '이동성(mobility)의 증대를 특징으로 꼽는다. 이들은 '근대성'에 대해 새로운 해석을 시도하면서 포스트모더니즘의 사회경제적 근거를 분석한다. 그리고 '성찰성' 증대라는 현대적 특성을 통해 정보

---

1) '제퍼스니언 자유주의'는 개인주의, 독립성, 다원주의, 다양성, 공동체를 지향한다. 제퍼슨은 시민 간 자유로운 의사교환을 자연권으로 인정했다. 또한 지식에 대한 그의 생각 — 지식은 인류의 공동재산이다 — 은 디지털 시대의 지적 생산물에 따르는 지적소유권 문제와 관련해 발로(Barlow) 등 자유주의자에게 많은 영향을 미쳤다. 한편 크로커(Kroker, 1994)는 정보 연관 산업에 종사하는 직업계층 가운데 핵심적 위치를 차지하는 집단을 가상계급이라고 부른다. 바브룩(Barbrook)은 이에 대해 미국적 특성과 정보산업체의 상업적 이데올로기를 결합한 자유주의 리버럴리즘이라고 비판하면서 '캘리포니아 이데올로기'라는 이름표를 붙였다.

사회에서 이루어질 수 있는 실천적 개입의 객관적 근거를 찾아낸다. 래시와 어리는 '진정한 미적 성찰성을 지니면서 미적 표출을 할 수 있는 개인'의 등장에 주목한다. 이렇게 주체적이고 성찰적인 개인은 네트워크를 통해 '연대하는 개인주의'로 확장될 수 있기 때문에 실천적인 차원에서 매우 중요한 의미를 띠게 되는 것이다.

래시와 어리의 논의는 일상생활의 장에서 반항의 거점을 모색하는 가타리(Guattari, 1998)와 르페브르(Lefebvre, 1991)의 대안과 같은 맥락이다. 가타리의 '리좀(rhizome) 모델'을 차용해 네트워크의 실천을 모색하는 레이(Wray, 1998)도 인터넷의 수평적 구조를 열림의 철학과 실천으로 연결하고 있다. 레이는 네트워크의 수평적 연결과 가타리의 비위계적인 리좀 모델 간의 유사성에 착안해 네트워크의 저항을 모색한다. 중심의 권위와 권력이 만들어낸 동질성의 언어를 부정하고 다양한 개체의 '복수성(multiplicite)'이 엮어내는 수평적 결합을 모색하는 가타리의 리좀 모델은 네트워크 사회운동과 유사성이 많다고 보는 것이다. 수평적으로 산재한 개체가 접속을 통해 연대와 결속을 이루면 새로운 저항의 거점이 생겨나고 이를 통해 새로운 사회운동이 가능하다는 주장이다. 문제는 다양한 개체(분자)를 어떻게 결합하고 조직화하느냐에 달려 있다.

3. 사상과 표현의 자유를 위한 운동

네트워크에서 가장 먼저 쟁점화되고 실제로 효과를 거둔 운동은 사이버 스페이스에 대한 정부의 개입과 법률적 통제에 대항한 운동이었다. 이는 정부가 사이버 스페이스를 통제하기 위해 법률적으로 개입하거나 통제하는 것에 대항해 시민적 차원에서 네트워크의 연대를 통해 여론을 형성하고 사이버 스페이스의 자율과 권리를 확보하기 위한 운동영역이다. 1996년 미국의 통신개정법을 둘러싸고 벌어진 '통신품위법' 관련 운동이 사상과 표현의 자유를 위한 네트워크 시민권 확보운동의 가장 핵심적인 영역을 만들어냈다.

우리나라에서도 '통신질서확립법'을 둘러싼 논란이 거세게 일고 있다. 이른바 '통신질서확립법'은 '개인정보보호 및 건전한 정보통신질서확립 등에 관한 법률'이라는 긴 이름처럼 개인정보보호에서 내용등급제에 이르기까지 네트워크에서 발생할 수 있는 온갖 문제에 대한 규제를 다룬 법안이다. 이에 대해 시민사회단체는 즉각 공동성명서를 발표하고 과도한 규제와 권한 집중을 가져올 개정안을 철회하라고 요구했다. 2000년 8월 18일 '진보네트워크'는 통신질서확립법 반대 홈페이지(http://freeonline.or.kr)를 개설해 통신질서확립법에 대한 네티즌의 참여를 불러일으켰다. 1996년의 미국 '통신품위법' 제정 및 위헌판결과 유사한 흐름이 우리나라에서도 일어난 것이다. 정보통신부 홈페이지 게시판에서는 자발적으로 [검열반대]라는 말머리 달기 시위가 이루어졌다. 결국 정보통신부 홈페이지가 10시간가량 접속할 수 없는 상태에 빠졌고 경찰은 진보네트워크 센터를 수사했다.

민주주의의 기초는 사상과 표현의 자유이다. 그런데 사상과 표현의 자유는 집단적 차원에서도 보장받아야 한다. 집단적 차원에서 사상과 표현의 자유를 적극적으로 표출하려면 집회와 결사의 자유가 필요하다. 자신의 사상과 표현을 남에게 알리기 위해 집회를 열고 결사를 만드는 것은 민주주의의 시발이다. 이는 네트워크사회에서도 예외가 아니다. 사상과 표현의 자유는 네트워크를 유지하는 가장 기본적인 요소이며, 시위와 결사는 네티즌의 생각과 의사를 전달하는 가장 확실한 표현 가운데 하나이다. 해커 한 명이 기술적 수단을 사용해 특정 사이트를 마비시키거나 전산망을 뒤죽박죽으로 만들어놓는 것과 네티즌이 홈페이지를 방문해 자신들의 거부 의사를 표현하는 것은 아주 다르다. 정보통신부의 홈페이지를 접속할 수 없는 상태에 빠뜨린 '온라인 연좌시위'는 특정 사이트에서 웹브라우저의 '새로 고침(reload)' 버튼을 계속 눌러서 홈페이지를 차지하는 방식이다. 이것은 해킹이 아니라 참여와 연대다. 네티즌의 사상과 표현의 자유를 억압할 수 있는 법률안에 대해 집단적인 항의와 거부를 나타내는 표시로 이보다 더 확실한 방법이 무엇이겠는가? 이 운동방식은 네티즌이 생활상의 이해를 확보하기 위해 네트워크를 활용한 운동이다.

'크리티컬 아트 앙상블(Critical Art Ensemble, 1995)'이라는 단체가 벌인 '플러드 네트(Floodnet)'도 네트워크 사회운동의 한 사례이다.[2] 이들은 4~5명의 소집단을 이루고 소프트웨어로 특정 대상물을 공격해 자신들의 의사를 알리는 '해커 행동주의'를 시도했다. 이들은 소수 인원으로 최대 효과를 발휘할 수 있는 이 방식을 '전자교란' 전술이라고 불렀다. 그러나 이 전술은 당국의 역공격을 받기 쉬울 뿐만 아니라 대중의 지지를 확보하기도 쉽지 않았다.[3] 그래서 해커 행동주의의 공세적

---

2) 이들이 주장하는 '가상 농성점거(virtual sit-in)' 전술은 다양한 기술적 방법을 사용해 전자적으로 교란을 일으키는 것이다. 여러 사람이 동시에 특정 사이트에 접속해 연좌농성을 하는 것처럼 특정 사이트의 기능을 잠정적으로 정지·교란시킨다. 상대편도 기술적인 차원에서 대비책을 준비하기 때문에 싸움의 성패를 가르는 요인은 수적인 우위가 아니라 기술적인 전문성이다. 따라서 전자교란 전술에서 핵심적인 위치를 차지하는 것은 '해커 행동주의(hacktivism)' 같은 기술적 실천이다.

3) 실제로 멕시코 정부는 크리티컬 아트 앙상블이 벌인 플러드 네트의 가상공격

형태를 '시민불복종운동'이라는 좀 더 대중적인 방식으로 바꾸게 된다.

시민불복종운동은 네트워크상에서 시민운동단체가 가장 일반적으로 쓰는 것이다. 이 방법은 기술적인 의존도가 그리 높지 않고 네트워크상의 쟁점이나 생활상의 요구를 전개하는 데 매우 효과적이다. 앞으로 네트워크의 새로운 사회운동에서 '전자적 시민불복종운동(Electronic Civil Disobedience)'의 위치는 매우 중요해질 것이다. '전자적 시민불복종운동'의 가장 흔한 형태는 자신의 생각을 전달하기 위해 의사를 전달하려는 상대편 홈페이지 게시판에 글을 올리는 것이다. 거리에서 플래카드를 내걸거나 서명을 받는 것처럼 홈페이지에서 로고나 특정한 문구를 달아 의견을 결집하고 온라인 서명을 받아 생각의 결집을 도모하는 것이다.

네트워크 사용자는 수동적인 소비자가 아니라 적극적으로 개입·참여해서 스스로 미디어의 내용과 형식을 창출하는 주체이기 때문에 이러한 네트워크 사회운동의 성패는 온라인으로 이루어지는 '민초 행동주의(grassroot activism)' 및 광범한 참여와 연대를 기반으로 운동을 어떻게 확산하느냐에 달려 있다. 네트워크의 생활상의 이해 중 가장 중요한 것은 네트워크의 커뮤니케이션 틀에 주목하면 '사상과 표현의 자유'이고, 공동체적 성격에 주목하면 '집회와 결사의 자유'이다. 네트워크 사회운동의 성패는 온라인 운동과 오프라인 운동의 적절한 결합, 네트워크 사회운동의 지속성을 확보하기 위한 꾸준한 업데이트, 네트워크 사회운동의 확산을 위한 링크 및 연대의 형성 등에 달려 있다. 국가권력이나 정부와 대항해 기본적인 시민권을 확보하려는 시민운동은 현실

과 봉쇄에 대응하기 위해 소프트웨어 차원에서 전략을 세웠고 플러드 네트의 전자교란과 봉쇄는 실패한 바 있다.

사회운동에서 핵심적인 위치를 차지하며 사이버 스페이스에서도 가장 중요한 위치를 차지한다. 앞으로 정부의 통제와 감시 및 신기술을 활용한 개입의 틀은 더욱 확대될 것이다. 이러한 흐름에 대응하기 위해 네트워크 사회운동 역시 지속적인 전개를 펼쳐나갈 것으로 예상된다.

4. 지적재산권과 정보공유운동

인터넷 초기 사용자들이 지향했던 공동체주의나 나눔의 정신은 네트워크에서 현실세계의 지배질서를 무너뜨리는 '탈상품화(decommodification)', '탈중심화(decentralization)'의 가능성을 보여주었다. 그렇지만 인터넷 사용자가 빠른 속도로 증가하고 자본과 국가의 통제 및 개입이 늘어나자 초기 네트워크의 특징으로 이야기되던 탈상품화와 탈중심화의 가능성이 채 실현되기도 전에 '재상품화(recommodification)'와 '재중심화(recentralization)'라는 정반대의 흐름이 몰아치고 있다. 자료와 정보의 공유를 주장하며 '자유 소프트웨어 운동'을 전개하던 흐름도 '지적재산권'의 확대 강화라는 추세에 밀리고 있다.

자본의 주도 아래 이루어지고 있는 미래의 '디지털 신경제'(Kelly, 1998)는 지적재산권의 확장 없이는 불가능하다. 자본이 정보독점과 네트워크의 재상품화를 추구하는 이유는 네트워크에서 오가는 정보사용료를 지구적 차원에서 법적으로 인정받는 법안을 확립하기 위해서다. 정보자본은 자신의 향후 운신을 위해 '디지털 지적재산권'의 확보를 필요로 한다. 지적재산권의 정치는 이해관계가 다른 사회집단 간 대립에 따라 상이한 전선을 만들어낼 것이다. 곧 디지털 컨텐츠 강국인 선진 자본주의, 특히 미국과 제3세계 간 대립, 거대 독점자본과 사용자 간 대립, 컨텐츠 제작자와 기업 간 대립 등 지적재산권을 둘러싼 이해관계를 축으로 다양한 전선이 형성될 것이다. 결국 네트워크 사회운동의 핵심은 사용자의 사용권을 어떤 수준에서 어떻게 확보하느냐의 문제가 될 것이다.

이를 위해 여러 대안이 마련되고 있지만 핵심은 역시 '탈상품화'된 영역을 다시 상품화하고 빼앗긴 자본의 영토를 탈환하는 방향으로 전개될 전망이다. 현재는 현실사회의 기본적인 대립점인 자본과 노동 간 갈등이 독점적 저작권과 공유권을 놓고 '지적재산권 문제'로 발현되고 있다.

저작권과 공유권의 대립은 우리의 일상생활로 성큼 다가왔다. 개인 컴퓨터에 저장된 MP3 파일을 공유할 수 있게 해주는 냅스터(Napster)라는 프로그램이 배타적 저작권과 파일공유 간 대립에 불을 지폈다. 이 프로그램이 몰고 온 네트워크상의 지각변동은 엄청나다. 냅스터라는 프로그램을 설치하면 컴퓨터에서 검색을 통해 원하는 곡을 내려 받을 수 있다. 동네 아이들이 만화책을 서로 돌려보는 것처럼 음악소스를 소유한 사용자들이 음악파일을 공유하고 교환하는 것이다. 이렇게 해서 네트워크상에 음악파일을 공유하는 커뮤니티가 만들어진다.

냅스터로 대표되는 디지털 컨텐츠 공유현상은 디지털 시대의 음악과 지적재산권, 음악가와 소비자 간 관계에 새로운 지평을 열 것으로 보인다. 물론 이 프로그램을 만든 회사는 수익을 목적으로 한 벤처기업이다. 그러나 이 회사는 컨텐츠를 공유할 수 있는 소프트웨어를 무료로 제공해 공유와 나눔을 촉진하는 모순을 낳았다. 벤처기업이 만든 프로그램이 사용자 간의 나눔과 공유를 촉진하는 오픈 컨텐츠 운동의 시발점을 제공한다는 모순이 바로 디지털 신경제의 야누스적 모습이다.

파일공유 프로그램을 운영하는 사이트가 냅스터처럼 중앙집중식 데

이터베이스를 갖고 있다면 접속한 사람과 파일을 공유한 사람을 골라내는 것은 어렵지 않다. 인기 락 그룹 메탈리카(Metallica)는 냅스터를 사용했던 30만 명의 아이디를 확보하고 그들에게 음악공유를 중지할 것을 요구했다. 그러나 냅스터를 포함한 파일공유 프로그램이 네티즌에게 던지는 질문은 MP3 파일을 둘러싼 저작권에 국한되지 않는다. 파일공유 프로그램으로 처음 제기된 문제는 음반 저작권자의 저작권 침해 소송이었지만, 이제는 역으로 사용자의 사생활 문제를 건드리고 있다. 여기에서 사용자의 아이피(IP) 주소 추적이나 신원을 보호하기 위한 익명성의 문제가 제기된다. 그누텔라(gnutella)라는 프로그램은 익명성을 통해 사생활 문제를 극복하려고 한다. 그누텔라는 소스를 공개하는 '자유 소프트웨어(free software)'의 정신을 이어받는다는 의미에서 소프트웨어 소스를 인터넷에 공개하고 프로그램 이름 앞에 그누(gnu)라는 접두사를 붙였다. 우리는 그누텔라 사례에서 자유 소프트웨어 운동과 오픈소스 운동이 소프트웨어 프로그램에 대한 저작권이라는 좁은 울타리를 넘어 각종 디지털 컨텐츠(음악, 책, 비디오 영상물, 그 밖의 멀티미디어)와 관련된 '반저작권(anti copyright)' 운동으로 연결될 가능성을 본다. 오픈소스 운동이 전문 프로그래머의 파일소스 공유와 참여를 유도하는 것이었다면 반저작권 운동은 개인 사용자의 파일공유를 바탕으로 네트워크에서 나눔과 공유를 촉진하는 운동이다. 이것은 저작권을 주장하는 사람들에게 심각한 도전이 아닐 수 없다. 그누텔라보다 한 단계 더 앞서 나간 프로그램은 '자유 네트워크(free network)' 프로젝트이다. 아일랜드 더블린에서 태어난 프로그래머 이안 클라크가 전개하고 있는 프리넷(Freenet)이라는 프로젝트는 지적재산권을 없앤다는 정치적·사회적 동기를 분명히 선언하고 있다. 프리넷은 탈중심의 정보 시스템을 추구하고 익명성 차원에서 사생활을 보호하기 위해 정보를 프리넷 도처에 분산한다.

이런 파일공유 프로그램이 제기하는 문제 가운데 가장 획기적인 것은 파일공유와 관련된 기술문제이다. 인터넷의 월드와이드웹(WWW)은 정보와 자료를 효율적으로 공유하기 위해 고안된 것이다. 이때는 서버 위주의 공유가 중심이었고 지금도 전용선에 물린 서버를 중심으로 자료가 공유된다. 하지만 인터넷 환경은 몇 년 사이에 엄청나게 바뀌었다. 인터넷을 사용하는 일반 대중이 늘어나고 이윤을 추구하는 기업이 인터넷을 점령하다시피 했다. 이제 일반 사용자도 자신의 컴퓨터에서 전화선을 비롯해 각종 방법으로 서버에 접속할 수 있게 되었다. 이제 서버가 아니라 개인 컴퓨터에서 바로 자료와 정보를 나눌 수 있는 새로운 검색방법이 요구된다. 이런 시점에서 MP3 파일을 비롯해 갖가지 파일을 개인 컴퓨터 수준에서 공유할 수 있는 프로젝트인 프리넷이 이루어진 것이다.

파일공유 프로그램은 기술적인 진보이다. 그리고 초기 인터넷의 공유정신을 가로막는 저작권과 지적재산권 실행에 대항하는 사용자 차원의 강력한 대안이 될 수 있다. 이 점이 냅스터, 그누텔라, 프리넷의 숨은 가능성이자 사회적 의미이다.

5. 사생활과 정보공개운동

국가권력과 자본의 감시와 통제는 자본주의사회에서 일상적으로 이루어진다(Lyon and Zureik, 1996). 국가권력은 사회구성원의 활동과 사회적 환경을 토대로 이들이 무엇을 생각하는지, 어떤 행동을 할지 예측하고 통제한다. 전자감시란 데이터베이스를 활용해 개인의 생각과 행동을 감시하는 것이다. 개인의 신상에 관한 주민등록정보가 경찰청의 범죄기록 데이터베이스와 연동되어 활용되기는 매우 쉽다. 우리는 최소한 한두 번 정도 불심검문을 당한 경험이 있다. 내 주민등록번호는 곧바로 경찰청의 범죄기록 데이터베이스에서 조회된다. 우리는 자신의 과거가 축적된 데이터베이스를 활용한 전자연고제에 얽매어 있다. 공공질서의 유지와 사회안녕이라는 명목 아래 공공연하게 이루어지고 있는 국가권력의 감시와 통제에서 자유롭지 못한 것이다.

전자감시는 국가권력에 의해서만 이루어지지 않는다. 정보기술이 생산에 도입되고 각종 감시 및 통제기술이 발전하면서 작업장의 노동자는 각종 신기술에 의해 전 작업과정을 낱낱이 감시당한다. 감독관의 노골적 통제에서 정보와 기계를 활용한 통제로 옮아가고 있는 것이다.

전자 눈의 감시와 통제는 현실세계뿐만 아니라 사이버 스페이스에서 더욱 공공연하게 이루어진다. 사이버 스페이스는 네트워크를 통해 이루어지는 정보와 생각의 나눔터이다. 이곳에서는 갖가지 생각이 오가고, 공동체가 만들어지고, 아이디어와 의견이 교환된다. 그러나 사이버 스페이스는 전자기술을 활용해 만들어진 공간이기 때문에 전자기술을 활용한 감시와 통제가 일상적으로 이루어질 수 있다. 네트워크 소프트웨어 기술을 이용하면 개인 신상정보와 개인이 사이버 스페이스에 남긴 생각과 활동에 관한 정보를 손쉽게 추적할 수 있다. 그래서 이에 대한 사회적 대책을 마련하지 않는다면 사이버 스페이스는 자유의 왕국이 아니라 감시와 통제가 판치는 공간으로 전락할 수 있다.

그렇다면 전자감시체제에 대항하는 새로운 저항운동은 어떻게 이루어져야 할까? 무엇보다도 사생활 보호와 정보공개 요구를 함께 결합해 제기하는 것이 중요하다. 사생활 보호와 정보공개의 관계는 동전의 앞뒷면과 같다. 공공기관과 권력이 수집한 시민에 관한 정보와 세금으로 만든 자료와 정보, 시민을 대상으로 수집한 통계자료 등은 공개되어야 마땅하고 모든 사회구성원이 자유롭게 사용할 수 있어야 한다. 그래야 공공정보이다. 그렇지 않으면 그것은 권력의 정보이고 권력을 유지하기 위한 정보가 된다. 따라서 사생활을 충분히 보호하는 수준에서 공공적으로 축적된 모든 정부 관련 정보는 원칙적으로 공개되어야 한다. 그래야 권력이 투명해지고 권력의 부패가 줄어든다.

'정보의 공유와 공개'를 위한 운동은 사회적 차원에서 참여 대중의 여론을 만들고 쟁점을 결집하는 것 이외에 즉각적으로 사이버 스페이스 내에서 실천을 감행할 수도 있다. 정보의 공개를 촉구하는 해커의 이념과 전자기술을 활용한 교란전술 등을 활용해 직접적으로 네트워크를 교란할 수 있다. 이러한 운동은 뛰어난 기술을 갖춘 전문가나 기술자의 활동을 중심으로 전개된다. 그러나 이러한 운동은 네트워크 교란을 감행하고 직접적으로 특정한 흐름에 타격을 가할 수는 있지만 대중적인 지원과 지지를 확보하지 못한다면 대중과 고립된 전위의 일탈행위로 전락할 가능성도 있다. 따라서 이러한 전위적 실천은 대중과 접점을 확대하면서 운동의 대중화를 위한 방안을 마련할 필요가 있다.

더 나아가 정보공개운동은 더 넓은 의미의 정보 정의를 실현하는 운동으로 연결되어야 한다. 정보 정의(information justice)를 실현하기 위한 운동은 현실 운동과 사이버 스페이스 운동을 결합하고, 운동의 전문성을 기반으로 정책적 대안을 마련하면서, 공동행동의 구체적 사안을 실천에 옮겨야 한다. 시민의 공적 요구를 개인적 이해관계와 연결해야 정보 정의를 위한 운동이 현실에 뿌리내릴 수 있다. 운동방식에서도 종래의 타성에서 벗어나 전문적 차원의 수많은 운동거점을 마련해 이들을 네트워크에서 서로 연결해야 한다. 이때 전문적 운동거점 간의 연결 노드를 폭발의 기점으로 잡아서 작지만 강력한 저항 단위를 충실한 네트워크로 엮을 수 있어야 할 것이다.

사이버 세계라는 새로운 공간에서는 기존의 권력관계가 잘 통하지 않는다. 국가의 주권이 제한되고 국가 간 경계가 상실되면서 네티즌의 연결을 통한 새로운 권력관계가 만들어진다. 네트워크 효과를 통해 새로운 경제법칙이 적용되는 것과 마찬가지로 네트워크상에서 새로운 권력이 출현하는 것이다.

막스 베버의 고전적인 권력 개념은 "다른 사람의 행위에 자신의 의지를 관철할 수 있는 개연성"이다. 이러한 권력 개념은 조직의 위계구조를 설명하는 데 유효하다. 조직에서 형식적인 지도력이 있는 사람은 의도된 목표를 달성하기 위해 다른 사람을 지배할 권리와 책임이 있다는 설정이다. 권력이론과 조직론에서는 비대칭적이고 일방적인 이런 권력의 개념을 사용해왔다.

그러나 권력의 '출현적(emergent)' 속성에 주목하면 과거와는 다른 동적인 '힘'과 '권능강화'를 설명할 수 있다. 출현적 힘은 관계에서 나온다. 이것은 타인을 통한 권력이거나 타인과 함께할 때 드러나는 '힘'이다. 출현적 힘은 "상호관계를 통해 각 사람의 에너지, 자원, 힘, 권력 등을 의도적으로 동원할 수 있는 능력"이며, 수평적인 관계를 통해 힘을 만드는 것이다(Rees, 1999). 네트워크는 이런 힘을 만드는 기반이다. 이에 반해 실체적 권력은 지위나 폭력에 입각해 있기 때문에 힘의 행사는 불균등한 관계를 수반하며 지배와 피지배라는 불평등한 구조를 만들고 이것이 사회 전반에 불평등한 결과를 가져온다. 권력은 '잡는 것'이다. 권력을 행사하는 지위는 개인의 능력과 무관하게 그 지위에 있는 사람에게 힘을 부여한다. 이런 권력은 상대적이다. 지배와 피지배, 주인과 종이라는 관계가 없다면 권력은 존재하지 않는다. 전반적으로 전통적인 권력은 조직에서 퇴화하고 있다. 구체적이고 미시적인 차원에서 보면 학교, 가정, 회사에서 이러한 권력은 마모되는 과정에 있다. 완력과 지위에 따른 힘만으로 상대를 제압하거나 통제하기가 대단히 어려워진 것이다. 이런 맥락에서 국가권력의 변화 및 시민권력의 위상 강화라는 현실에 주목할 때 기동전, 진지전, 네트워크전으로의 변화가 권력과 관련해 무엇을 시사하는지 고민해볼 필요가 있다.

6. 네트워크를 이용한 현실 사회운동

앞서 우리는 사상과 표현의 자유를 위한 운동, 지적재산권을 둘러싼 운동, 정보공개 및 정보 정의를 실현하기 위한 운동을 살펴보았다. 네트워크 사회운동은 공공영역인 네트워크사회에서 네티즌의 생활상의 이해를 집약하는 운동이며, 참여 주체의 성찰성을 기반으로 네트워크를 실현하는 운동이다. 앞서 살펴본 운동영역은 네트워크 사회운동의 핵심을 이룬다. 네트워크에서 발생하는 문제를 해결하기 위한 이러한 네트워크 사회운동은 현실세계의 사회운동과 연대해 다양한 네트워킹을 구축해야 할 것이다. 아울러 현실세계와 접점을 놓치지 않으면서 네트워크 사회운동이 사이버 스페이스로 고착되는 것을 경계해야 한다.

전자프론티어재단(EFF)의 자문위원인 고드윈(Godwin, 1998: 62)은 좌우 근본주의자들이 보이는 인터넷에 대한 소극적인 태도가 '자유에 대한 공포'라고 표현했다. 우리나라의 경우 정치적 행동주의의 입장에서 네트워크 사회운동의 가능성을 모색하는 움직임은 아직까지 본격적으로 전개되지 않고 있다. 정치적 행동주의자들은 컴퓨터와 네트워크를 새로운 지배 도구나 자본의 도구로 평가절하한다. 이들은 네트워크를 활용하거나 네트워크 사회운동을 전개하는 것이 사회운동이 발전하는 것과 별로 관련이 없거나 현실 사회운동에 비해 부차적이라고 본다. 그러나 네트워크에 대한 부정적 평가는 네트워크를 사용하는 저항과 실천에 대해 논의의 불모를 낳는다. 네트워크에 대한 근본주의적 비판이나 근거 없는 비난으로는 새로운 디지털 시대에 대응해나갈 수는 없다.

네트워크를 운동수단으로 활용한 대표적인 사례에는 멕시코 농민 반란군인 사파티스타를 꼽을 수 있다. 혁명군 부사령관인 마르코스는 네트워크를 통해 농민 반군의 대의를 전 세계에 전파했다. 인터넷이 혁명 도구로 잘 활용된 사례이다. 물론 인디오로 구성된 농민 대부분은 인터넷은커녕 컴퓨터도 다루지 못한다. 사파티스타는 공동체를 형성하는 틀로 네트워크를 활용하지는 못했지만 핵심 지도부가 인터넷의 가능성을 극대화해 활용한 대표적인 사례이다.

각종 운동단체나 안티집단도 저항의 도구로 인터넷을 활용한다. 각종 안티사이트는 대기업이나 거대 조직을 상대로 힘과 권력에 대항해 비판을 가하거나 새로운 대안을 제시한다. 중·고등학생이 주축이 되어 전개한 '노컷'운동은 인터넷을 도구로 활용해 여론의 지지를 얻고 자신의 목적을 이룬 대표적인 사례이다. 10대는 인터넷에서 두발길이 제한에 반대하는 서명운동을 활발하게 전개했다. 인터넷은 이들의 목소리를 전달하기에 아주 좋은 도구였다. '노컷'은 머리카락을 자유롭게 내버려두라는 운동이지만 이들의 주장에는 학교교육에 대한 부정과 저항이 담겨 있다.

인터넷에서 이루어지는 10대의 항의는 스스로 자신의 요구를 결집했다는 점에서 중요하다. 이들의 행위는 머리카락을 자르거나 각종 규제를 통해 청소년을 통제하려는 기성의 발상에 경종을 울린다. 아이들은 인터넷을 통해 서로 소통하고 힘을 모아 자신의 목소리를 낸다. 인터넷을 통한 '권능강화(empowerment)'를 잘 보여주는 사례인 것이다.

7. 요약 및 결론

사람들이 중요한 쟁점을 끄집어내고 이에 대한 자신의 입장과 태도를 결집해 궁극적으로 정치과정에 반영하는 것이야말로 민주주의의 기본이다. 이를 위해서는 참여와 연대를 위한 기본적인 조건이 갖추어져야 한다. 그렇다면 인터넷은 참여와 연대를 위한 조건을 제공하는가? 네트워크상의 참여와 연대를 위해서는 사회구성원 전체가 네트워크에 접근해(access), 자신의 목소리(voice)를 내고, 서로 대화(dialogue)할 수 있는 세 가지 조건을 갖추어야 한다(Kurland, 1996). 이것이 '민주적인 참여(democratic participation)'를 위한 기본 조건이다.

정보에 대한 접근과 획득이 참여의 필요조건이며, 서로 만나고 상호 소통하면서 결사하는 것이 연대를 형성하기 위한 충분조건이다. 네트워크에서 여론이 형성되는 과정은 두 단계로 나눌 수 있다. 첫 번째 단계는 정보 획득과 소통단계이다. 두 번째는 결속과 연대가 이루어지는 단계이다. 물론 정보 획득과 소통단계에서 결속과 연대가 아닌 갈등과 대립이 이루어질 수도 있다. 하지만 갈등과 대립의 축은 연대와 결속의 근거이기도 하다. 네트워크는 여론을 만들고 사람을 끌어모으는 새로운 도구이다. 인터넷의 기술적 특성이 이러한 가능성을 제공해준다. 그러나 사려 깊은 판단과 지속적인 실천 없이 자동적으로 이런 가능성이 현실로 이루어지는 것은 아니다.

네트워크 사회운동은 공공영역인 네트워크사회에서 네티즌의 생활상의 이해를 집약하며, 참여 주체의 성찰성을 기반으로 네트워크를 실현하는 운동이다. 이런 신사회운동은 운동주체와 쟁점의 기반을 근거로 다음처럼 유형화할 수 있다. 운동의 출발점과 확산 방향에 따라 ① 현실에서 사이버 스페이스로 옮겨가는 운동, ② 사이버 스페이스에서 현실로 진입해가는 운동으로 나눌 수 있다. 운동영역 ①은 생활상의 이해를 중심으로 진행되는 기존의 사회운동영역이다. 운동영역 ②는 네트워크에서 일어나는 생활상의 이해를 기반으로 하는 신사회운동이다. 앞서 살펴본 사상과 표현의 자유, 지적재산권을 둘러싼 영역, 정보공개 및 정보 정의를 실현하기 위한 운동이 여기에 포함된다. 이 부분은 네트워크 사회운동의 핵심적 영역을 차지하는 것으로서 기존 현실세계의 사회운동과 연대해 다양한 네트워킹을 구축해야 할 것이다. 아울러 현실세계와 접점을 놓치지 않으면서 네트워크 사회운동이 현실에서 고립되는 것을 항상 경계해야 한다. 즉 네트워크 사회운동은 ① 현실 사회운동과 연관성을 유지하면서, ② 서로 다른 집단 간의 연대를 매개하는 '다리(bridge)'가 되어야 한다. 네트워크는 얼굴과 얼굴을 맞댄 '육체성의 관계(face-to-face)'를 토대로 만남의 전후를 연결하는 시간의 다리가(확대 확장의 도구)가 되어야 한다.[4] 네트워크 사회운동은 기존의 사회운동을 서로 결합하고 확장하는 데 커다란 효력을 발휘할 수 있다. 네트워크는 현실 사회운동과 사이버 스페이스에서 벌어지는 사회운동을 결합할 수 있다. 네트워크는 지식인과 행동주의자, 민초를 서로 잇는 강력한 연결 도구로 활용될 수 있는 것이다. 네트워크는 지리적 제한과 공간적 한계를 뛰어넘어 상호지지와 연대의 폭을 넓힐 수 있다. 또한 지속적인 논쟁과 폭로를 전개할 수 있으며 개별적 주체의 작은 이해도 쟁점화할 수 있는 유연성을 지닌다.

네트워크는 현실과 동떨어진 새로운 공간이 아니라 현실사회와 연

4) 에치오니(Etzioni, 1999)는 '면대면(f2f)' 관계에 기반을 둔 공동체와 '컴퓨터를 매개(CMC)'로 한 공동체를 비교하면서 f2f와 CMC를 결합한 잡종(hybrid) 공동체에 대해 논의하고 있다.

결 시스템을 이루는 현실세계의 구성 부분이다. 네트워크 사회운동은 현실 사회운동의 한 부분이다. 유아독존적인 네트워크 사회운동은 있을 수 없다. 현실사회의 기반은 여전히 네트워크가 아니라 물질세계인 것이다. 물론 네트워크의 상대적 자율성은 인정되어야 하지만 현실세계와 연결점을 상실한 네트워크 사회운동은 고립된 운동으로 전락할 것이다.

디지털 연대의 또 다른 단점은 일시성과 체질적 허약성이다. 네트워크 안에서 전개되는 운동이 현실세계에서 구체적으로 실천되고 조직되지 못한다면 이 운동은 지속성과 현실성을 확보할 수 없다. 네트워크에 입각한 디지털 연대는 일시적으로 결집하는 기동성은 높지만 지속적인 연대와 활동이 어렵다는 문제점이 있다.

접속하지 않는 한 네트워크 사회운동은 없다. 네트워크 사회운동의 가장 기본적인 조건은 접속이다. 앞으로 새로운 운동영역을 개발하고 이를 참여 주체의 성찰성과 결합해 기술적인 실천을 토대로 하여 적극적으로 개입한다면 네트워크 사회운동은 다양해질 것이다.

그러나 네트워크에서만 이루어지는 실천은 제한적일 수밖에 없다는 사실을 인정해야 한다. 네트워크의 풀뿌리 민주주의가 긍정적인 가능성을 띠고 있지만 네트워크만의 실천이 공허한 이유는 무엇일까? 이것은 최종적인 권력이 결국 현실세계에서 실현되기 때문이다. 사이버 스페이스를 통해 퍼져나가는 여론의 영향력 확대는 권력이 아니다.

제 8 장

촛불시위와 대중*

정보사회의 대중 형성에 관하여

1. 머리말

2008년 촛불시위를 주도한 대중은 어떻게 생겨나서 무슨 일을 했는가? 대중은 '촛불'이 되었다가 '정보'가 되기도 하고, 대도시의 차로를 촛불의 물결로 뒤덮는가 하면 시청 광장을 온통 축제의 난장으로 뒤바꾸어놓기도 했다. 그들은 현실세계와 사이버 세계를 빠른 속도로 오가면서 양자를 구분하는 것조차 무의미하게 만들었다. 다양한 직업군과 서로 다른 세대가 가로지르면서 엮어낸 소통의 망은 촛불대중을 활성화했다. 2008년 4월에 중학생들의 촛불 모임에서 출발해 6월 10일 거대한 대중 시위가 벌어질 때도 대중의 새로운 움직임이 무엇을 의미하는지 제대로 알기는 몹시 힘들었다. 거리로 나온 이들이 누구인지, 어떻게 만들어졌는지, 무엇을 하는지, 이들의 욕망과 의지가 무엇인지도 잘 알 수 없었다. 2008년 촛불시위에서 드러난 대중의 모습은 이제까지 보던 것과는 사뭇 달랐다. 이들은 온라인과 오프라인을 융합하고

* ≪동향과 전망≫ 통권 74호(2008년 가을·겨울)에 수록되었던 글이다.

'예술을 정치화'(벤야민, 1998: 169)하고, 제도권 정치를 희화화하면서 창발적으로 행동했다.

2008년 촛불시위의 중요한 의미 중 하나는 스스로 움직이고 생각하는 창발적 주체가 등장한 것이다. 새로운 대중이 전개한 촛불시위는 정치적 득실을 떠나 한국사회의 정치구조와 문화 전반에 걸쳐 이제까지와는 다른 문제의식을 던져주었다. 극도로 활성화되었던 대중은 무리의 모양을 풀고 해체되어 개별화된 '다중(multitude)'으로 되돌아갔지만 잠재태로서 다중은 행동의 불씨를 내포하고 있기 때문에 정보의 가속화를 통해 언제든지 행동하는 대중으로 양태(mode) 전환할 수 있다.[1)]

2008년 촛불시위에 등장한 대중은 언론과 국가권력에 의해 조작되는 멍청한 대중도 아니고 국가권력에 대항해 단일한 대오로 맞서는 혁명대중도 아니었다. 촛불대중은 정치적 성격뿐만 아니라 그들이 형성되는 과정도 과거와 많이 달랐다. 촛불시위가 대중운동을 형성하는 새로운 방식으로 자리 잡은 것은 2002년 '미선·효순 추모 촛불집회'가 이루어지던 때부터였다.[2)] 2002년은 대중 형성의 두 갈래를 보여주는

---

1) 이 글에서는 다중에 대한 본격적인 논의를 전개하는 대신에 다중을 현실적인 잠재태로, 대중은 잠재력이 활성화되는 상태로 설정한다. 다중은 세계화된 포스트포디즘 사회에서 다수가 존재하는 행태 및 특성을 지칭한다. 다중은 잠재적인 정치적 가능태이지만 현실적으로는 자본과 제국의 지배 아래 있는 다수이다. 이 글에서 대중의 구성 부분은 다중과 동일하지만 활성화된 다수의 무리로 존재하는 다중의 활동적 상태로 설정한다. '다중의 대중화'와 '대중의 다중화'는 정보사회 대중의 존재론적 위상과 실천론적 위상을 설정하는 데 필요한 또 다른 중요한 주제이다. 다중에 대해서는 하트와 네그리(Hardt & Negri, 2001, 2005) 및 비르노(Virno, 2004) 참조.

2) 김원(2005: 133)은 '2002년 하반기를 '결정적인 국면(critical juncture)'으로 삼아 이때부터 촛불시위가 사회운동에서 보편화된 대중조직화 방식 내지 저

시기이다. 이 해에는 시청 광장에서 벌어진 월드컵 거리 응원에서 스펙터클로서 대중 형성이 시작되었고 반미의 정치적 성격을 띤 '미선·효순 추모 촛불집회'가 인터넷을 매개로 처음 열렸다. 2002년의 문화적인 축제와 정치적인 시위는 2008년 미국 쇠고기 수입반대 촛불시위에서 별 무리 없이 결합하기에 이른다.

물론 2002년 촛불집회 이전에도 대중운동은 존재했고 대중운동에서 축제성과 정치성의 결합이 2008년 촛불집회에서 처음으로 나타난 것도 아니다.[3] 2002년 이전의 대중은 1987년 6월 항쟁에서 전형적인 모습을 찾을 수 있다. 당시 국가권력은 활동적인 대중의 형성 자체를 허락하지 않았다. 그나마 상대적으로 대중을 형성할 수 있는 조건이 자유로웠던 대학에서 학생대중의 집회와 시위가 이루어질 수 있었다. 1987년 6월 항쟁 때 시청 광장에 모인 시민대중의 핵심에는 조직화된 학생대중과 선진대중이 자리 잡고 있었다. '독재타도'와 '호헌철폐'라는 단일 전선 앞에 하나의 대오로 결집된 시위군중은 시종 진지했고 미디어의 매개 없이 직접 행동했다.

한편 2002년 6월에 월드컵을 응원하는 대중은 월드컵이라는 스펙터클을 중개하는 거리 방송에 의해 매개되면서 만들어진 '스펙터클 대중'의 효시였다. '붉은 악마'라는 대중은 길거리에 고밀도로 압축되어 국민적인 응원을 즐겼고 국가 간 축구전쟁에 열광했다. 축구경기 결과에 매개되면서 엄청난 대중 에너지가 폭발했지만 이들은 외파(explosi-

---

항의례로 자리 잡았다고 본다.

3) 2008년 촛불시위에서 나타났던 축제적인 행태는 이미 1980년대 학생운동에서 쉽게 찾아볼 수 있었다. 그러나 놀이와 축제의 주체적 스펙터클 창조가 일반 대중의 수준에서 이루어졌다는 데 촛불시위와 이를 주도한 촛불대중의 사회적 의미가 있다.

on)로서의 대중이었고 사건을 만들기보다는 보고 즐기는 수동적인 위치에 머물러 있었다. 그러나 2002년 월드컵 거리 응원을 즐긴 대중은 투쟁과 전투의 장을 놀이와 축제로 옮기면서 내용적 차원에서 새로운 대중의 행동을 보여주었다. 반면 같은 해에 일어난 '미선·효순 추모 촛불집회'는 반미라는 정치성을 띠고 있었지만 인터넷을 활용해 시위 대중을 형성한 새로운 방식의 대표적인 사례이다.

2002년 촛불시위의 대중을 형성하는 방식을 어느 정도 이어받은 2008년의 촛불시위에서는 대중이 동원되는 양상보다 형성되는 특성이 더욱 강하고 2002년 촛불시위에서 볼 수 없었던 시위의 축제성과 정치성 간의 결합이 두드러진다. 2008년 촛불시위에서 나타난 새로운 대중의 출현과 운동방식을 설명하려면 현실세계와 사이버 세계의 상호 관련을 해명하는 새로운 분석 틀이 필요하다. 또한 '개체가 다수를 구성해 대중으로 발전하는 움직임'(김성일, 2002: 194)을 분석하려면 동원론이 아닌 형성론의 입장에서 대중을 분석해야 한다. 촛불대중은 움직이고 성장하는 매우 활성화된 집단이었고 현실세계와 사이버 세계를 융합하면서 상호소통하는 주체의 결합이었다. 새롭게 나타난 대중을 파악하려면 이들을 이미 만들어진 것으로 설정하는 대중동원론이 아니라 활성화된 주체가 결합하는 과정에 주목하는 대중 형성론의 틀로서 분석해야 한다.

이 글의 초점은 촛불대중의 계급적 성격이나 촛불시위의 정치적 의미를 해석하는 것이 아니다. 촛불시위에 참여한 대중의 계급적 구성이나 인구학적 분포를 분석하고 운동이 전개되는 과정에서 내부 구성과 주도층이 어떻게 변했는지, 이에 따라 촛불시위의 정치적 성격이 어떻게 달라졌는지 분석하는 것은 중요한 작업이지만 여기서는 다루지 않는다. 또한 촛불시위의 계급적 성격이나 한계, 문제점을 분석하는 작업도 중요성 유무와 상관없이 이 글의 직접적인 분석 대상이 아니다. 이 글에서 정보사회의 변혁주체 형성이 아니라 대중 형성을 거론하는 이유는 논리적 설정에 입각한 이념적 배치와 동원이 아니라 생성의 관점에서 대중이 만들어지는 과정에 주목하기 위해서다.

이 글에서 집중하려는 논의는 다음과 같다. 2008년 촛불시위의 대중은 어떻게 만들어졌을까? 대중의 행위는 어떠했고 어떤 계열과 연결될까? 이러한 질문에 답하려면 무엇보다도 새로운 대중이 형성된 움직임에 주목해야 한다. 이 글에서는 촛불대중이 한 일의 내용보다도 대중이 형성되는 과정과 성격, 행위의 특성에 집중할 것이다. 새로운 대중의 출현이 이런 형식적 접근을 요구한다.[4]

이 글에서는 2008년에 엄청난 유동성과 활성화된 에너지의 흐름을 보여주었던 촛불대중의 특성을 정보대중과 스펙터클 대중이라는 두 가지 틀을 사용해 대중 형성론의 입장에서 살펴볼 것이다. 이를 위해 2절에서는 촛불대중에 대한 동원론적 시각과 형성론적 시각을 비교하고, 3절에서는 정보사회의 대중 형성이란 틀로 대중의 활성화가 이루어지는 과정 및 대중이 형성되는 방식을 검토한다. 4절에서는 미디어와 관련된 촛불대중의 운동양태에 따르는 특성을 스펙터클 대중의 형성이라는 관점에서 알아보고 마지막으로 5절에서는 새로운 대중이 출현한 데 따르는 의미를 점검할 것이다. 만약 우리가 정보사회의 대중 형성에 따른 특성과 경로, 이들이 보여준 행동의 특성을 파악할 수 있다면 앞으로 전개될 대중운동에 좀 더 적극적으로 대비할 수 있을 것이다. 이 글은 이러한 실마리를 찾기 위한 작은 시도이다.

---

4) 매클루언(McLuhan, 1994)의 말을 패러디하면 '대중이 메시지이다(Mass is Message)'.

2. 촛불대중에 대한 시각

현대 자본주의사회에 존재하는 대중에 대한 부정적인 관점은 프랑크푸르트 학파의 비판이론에서 잘 드러난다. 마르쿠제(Marcuse, 1964)는 소비자본주의사회의 대중을 조작 대상이나 지배 대상으로 보았다. 그가 본 대중은 이미 만들어져 존재하는 동질적인 다수의 피지배 대상이었다. 체제에 의해 만들어진 대중은 개체성과 비판능력을 상실한 일차원적인 집합체에 지나지 않는다. 이런 입장에서 보면 대중은 스스로 형성되는 주체가 아니라 체제에 의해 만들어지는 조작의 대상이고 수동적인 객체이기 때문에 사회운동의 핵으로 설정되기 힘들다. 변혁주체로서 프롤레타리아트는 자본주의의 문화산업과 이데올로기적 조작에 의해 닫힌 사고로 행동하는 일차원적인 인간이다. 마르쿠제는 계급을 대중으로 환원하기 때문에 대중과 계급의 구분이 없어지고 계급운동이 무력해지는 것만큼이나 대중운동의 활성화도 무망한 것으로 평가한다. 이런 입장은 대중의 주체성에 입각한 창발과 혁신을 기대하지 않을 뿐만 아니라 대중이 형성되는 과정과 특성에 관심을 두지 않는다. 도구적 이성이 범람하고 비판적 지성은 쇠퇴하며 대중이 조작할 수 있는 대상으로 전락하는 자본주의의 지배 아래에서 대중은 일차원적 조직사회의 부품이다. 따라서 이들에게 혁명을 기대하기 힘들다.

물론 마르쿠제는 일차원적 사회를 극복하기 위해 '위대한 거부'를 꿈꾸었다. 그러나 그가 학생운동의 위대한 거부와 감수성 혁명에서 새로운 혁명의 가능성을 본 것은 포디즘적 축적방식이 여러 문제점을 드러내던 1960년대 후반이었다. 마르쿠제는 대량생산 - 대량소비의 포디즘이 일차원적 인간의 모태로 작용하고, 포디즘 이후의 사회경제적 조건에서 새로운 감수성과 행동이 나타난다고 보았다. 그러나 이런 부정은 '위대한 거부'이기 때문에 일차원적 대중이 전개할 수 있는 행위가 아니었다. 프랑크푸르트 학파의 비판이론이 강력한 부정의 논리에 입각하면서도 주체 없는 변혁이라는 허상에 봉착한 이유는 대중을 수동적 객체이자 피지배계급과 일체화된 형태로 보았기 때문이다.

한편 프랑크푸르트 학파의 입장과 달리 대중을 '흐름'으로 파악하는 들뢰즈와 가타리(Deleuze & Guattari, 1987: 217~222)의 시각은 이들의 철학이 지향하는 '탈주'와 '생명', '욕망'과 '의지'에 연결되어 있다. 이들의 접근은 생성과 접합을 통해 대중 행동에 대한 가능성의 틀을 열어놓는다. 만들어진 것으로서 대중이 아니라 스스로 생성하고 움직이는 대중, 흐름(flows)과 운동으로서 대중[5)]을 바라보는 이들의 시각은 2008년 촛불시위의 대중을 파악하는 데 도움이 될 만하다.

생성하는 운동체로서 대중과 이미 생성된 결과물로서 대중의 차이는 대중을 흐름(flows)으로, 계급을 선분(segments)으로 파악하는 대비에서 잘 나타난다. 흐름으로서 대중은 이들의 변이를 통해 지배 지형을 탈영토화(deterritorialization)하고 서로 접속하며(connections) 생각과 행동을 가속화(accelerations)한다. 이에 반해 만들어진 선분으로서 계급은 이항적 조직을 통해 동조하고(resonance), 융합(conjunction)하며, 축적(accumulation)한다. 변이하는 양자(量子)의 흐름이자 몰적인 경직성에 대항하는 분자적인 대중운동은 흐름의 접속을 통해 서로를 부추기고 감염시키며 가속화한다. 마치 핵분열하는 양자처럼 대중이 빠른 속도로 움직

---

5) 흐름(flows)으로서 대중에 대해서는 들뢰즈와 가타리(Deleuze & Guattari, 1987) 참조. 흐름으로서 촛불대중을 검토하는 논의로는 이진경(2008) 참조. '흐름으로서 대중'은 디지털 시대 대중의 창발적인 속성, 예측불능성을 강조하고 광장에서 대중의 흐름과 인터넷에서 정보의 흐름을 교차하기 위해 사용한 표현이다.

이며 상호소통하고 서로 충격을 줄 때 믿음과 욕망은 급속하게 감염되며 이를 통해 새로운 변이의 가속화가 이루어진다. 그들은 대중을 과잉코드화된 선분의 선형성에서 탈피한 흐름의 유동성으로, 에너지로, 가속도로 파악한다. 탈주선을 그리는 흐름으로서 몰적 선분성의 닫힌 틀에 안주하는 수동적이고 소극적인 대중을 넘어 운동체로서 대중을 부각한다.

많은 사람이 동일한 공간에 모이고 움직여도 활성화되지 않으면 대중이 아니다. 대중은 많은 사람이 시공간적으로 융합되어 특정한 행동을 전개할 때 현실화된다. 언제 어디서나 대중은 존재하지만 이들이 존재하는 맥락, 사회적 조건, 이들과 닿아 있는 계열에 따라 대중의 사회적 의미와 성격이 달라진다. 대중이 매력적이면서 위협적인 이유는 가만 있지 않고 움직이기 때문이다. 거리를 오가는 군중이 특정 시공간에 모인 많은 수의 집합이라면 대중은 서로 결속해 목적성을 추구하며 움직이는 다수의 군중이다. 군중은 다수를 이루는 많은 수의 집합이지만 접속되거나 결속되어 있지 않다.[6] 대중이란 일차적으로 개체수의 복수성에 기반을 둔 밀집된 무리이지만 수적인 양의 집합을 넘어 특정한 지향이나 목적을 띠고 일시적인 힘의 강밀도로 어떤 운동을 강력하게 시행하거나 곧바로 시행할 수 있는 잠재력을 가진 집단이다.

---

6) 벤야민(Benjamin, 1998)은 보들레르의 시 속에서 19세기 대도시 군중의 양면성을 찾아낸다. 스스로 움직이고 또 생명력을 지닌 채 광채를 발하던 군중은 불안, 역겨움, 전율을 동시에 안겨주는 비인간적인 속성을 띤다. 군중은 '움직이는 베일'이다. 군중의 일부가 되어 군중 내부에서 느끼는 희열과 바깥에서 군중을 바라보는 이중성에 대해서도 각각 '군중 속의 사람'과 '산보자'라는 유형을 들어 설명한다. 대도시 군중은 움직이면서 흐름을 이루지만 접속되거나 결속되어 있지 않다. 대도시 군중의 특성은 잔인한 무관심이다.

이런 맥락에서 볼 때 흐름으로서 대중이란 관점은 대중의 움직임과 역동성에 주목해 대중을 수동적인 동원대상이 아니라 능동적인 형성주체로 받아들일 수 있게 만든다.

촛불시위 대중은 다수의 결집된 여론공동체이자 운동체라는 점에서 군중과 공중이 결합된 성격을 띤다. 공중은 생각을 교환해서 만들어지는 눈에 보이지 않는 집합체이다. 현실세계와 사이버 세계에서 생각을 교환하면서 여론이 형성되고 이 과정에서 공중의 영역을 만든다. 특히 인터넷에서는 상호소통을 통한 공적 여론이 만들어지고, 이것이 비트로 복제되고 운반될 때 강력한 의견공동체가 만들어진다. 비트 정보는 다른 사람의 정서와 결합되면서 감응력과 전염력을 띤 활성 정보로 성장한다. 육체적인 개입 없이 만들어진 여론은 현실의 광장에서 육체를 지닌 대중으로 변환될 때 다시 신체화된다. 광장에 모이고 거리를 행진하는 집단적 대중의 신체는 정보의 살아 있는 흐름이자 가능성이다. 정보와 대중은 현실세계와 사이버 세계를 오가는 왕복운동을 통해 다양한 양태 변환을 거치면서 진화하고 성장한다.

한편 대중을 조작대상(Marcuse, 1964)으로 보는 시각이나 '흐름으로서 대중'(Deleuze & Guattari, 1987)으로 파악하는 입장과 달리 대중의 '창발적 성격'(Sawyer, 2005)에 주목하는 '창발적 대중론'이 존재한다. '창발적 대중론'은 신과학이나 정보이론의 틀에서 대중에 대한 새로운 정의를 내린다. 볼(Ball, 2006)은 신과학 패러다임에 의지해 대중의 '출현적 속성'을 논의하고, 에릭(Eric, 1999)과 탭스콧(Tapscott, 2008), 소로위키(Surowiecki, 2005)는 '비판적 대중'의 '집합적 지혜'를 거론한다. 이러한 논의는 미시분석을 통해 대중의 출현적 속성이 어떻게 나타나고 대중의 행동이 어떤 사회적 결과를 낳는지 검토한다. 소여(Sawyer, 2005)는 복잡계이론을 바탕으로 '다수 행위자 시스템(multi-agent systems)'이

대중의 출현적 속성을 가져오고 네트워크 밀도가 창발성과 출현성을 좌우한다고 본다.[7] 소여는 창발성의 조건으로 ① 밀도 높게 연결된 네트워크에서 많은 요소가 상호작용할 것, ② 하나의 세트에 중심화되지 않을 것, ③ 전체가 부분으로 분해되지 않을 것, ④ 각 요소가 복잡하고 섬세한 언어로 상호작용할 것을 들고 있다.

많은 수가 모이면 창발성이 나타난다는 첫 번째 조건의 대표적 사례는 새의 무리가 브이(V) 자를 그리며 날아가는 행태이다. 일단 많은 사람이 모이면 원시적인 수준에서 형태를 갖추면서 예상하지 못했던 체제가 만들어진다는 것이다. 두 번째 분산의 조건은 중심에 의해 기획되거나 조작되지 않는 속성을 말한다. 세 번째는 전체가 부분으로 분해되면 전체 대중의 창발성이 만들어지지 못한다는 의미이다. 네 번째 조건의 대표적인 사례는 인터넷을 통한 의사소통을 들 수 있다. 이러한 '창발적 대중론'의 시각은 양적 집적과 상호작용을 통해 대중이 형성되는 과정을 설명하고 이들의 창발적인 성격에 대해 실마리를 제공해주는 것이 장점이다.

2008년 촛불시위에서 나타났던 촛불대중의 창발성은 소여의 복잡계이론을 통해서도 설명될 수 있다. 현장에 모인 대중은 시청 광장뿐만 아니라 인터넷 아고라에서 밀도 높게 상호작용했다. 매우 긴밀하게 연결된 인터넷 사용자의 네트워크는 상호작용의 밀도를 높였고, 대중화 단계에 접어든 한국 인터넷 기반이 네트워킹의 조건으로 작용했다. 대중은 하나의 중심이나 부분에 집중하지 않고 다양한 중심을 만들고 네

---

7) 이러한 논의의 사회학적 근거를 뒤르켐의 사회밀도 개념에서 찾기도 한다. 소여(Sawyer, 2005)는 뒤르켐의 사회밀도 개념을 물리적으로 확장해 현대적인 사회조건에 적용한다.

트워킹하면서 대중조직과 행동의 창발성을 드러냈다. 촛불시위 도중에 대중 스스로도 어떤 창발적인 행위가 나타날지 예측할 수 없었고, 이를 지켜보는 사람도 어떤 일이 벌어질지 전혀 감을 잡지 못했다. 왜냐하면 다중심 상호작용 집단과 개체로 이루어진 대중은 스스로 발전하는 생명체이며 생동하는 열린 대중이었기 때문이다.

인터넷 사용이 초입기였던 1994년에 켈리(Kelly, 1994: 116)는 "이제 우리가 막 들어선 네트워크 시대에는 밀도 높은 소통이 창발적인 공진화, 자발적인 자체 조직, 공생하는 협동을 만개하기에 적합한 인공 세계를 만든다. 이 시대에는 개방성이 승리하고 중앙의 통제는 패배한다"고 예측했다. 이 예측은 2008년 인터넷이 대중화된 한국사회에서 실제로 일어났다. 한편 라인골드(Rheingold, 2001)[8]는 '스마트 몹(smart mobs)'이란 용어를 사용해 디지털 시대의 군중을 영리함과 연결한다. 그가 말하는 대중의 영리함은 기술의 발전에 힘입은 바가 크다. 마르쿠제가 기술합리성을 피동적 대중과 연결한 반면 라인골드는 인터넷과 휴대전화 등 새로운 양방향 통신이 영리한 대중을 만들었다고 본다.

라인골드의 논의를 촛불시위에 적용한 것으로는 정연정(2004)의 연구가 있다. 그는 '영리한 군중'이란 개념을 사용해 '디지털 정치 참여'를 설명한다. 촛불집회의 수행 주체를 '네티즌'으로 설정하는 입장에서는 촛불시위를 신사회운동이나 네티즌 운동으로 파악한다. 이런 입

---

8) 라인골드의 '스마트 몹'은 새로운 미디어를 잘 사용해 수동성을 벗어나 직접 행동하고 사유하는 주체로 나선 대중을 지칭한다. 한편 에릭(Eric, 1999)은 '떼 지성(swarm intelligence)'이란 용어를 사용해 연결된 다수 대중이 지성을 형성한다는 논의를 펼친다. 한편 '글로벌 브레인'이나 '집합 지성'에 관한 논의는 인터넷을 매개로 연결 및 활용된 정보와 지식이 집합적인 지성을 형성한다고 주장한다(Surowiecki, 2005; Tapscott, 2008).

장(김원, 2005: 151)은 사회운동과 네티즌이라는 이질적인 흐름이 촛불집회를 통해 만났다고 본다.[9] 그러나 네티즌을 운동의 주체로 설정하는 논의는 현실세계와 사이버 세계가 융합되는 국면에서 설득력이 떨어진다. 인터넷 사용자가 소수이거나 현실세계와 사이버 세계의 상호 소통과 이동이 제한적이면 새로운 사회운동의 주체로 '네티즌'을 설정하는 것이 과도기적으로 의미가 있을지는 모른다. 하지만 이미 두 세계의 융합과 통접이 활발하게 이루어지고 있다면 '네티즌 주체론'의 설명력이 떨어진다.

2002년 촛불집회를 시점으로 발화한 촛불시위의 배후에는 1990년대 중반 이후에 가속화된 '포스트포디즘', '정치적 민주화', '인터넷의 대중화'라는 세 가지 요인이 숨어 있다. 1980년대 후반 이후에 대량생산 - 대량소비 체제가 갖추어지면서 한국사회에서도 물질적 재생산보다 정신적 재생산이 중요해지기 시작했다(백욱인, 2008). 1990년대 이후 본격적인 소비사회 단계를 거치면서 문화에 대한 관심이 커졌고 문화생산에 대한 욕구도 성장했다. 김대중 정권과 노무현 정권을 걸쳐 절차적 민주화가 자리 잡으면서 권위적 요소가 탈각되고 사회 저변의 민주화도 정착되었다. 한편 한국사회는 IMF 위기를 타개하기 위한 방책으로 국가가 강력하게 추진한 정보화 정책으로 말미암아 2000년대에 들어 인터넷의 대중화 단계에 접어들었다(<그림 8-1> 참조). 2000년에 48.5%이던 인터넷 사용자 비율은 2001년 2월에는 56.6%, 촛불집회

9) "두 가지 이질적인 흐름에는 각각의 논리, 독자적인 소통구조, 독자적인 역사가 나타났다. 한쪽은 주로 사회단체, 학교, 조합, 정당 등의 조직적 정체성(identity)에 기반을 둔 소통구조였으며 다른 한편은 인터넷을 기반으로 한 익명성(anonymity)이란 소통구조였다"(김원, 2005: 151).

<그림 8-1> 인터넷 이용률 변화 추이

(단위: %)

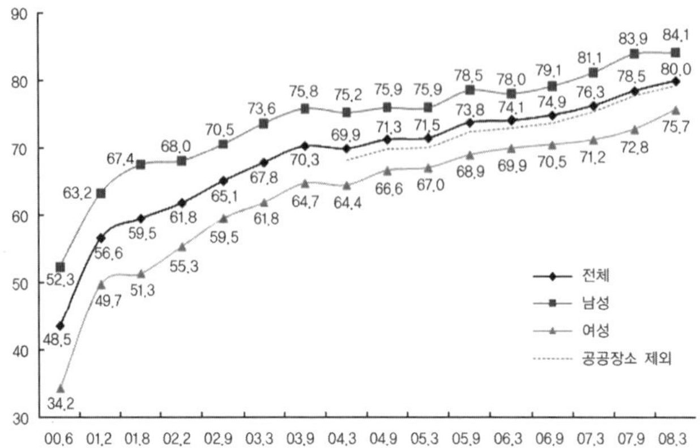

자료 : 코리안클릭 / TNS코리아(http://koreanclick.com/information/info_data_view.php?id=199).

비고: 인터넷 이용자 모집단 추정 조사치임.

가 있었던 2002년에는 59.5%에 이르렀고, 2008년 3월에는 80%에 달했다. 가구당 초고속 인터넷망 보급률을 보면 2001년에 48.5%, 2002년에 63.1%, 2006년에는 76.6%에 달한다.[10] 경제 차원의 포스트포디즘, 정치 차원의 민주화, 미디어 차원의 인터넷 대중화가 촛불시위라는 새로운 시위문화를 배태하는 터전으로 작용한 것이다.

아래에서는 2008년 촛불시위에 참여한 촛불대중을 대상으로 정보사회에서 대중이 형성되는 방식과 이에 따른 정보사회 대중의 특성에 대해 살펴본다.

10) 가구당 초고속 인터넷망 보급률은 초고속 인터넷 가입자 수를 전국 가구 수로 나눈 수치이다. 여기서 초고속 인터넷 가입자 수는 정보통신부 자료를, 전국 가구 수는 통계청 KOSIS 자료를 사용했다.

3. 정보사회에서 대중이 형성되는 방식과 성격

정보화 시대의 대중은 산업화 시대의 대중과 다르다. 산업화 시대의 대중은 기계적 대중(mechanical mass)이다. 이들은 고체의 형태로 한 장소에 모이지만 하나의 중심이나 지도자에 의해 대상화되기 쉽고 자발적인 활성화 에너지가 부족하다. 이러한 기계적 대중에 비해 디지털 대중(digital mass)은 사방에 산개되어 의견을 교환하면서 하나의 픽셀, 노드로 작용한다. 이들은 상호연결되어 온라인을 통해 소통한다. 이들은 현실세계와 사이버 세계를 빠른 속도로 넘나들면서 활성화 에너지를 높인다. 여기에서는 정보화 시대의 대중을 '정보대중'이라고 부르기로 한다.[11]

<그림 8-2>는 현실세계와 사이버 세계의 관계유형을 이념형적으로 도식화한 것이다. 모형 1은 접속(connection)을, 모형 2는 겹침(switching), 모형 3은 융합(conjunction)을 의미한다. 모형 1의 접속형에서는 현실세계와 사이버 세계가 완연하게 구분되면서 오직 기능적으로만 상호작용한다. 인터넷이 대중적으로 확산되기 전 단계인 1990년대가 여기에 속한다. 2001년 이후에는 인터넷 사용자 비율이 50%를 넘어서면서 현실세계와 사이버 세계에서 상호작용과 겹침이 일어나는 단계를 모형 2에 표시했다. 겹침형은 접속형과 융합형의 과도적 형태로 설정한 것이다. 모형 3의 융합형은 현실세계와 사이버 세계가 서로 접합해 두 개를 구분하기 어려워진 상태를 나타낸다. 나라마다 사회경제적인

---

11) 여기서는 '정보대중'이라는 용어로 현실세계와 사이버 세계의 '융합(conjunction)'을 살펴보고 두 영역을 오가는 대중의 이동 속도와 강밀도가 이런 융합을 가져왔다고 가정한다.

<그림 8-2> 현실세계와 사이버 세계의 관련 모형

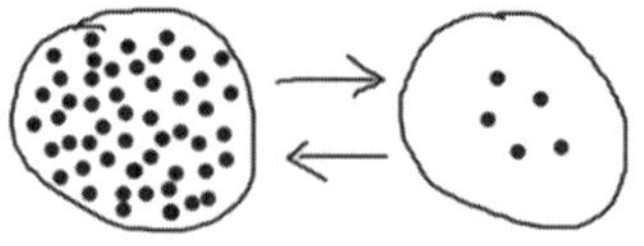

모형 1 connection

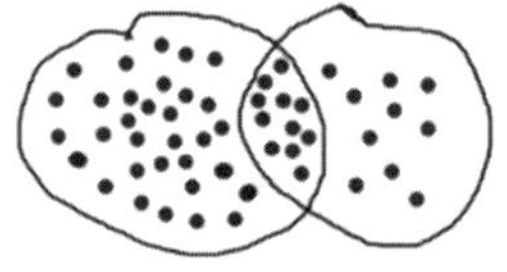

모형 2 switching 겹침

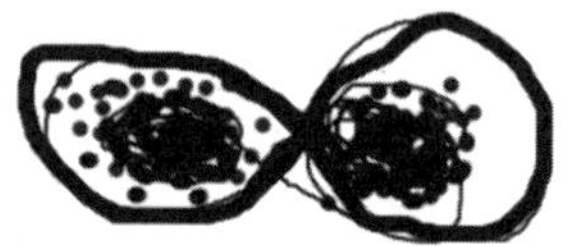

모형 3 conjunction

조건에 따라 현실세계와 사이버 세계가 서로 관련된 정도가 다르다. 인터넷 사용자 비율, 인터넷 사용 빈도라는 양적인 조건이 두 가지 영역의 접속과 융합 정도를 결정한다.

우리 사회를 보면 2000년대 이전에는 현실세계와 사이버 세계가 모형 1처럼 서로 독립한 채 떨어져 존재하면서 기능적으로만 상호작용했다. 2001년 이후에 인터넷 사용자 수가 과반수를 넘어 인터넷 사용이 대중화되고 인터넷을 사용하는 빈도가 늘어나면서 두 영역에서 상호작용이 빈번하게 일어나고 모형 2처럼 두 영역끼리 겹치는 부분이 생긴다. 초고속망이 보급되고 양자의 상호소통 속도가 빨라지면서 두 세계가 융합되고 구분하기가 어려워지면 모형 3의 융합형이 만들어진다. 2002년의 촛불대중이 모형 1, 2004년 노무현 탄핵반대 촛불대중이 모형 2라면 2008년의 촛불대중은 모형 3에 가깝다. '정보대중'은 현실세계와 사이버 세계 사이의 이동 속도가 가속화될 때 발생하는 모형 3의 상태에 존재하는 대중의 형태를 비유하기 위해 사용한 용어이다.

이러한 정보대중은 상호작용의 밀도, 감응 속도, 네트워크 효과를 통해 형성된다. 상호작용의 밀도는 인터넷 사용자 비율이나 인터넷 접속 빈도 및 사용 시간 등에 따라 결정된다. 정보대중이 사이버 세계와 현실세계를 오가는 속도는 그들 간의 상호작용을 높일 뿐만 아니라 현실세계와 사이버 세계의 경계 자체를 허문다. 양쪽 세계가 이어지면 빠른 이동 속도로 과거의 장소가 해체(replace)되고 새로운 장소가 만들어진다. 이러한 비장소성에 기반을 둔 장소성이 정보대중을 쉽게 복제하고 확대할 수 있는 계기를 마련한다. 정보대중은 다시 현실의 광장으로 진출해 거리를 행진하거나 산보한다. 이들은 막힌 길을 우회하거나 뚫거나 마주치면서 걸어간다. 대중이 생산의 장소가 아니라 거리에서 '인위적인 기계의 톱니바퀴가 되기를 잠시 멈춘 채 스스로 일종의 동력기(공격 기계), 즉 속도의 발생 장치가 되는 때'(Virilio, 2004: 49)에 주민도, 사회구성원도 아닌 행인의 무리로서 가장 이상적인 형태를 취한다. 거리를 행진하는 운동대중의 움직임은 이미 하나하나가 정보이다. 대중의 행동은 미디어 변환을 통해 비장소화되어 실시간적인 정보로 축적되고, 대중은 현장을 떠나 컴퓨터 모니터 앞에서 정보화된 정보대중으로 다시 변형된다.[12] 반대로 정보소통 공간을 통해 만들어진 활성화된 정보대중이 몸의 형체를 입고 현실 공간에서 결집하고 소통할 때는 몸으로 행동하는 대중으로 전환된다. 정보대중이 육체화될 때 이들은 정보 공간의 소통방식을 현실공간으로 확장한다. 그래서 광장의 대중은 하이퍼텍스트처럼 서로 연결되면서 모자이크 식으로 전체를 형성

---

12) 대중이 정보가 되고 인터넷 상호소통을 통해 이들의 욕망과 의지가 전달되면서 정보가 다시 거리의 대중으로 나서게 되는 대표적인 미디어 사례에는 촛불시위의 현장을 직접 생중계했던 '오마이뉴스', '진보신당 칼라TV', 그 밖의 '일인 미디어'를 들 수 있다.

하고, 탈중심화된 조직 대형을 만들고, 다수의 모임을 통해 창발적 성격을 띤다. 그리고 '집합적 지성' 및 '집합행동'의 기반을 마련한다. 정보와 대중의 결합, 현실세계와 사이버 세계의 융합을 이룰 수 있는 사회기술적 조건이 정보대중을 형성하기 위한 필요조건인 것이다.

포디즘 시대의 대중은 획일적이고 일사불란하다. 포디즘 시대의 기계적 대중은 위계적 지도에 의해 동일한 행동을 펼친다. 그에 반해 포스트포디즘 시대의 디지털 대중은 다중심적이고 예측할 수 없다. 디지털 대중은 구성원 하나하나가 픽셀이 되어 전체의 상을 만든다. 디지털 대중은 짜깁기로 이루어진 모자이크 혹은 콜라주된 결합 대중이다. 육체화와 탈육체화의 순환적 교직으로 이루어진 디지털 대중은 현실세계의 조직화된 대중과 달리 아주 빠른 속도로 육체와 정신 사이를 진동한다. 현실세계와 사이버 세계는 구분되어 있지만 왕복 속도가 빠를 경우에는 융합된 세상을 이룬다. 인터넷을 통해 비트화된 대중은 하나의 정보가 되어 서로 연결된다. 하나의 정보 주체가 서로 연결하고 소통하고 감응하면서 비트화된 대중은 직물처럼 짜인다. 생각과 의견, 의지와 욕구의 결합으로 이루어진 비트화된 대중이 신체를 동반하고 거리의 광장으로 나설 때 이들은 산업시대의 고체 대중과는 전혀 다른 속성의 액체 대중, 곧 흐르는 대중이 된다.

산업사회 대중의 에너지는 다수 노동자의 협업과 분업을 통해 집합적 장소에서 이루어진다. 노동자는 대중으로 존재하며 한 공간에서 노동자 집단이나 무리를 이룬다. 생산현장은 한편으로는 자본을 위한 산노동이 이루어지는 장소이지만 다른 한편으로는 노동자 대중이 소통하고 결집하는 물리적 공간이다. 노동조합과 노동운동이 이루어지는 장소는 생산현장이다. 고체의 위치 에너지나 운동 에너지처럼 대중은 질량이 클수록, 운동 속도가 빠를수록 높은 에너지를 낸다. 에너지는 힘을 써서 일할 수 있는 능력이다. 뭉쳐진 대중의 힘은 개별 노동자의 질량이 합해진 만큼 크다. 그래서 노동운동에서는 단결투쟁, 연대와 결집이 중요하다. 생산의 흐름을 정지시키고 국가기관의 통제와 지배를 정지시키는 파업은 다수 대중의 집합적인 모임과 공동 행동에서 나온다. 이러한 대중의 움직임을 이끌거나 막는 힘은 대중의 외부에서 나온다. 외부의 충격이나 유도, 방해와 제압으로 손쉽게 대중의 움직임을 통제할 수 있다.

이에 반해 정보사회의 대중은 고체 덩어리의 위치 에너지나 운동 에너지와는 다른 에너지 법칙에 따라 움직인다. 정보사회에서 대중이 휘발하고 결집하는 순환은 매우 빠른 속도로 전개된다. 이들은 휘발성을 띠고 있고 소멸·재결집하는 속도가 빠르기 때문에 움직임을 의도적으로 예측하여 방해하기가 쉽지 않다. 신체를 동반하지 않는 저항과 빠른 질주 속도는 흐름을 예측하기 힘들게 만든다. 정보대중은 휘발했다 나타나고 나타났다 휘발한다. 액체처럼 비정형적으로 움직이다가 기체처럼 증발한다. 정보대중의 움직임을 파악하려면 고체에 적용하던 힘의 법칙이 아니라 유체역학이나 열역학을 적용해야 한다. 정보대중의 에너지는 내연기관처럼 내부에서 폭발하면서 만들어진다. 분자들의 움직임이 활성화될 때 고체가 액체로 변하고 액체가 기체로 증발하면서 엄청난 운동력을 만든다. 정보대중의 움직임은 분자의 움직임이고 더 나아가 양자의 운동에 비유할 수 있다. 대중이란 기계를 작동하는 에너지는 대중의 무리라는 질량과 이들이 움직이는 속도에서 나온다. 대중의 운동 에너지는 무리의 질량과 이동 속도에 의해 제한되지만 이 운동 에너지의 배후에는 생각의 속도가 있다. 생각의 속도는 정보 생산과 전달, 유통, 소비의 속도에 의해 결정된다. 새로운 정보가 빠른 속도로 생산되고 정보 생산과 소비의 간격이 거의 없어지면 대중은 스스로 판단하고 상상하는 정보대중이 된다.

정보대중은 정보소통 행위를 수행하면서 형성되는 다수이다. 인터넷을 통한 정보소통 행위는 현실세계의 의사소통과 달리 표준적인 문법이나 구문에 집착하지 않는다. 인터넷 안에서 소통되는 말은 사실에 근거할 때조차도 사실을 벗어나 있다. 이것은 쉽게 복제되고 왜곡되며 변형될 수 있는 휘발성의 언어다. 이 말은 고착성과 억압의 무게에서 자유롭고 '채팅'처럼 사소한 이야기이며 잡담이다. 이러한 가변성과 가벼움이 어떨 때는 역설적으로 현실 구조의 사각 틀을 무력화할 수 있는 능력이 된다. 포스트포드주의에서 잡담과 말하기의 의미는 매우 중요하다. 개체는 말하기 수행을 통해 노동과 말 없음의 수동성에서 벗어나 주체성을 회복하기도 한다. 컴퓨터를 통해 매개된 말하기는 잡담의 휘발성을 띠지만 쉽게 만들어지고 빨리 전파된다.[13)]

디지털 정보소통 공간에서 새롭게 '말하는 법'으로 서로 소통하면서 정보대중이 만들어진다. 이것은 '다중이 대중화'되는 과정이며 다중이 행동하는 하나의 고밀도 대중으로 모이는 과정이다. 또 가변적 형체의 '몸'을 갖는 출발점이다. 가변적 형태로서 대중의 몸은 일자적인 민중이나 일차원적 대중과 달리 굳어 있지 않은 활성화된 대중으로서 역능적 가능성을 띤다. 촛불대중의 이러한 능력이 2008년의 촛불시위에서 어떻게 나타났는지 살펴보자.

---

13) "모든 종류의 언표를 분절할 수 있는 유적 역량은 컴퓨터상의 잡담에서 경험적인 중요성을 띤다. 사실 중요한 것은 '뭔가를 말하는 것'이 아니라 순수하고 단순한 '말할 수 있는 능력(pouvoir-dire)'이다"(Virno, 2004: 156).

4. 미디어, 스펙터클, 축제와 부정성

2008년의 촛불대중은 축제와 놀이를 통해 스스로 스펙터클을 만들어냈다. 이들은 또한 창발적으로 능숙하게 미디어를 활용하면서 대항미디어가 효율적으로 작동할 수 있는 길을 열어놓았다. 촛불대중의 행동 특징은 사건과 광경을 창출하는 능력과 미디어를 활용하는 능력에서 잘 드러난다. 이러한 행동 특징은 이들의 손이 무엇을 만들고 무엇에 의해 확장(extension)되는가를 보면 알 수 있다. 화염병과 돌은 기계대중이 손에 들던 무기이다. 이 무기는 상대에게 힘을 행사하는 투쟁행위를 통해 손의 연장이 되었다. 2008년의 촛불대중은 화염병 대신 촛불을 들고, 짱돌 대신 디지털 카메라를 손에 쥐고 거리를 돌아다녔다. 화염병과 짱돌은 손을 떠나 적에게 날아가서 타격을 가한다. 이것은 물리적 힘의 연장이다. 이에 반해 촛불과 디지털 카메라는 대중의 손을 떠나지 않으면서 대중의 눈과 마음을 확장한다. 그것은 마음을 서로 연결하는 기호이자 상징이며 대상의 물리력을 복사하여 되돌려주는 미디어이다. 촛불대중은 손 대신에 눈과 마음을 확장한 후 빠른 속도로 인터넷과 접속한다. 인터넷 안으로 들어간 디지털 카메라의 이미지와 개개인의 마음은 네트워크를 통해 실시간으로 전달되고 소통된다. 시청 광장에서 이루어진 대중의 흐름은 미디어의 매개를 통해 인터넷 공간으로 들어와 정보의 흐름으로 바뀐다. 네트워크를 통한 정보의 흐름은 대중을 정보화한다. 대중은 스스로를 픽셀과 비트로 만들어 인터넷 공간에 축적하고 저장한다. 사용자의 호명에 의해 비트가 모니터에 재생되고 전달되며 사용자도 스스로 비트가 된다.

촛불대중은 인터넷과 디지털 카메라, 휴대전화를 결합한 '새로운 감각기관'을 획득했다. 이들은 휴대전화로 눈과 귀를 확장하고, 인터넷으로 중추신경을 확장했다. 비릴리오(Virilio, 1995: 21)는 '미디어의 자유(민주적 권리, 알릴 자유, 소통의 자유, 유통의 자유)'가 이제 더 이상 '미디어의 해방적 권능(압축, 급속한 복제, 가속화, 소통 무기의 사용)'과 분리될 수 없다고 말한다. 이런 의미에서 촛불대중은 미디어의 해방적인 권능을 통해 미디어의 자유를 어느 정도 확보했다고 볼 수 있다. 촛불대중은 정보의 급속한 복제와 가속화, 디지털 카메라와 휴대전화, 인터넷 등의 소통 무기를 활용해 미디어의 자유를 새롭게 쟁취한 것이다.[14)]

촛불대중은 광장에서 촛불의 '스펙터클'을 만들어냈다. 이들은 자본이 만들어낸 오락과 상품의 '스펙터클'을 소비하는 것이 아니라 스스로 장관을 연출하고 창조했다. 이러한 스펙터클의 창조는 드보르가 소외된 시간으로 파악했던 '스펙터클적 시간'을 역사의 순간으로 바꾸어 놓는다. 드보르(Debord, 1994: 113)는 '스펙터클적 시간 속에서는, 죽은 노동이 살아 있는 노동을 지속적으로 지배하기 때문에 스펙터클한 시간에서는 과거가 현재를 지배한다'고 보았다. 그러나 스스로 스펙터클을 만드는 대중은 스펙터클한 시간을 현재의 시간으로 되돌려놓는다. 스펙터클을 창출하는 대중의 살아 있는 노동이 죽은 노동을 지배하기 때문에 여기에서는 현재가 과거를 지배한다.

인터넷은 상품과 오락의 '스펙터클 메시지'를 전달하던 수신기와 다르다. 인터넷은 수동적인 소비대중의 고립을 넘어 상호소통하는 주체적 개체로 이루어진 공중을 만들어낸다. 자본의 분리전략은 상호소통하는 미디어의 속도를 따라잡지 못한다. 보수 일간지에 의해 무수히 진행된 거짓 사실의 유포와 대중을 분리하기 위한 전술이 쓰라린 패배

---

14) 촛불시위에서 나타났던 대항미디어운동의 전략과 전술을 검토하기 위해서는 전규찬(2008) 참조.

로 귀착되었던 이유는 대중이 자신의 미디어로 인터넷을 능숙하게 활용했기 때문이다. 새로운 미디어로 과거의 미디어에 대항하는 정보대중의 행동방식은 상황주의자들이 그토록 고대했던 '사건'의 창조였고 사건과 상황을 만들어내면서 고착된 지배질서를 허무는 해방적 실행이었다. 적어도 촛불대중이 휩쓸고 지나간 2008년 6월의 서울 도심은 어떤 상황주의적인 실천보다도 상황주의적이었다. 대중을 고립된 수의 집합으로 묶어두려는 분리정책이 소통하는 대중에게는 더 이상 통하지 않았다. 이들이 가두행진을 하며 만들었던 퍼포먼스는 '지적이면서도 사회적인 유효성'(Virilio, 2004: 75)을 띠고 있었다.

디지털 시대의 대중에게 나타나는 또 다른 양태는 퍼포먼스를 통해 부정성과 놀이를 결합하는 능력이다. 창조적 스펙터클의 축제 속에서는 생산과 현실 원칙의 굳건한 고리가 축제와 놀이에 의해 와해된다. 공권력의 '과잉 억압'은 놀이를 통해 웃음과 조롱거리가 되고, 지배권력의 '실행 원칙'은 패러디를 통해 해체된다. 공권력의 권위가 도처에서 희화화되고 대통령의 지능은 '2메가바이트(2mb)'라고 조롱당한다. 스펙터클 놀이의 폭과 깊이는 대중의 창발성에 의해 진화한다. 진정성과 결합된 놀이는 부정의 힘을 보여준다. 스펙터클 놀이의 부정성과 파괴력은 대중의 창발력과 진정성에 의해 확대된다. 대중이 전개하는 '진지한 놀이'는 '지금, 여기'에 부정의 밭을 갈고 새로움의 씨를 뿌릴 터전을 만든다. 이러한 부정성은 굳어버린 제도권 정치영역에서는 얻기 힘들다. 거리의 대중은 이데올로기나 정치미학의 관념과 추상이 아니라 지금 여기에서 축제와 놀이를 통해 현실을 뛰어넘는다. 이들의 초월성은 대중적 상상력에서 나온다. 무수하게 연결된 대중과 액체 상태로 활성화된 대중의 빠른 소통과 흐름이 새로운 창발성과 부정의 힘을 낳는다. 속도와 움직임이 이들의 상상력을 낳는 모태인 것이다. 상상력의 속도와 질량은 현실의 장애물을 돌파한다.

'미적인 것의 정치적인 것으로의 침입'(Marcuse, 1969: 186)은 의미의 전복을 통해 이루어졌다. 촛불대중은 비속한 언어를 사용하거나('이명박 너나 드삼'), 전경에게 꽃을 꽂아주거나, 유모차를 끌고 다니면서 권력의 바리케이드를 흔들 수 있었다. 물대포를 맞으면서 '온수, 온수!'를 외치거나 물대포를 '청와대 비데'라고 놀리는 대중, 경찰차의 선무방송에 말싸움으로 대응하는 재치는 분명 촛불대중이 미학을 정치화하고 있는 사례이다. 대중이 기술과 혁명을 연결하고 놀이를 상상력으로 무장해 새로움을 낳는다면 이것은 '부정성'을 지닌다고 보아야 한다. 이것이 정권 타도의 단일한 정치적 구호로 모아지지 않는다고 해도 미학적 부정성의 힘은 남는다. 미학적·문화적 운동 에너지를 정치의 플랫폼으로 연결하는 작업이 필요한 이유는 놀이의 부정성을 정치의 부정성으로 갈아타게 만들기 위해서다.[15] 마르쿠제(Marcuse, 1969: 187)는 "혁명은 새로운 미적 환경을 창조함으로써 사회를 지적·물질적으로 재구성할 수 있는 지각의 혁명이어야 한다"고 말했다.[16] 촛불시위에 주

15) '세상이 어떻게 변할 수 있는가'를 놀이를 통해 학습하고 실천하는 움직임은 부정의 대동제였다. 경찰은 6월 10일 세종로에 컨테이너로 바리케이드를 치고 시위대의 접근을 차단했다. 열흘이 지난 6월 21일 시민들은 모래가 담긴 작은 자루를 전달해 바리케이드에 쌓았다. 퍼포먼스에 동참한 시민들은 권력의 바리케이드를 점령했다. 굳이 바리케이드 위에 올라가 깃발을 흔들었던 것은 이 놀이가 실천이자 행동의 결실이기 때문이다. 이런 행위를 통해 권력의 힘은 변화되고 무력화된다.

16) "새로운 세계에서는 감각적인 것, 즐거운 것, 아름다운 것이 존재 형식이 되고 이것이 사회 자체의 형식이 된다. 자유사회를 가능하게 하는 형식으로서 미적 형식은 다음의 발전단계 — ① 지적·물질적 자원이 결핍을 정복하기 위해 이용되는 단계, ② 진보적 억압이었던 것이 퇴보적 억압으로 변하

어진 지각 혁명의 도구는 휴대전화와 인터넷이었다. 이것은 기성사회를 통해 형성된 자아를 마리화나 환각으로 일시 해체하려 했던 1960년대 미국 문화운동의 경험보다 더 근본적일지도 모른다.

패러디를 통한 의미의 전복은 지배적 개념이나 담론을 '탈승화(비속화)'한다. 촛불대중은 욕설이나 비꼬기를 통해 텍스트를 기존 맥락에서 이탈시키고 의미를 파열시킨다. 이들은 의미의 절단, 우회, 새로운 계열 만들기를 통해 지배적인 상징과 언어를 전복한다. 권력이 금기로 삼는 대상이나 행위를 지시하기 위해 사용하는 패러디와 욕설은 그 자체로 무기이다. 그러나 패러디가 비판적 이성의 해방적 감수성과 충분히 결합했다고 평가하기는 힘들다. 대중의 감수성은 패러디 미학으로 권력의 이데올로기를 약화시킨 측면이 있다. 보수 이데올로기를 선동하는 데 주력했던 '조중동'은 광고운동의 역공을 받기도 했다. 대중의 자발적인 참여와 창발적인 행위와 소통으로 만들어지는 공공영역의 우월한 감응력 아래에서 '배후 이데올로기'가 힘을 쓰지 못했다. 하지만 대중이 탄력과 활성화된 에너지를 잃게 되면 선분적 이데올로기는 용수철처럼 반동작용을 가한다. 지배집단의 이데올로기와 물리력이 대중의 공격적 감수성을 해체하고 대중의 활성화된 에너지를 정지시켜 일상의 지배질서 안으로 가두는 방식에 유의해야 한다. 촛불시위는 문화와 미디어의 결합을 통해 기성의 지배 이데올로기에 균열을 낼 수 있는 일종의 대항문화를 만들어냈지만 대항문화의 지속성과 근본성에는

는 단계, ③ 미적 가치가 독점되고 현실에서 유리되었던 고급문화가 저급한 파괴적 형식 속으로 용해·분해되는 단계, ④ 젊은이들의 증오가 바리케이드, 춤, 연애, 영웅주의 등과 뒤섞여 웃음과 노래로 분출되는 단계 — 에서 나타난다"(Marcuse, 1969: 176).

여전히 한계가 있었다. 쇠고기 수입반대와 국민주권의 회복을 지향하는 생활정치의 쟁점은 체제내적인 요구에 그쳤으며 소시민적 한계를 뚜렷히 드러냈다.

촛불시위에서 즐거운 저항의 모습이 다양하게 나타났고 대항 미디어의 가능성이 펼쳐지기는 했지만 이러한 놀이로서 저항을 지나치게 과대평가해서는 안 된다. 다양한 피켓, 거리를 사건의 현장으로 변환하는 창조력, 재기 넘치는 패러디, 개성을 담은 시위와 항의, 명박산성을 뛰어넘는 국민토성 건설 등 분명히 거리에 축제의 즐거움이 넘치고 투쟁의 비장감 대신에 놀이의 즐거움이 있었다. 그러나 이런 문화적 요소가 여기저기서 튀어나온다고 촛불시위가 문화혁명으로 불릴 수는 없다. 촛불대중의 의식과 행위가 착취적인 현실 자본주의와 이런 체제의 감수성에서 얼마나 멀리 떨어져 있고 이에 대항해 얼마나 멀리 나가고 있는지, 또 새로운 지형을 만들며 기존 지형에서 단절되어 있는지를 냉정하게 판단할 필요가 있다. 미학적인 새로운 감수성이 정치의 미학화를 이루려면 현실 정치와 결합되어야 한다. 그러나 아쉽게도 2008년의 촛불시위는 현실 정치와 연결 고리를 확보할 수 있는 유효한 방법을 충분히 마련하지 못했다.

5. 촛불대중의 의미

촛불시위는 정보의 가속적인 소통과 고속 감응을 통한 '정서의 폭발(mind explosion)'이 기성 질서와 지배권력에 도전하는 '감수성 혁명'으로 발전할 수 있다는 사례를 보여주었다. 인터넷을 통해 현실을 재현(representation)하는 동시에 광장에서 촛불이 되는 실천을 통해 현실을 재구성(reconstruction)했던 촛불대중은 현대사회의 행동적 대중의 형성과 실천에 대해 새로운 시야를 열어주었다.

촛불대중의 형성과 행동은 디지털 세상에 대한 낙관적 전망이 어떻게 현실화될 수 있는지 단서를 보여주었다. 촛불대중이 거리를 휩쓸던 2008년 여름의 한국사회는 조화와 민주주의, 탈중심화, 대중의 권능강화라는 디지털 가설(Negroponte, 1999: 216)을 실험하는 장이었다. 이들은 새로운 '출현적 대중'이 어떻게 나타나는지, 출현적 대중이 민주주의를 어떻게 만드는지, 수평화되고 탈중심화된 대중이 어떻게 기존 질서를 대체하는지, 대중의 힘과 권능이 어떻게 발현하는지에 대해 물음을 던져주었다.

2008년 여름의 촛불시위는 인터넷의 대중화 단계에 가장 빠르게 진입한 한국사회에서 정보와 대중이 만나는 속도를 통해 '정보대중'이라는 새로운 양태의 대중이 만들어질 수 있음을 보여주었다. 그리고 '다중'(Hardt & Negri, 2001, 2005; Virno, 2004)이라는 검증되지 않은 개념에 실제적인 유용성을 불어넣는 유용한 사례로 해석될 여지도 있다. 또 촛불시위에서는 대중적 차원에서 미학과 문화의 영역이 사회운동에 적용되었다. 이를 통해 이념적 운동 논리만큼 생활 속에서 나오는 상상력과 실천도 새로운 대중을 형성하는 데 중요한 역할을 할 수 있다는 것을 확인할 수 있었다.

거리를 축제의 난장으로 물들였던 대중은 다시 비활성화되어 일상의 다중으로 되돌아갔다(대중의 다중화). 촛불대중은 몇 달 동안 거리에서 활보하며 여러 새로운 모습을 보여주었지만 활성화된 에너지와 권능을 권력으로 전화하지는 못했다. '거리의 정치'와 '제도의 정치' 사이에는 현격한 단절이 여전히 존재하고 정치 지형은 크게 변화하지 않은 것처럼 보인다. 대중의 흐름은 기존 질서와 권력기구에 균열을 냈지만 촛불이 휩쓸고 지나간 거리는 다시 일상의 도로로 변했다. 2008년 여름 촛불대중이 만들었던 장관도 이들의 퍼포먼스도 지나간 사건이 되었다. 대중은 축제의 가속도를 잃고 다시 평상의 생활 속도로 되돌아갔다. 비릴리오(Virilio, 2004: 74)의 지적처럼 '혁명은 운동이지만, 운동이 혁명은 아니다. 정치는 일종의 기어 변속일 뿐이며, 혁명은 일종의 과속일 뿐이다'. 그러나 정보대중은 '신체 없는 저항'으로 '사라짐의 저항'을 계속할 것이다. 이들이 다시 대중의 몸으로 광장에 나타날 때는 또 다른 변화와 운동이 펼쳐질 것이다.

이 글에서는 촛불시위와 대중의 형식에 집중했고 촛불시위 저항의 정치적 내용이나 대안문제는 본격적으로 검토하지 않았다. 이것은 형식이 내용보다 중요하거나 내용에 관한 검토가 필요하지 않았기 때문은 아니다. 대중의 잠재태와 숨은 권능이 현실 정치에서 권력으로 현실화되는 방식에는 매우 다양한 경로가 있을 것이다. 엄청난 에너지로 분출된 촛불대중의 능력과 권력으로 전환된 촛불대중의 능력을 새로운 시각에서 검토할 필요가 있다. 그러나 이 작업은 과거의 타성이나 고루한 틀로 가능하지 않을 것이다. 촛불시위와 대중의 정치적인 의미와 저항의 내용은 다른 연구를 통해 본격적으로 전개되어야 할 것이다.

참고문헌

단행본

김형석. 1985.『도시빈민론』. 아침.

전용호 외. 1985.『민족현실과 지역운동 — 지역문화 제1권』. 도서출판 광주.

학술단체협의회 엮음. 1989.『1980년대 한국사회의 지배구조』. 풀빛.

한상진. 1991.『중민이론의 탐색』. 문학과 지성사.

相澤與一. 1981.『現代社會と勞動=社會運動』. 勞動旬報社.

小谷正守(編). 1984.『現代日本の消費生活』. 大月書店.

小用知憲. 1982.『勞動者狀態の理論的分析』. 法律文化社.

戶木田嘉久. 1982.『現代資本主義と勞動階級』. 岩波.

Aglietta, M. 1979. *A Theory of Capitalist Regulation*. London: NLB.

Alinsky, S. 1969. *Rules for Radicals.* New York: Random House.

Ball, M. & Folin, M.(eds.). 1985. *Land Rent, Housing and Urban Planning*. London: Croom Helm.

Ball, P. 2006. *Critical Mass: How One Thing Leads to Another*. Farrar.

Beniger, James. 1986. *The Control Revolution Technological and Economic Origins of the Information Society*. Harvard University Press.

Bonino, J. M. 1975. *Doing Theology in a Revolutionary Situation*. Philadelphia: Fortress Press.

Boyle, James. 1996. *Shamans. Software. and Spleens: Law and the Construction of Information Society*. Harvard University Press.

Braverman, Harry. 1974. *Labor and Monopoly Capital*. Monthly Review Press.

Castells, M. 1983. *The City and the Grassroots*. Los Angeles: The Univ. of California Press.

_____. 1996. *The Rise of the Network Society*. Blackwell Publishers.

Critical Art Ensemble. 1995. *Electronic Civil Disobedience and Other Unpopular Ideas*. Autonomedia.

Crouch(ed.). 1979. *State and Economy in Contemporary Capitalism*. London: Croom Helm.

Debord, G. 1994. *The Society of the Spectacle*. Zone Books.

Deleuze & Guattari. 1987. *Thousand Plateaus: Capitalism and Schizophrenia*. University of Minnesota Press.

Engels, F. 1968. *The Condition of the Working Class in England*. Stanford: Stanford Univ. Press.

_____. 1970. *The Housing Question*.

Eric, B. 1999. *Swarm Intelligence: From Natural to Artificial Systems.*

Freire, F. 1972. *Pedagogy of the Oppressed*. New York: Herder & Herder.

Godwin, Mike. 1998. *Cyber Rights: Defending Free Speech in the Digital Age*. Times Books.

Gorz. A. 1989. *Critique of Economic Reason*. London: Verso.

Gregory, D. & Urry, J. 1985. *Social Relations and Spatial Structures*. London: Macmillan.

Gutierrez, G. 1983. *The Power of the Poor in History*. New York: Orbis Books.

Hardt, M. and Negri, A. 2001. *Empire*. Harvard University Press.

_____. 2005. *Multitude: War and Democracy in the age of Empire*. Penguin.

Harloe, M.(ed.). 1977. *Captive City: Studies in the Political Economy of Cities and Regions.*

Hauben, Michael. 1997. *Netiezens: On the History and Impact of Usenet and the Internet*. IEEE Computer Society.

Kelly, Kevin. 1994. *Out of Control*. Fourth Estate.

_____. 1994. *Out of Control: The New Biology of Machines*. Addison Wesley.

_____. 1998. *New Rules for the New Economy*. Viking Press

Kroker, Arther. 1994. *Data Trash*. St. Martin's Press.

Kumar, Krishan. 1995. *From Post-Industrial to Post-Modern Society: New Theories of the Contemporary World*. Blackwell.

Laclau, E. 1977. *Politics and Ideology in Marxist Theory: Capitalism-Fascism-Populism*. London: NLB.

Laclau. E. and C. Mouffe. 1985. *Hegemony and Social Strategy*. London: Verso.

Lash, S. and Urry. 1994. *Economies of Signs and Space*. Sage.

Lash, S. 2002. *Critique of Information*. Sage Publications.

Lefebvre, Henri. 1991. Critique of everyday Life(Vol. 1.). Verso.

Lyon and Zureik. 1996. *Computers, Surveillance, and Privacy*. University of Minnesota Press.

Marcuse, H. 1969a. *An Essay on Liberation*. Beacon Press.

_____. 1969b. *One Dimensional Man*. Routledge Kegan Paul.

Marx, K. 1959. *Capital I*. Foreign Languages Publishing House.

_____. 1973. *Grundrisse*. Penguin Books.

McLuhan, Marshall. 1994. *Understanding Media: The Extensions of Man*. The MIT Press.

Moskvin, L. 1977. *The Working Class and It's Allies*. Progress Publishers.

Naisbitt, J. 1984. *Megatrends: Ten New Directions Transforming Our Lives.* Warner Books.

Navarro, V. 1976. *Medicine Under Capitalism.* New York: Neale Watson Academic Publications.

Negroponte, N. 1994. *Being Digital.* Knopf.

Piore and Sabel. 1984. *The Second Industrial Divide: Possibilities for Prosperity.* Basic Books.

Portes, A. 1981. *Labor, Class, and the International System.* New York: Academic Press.

Rheingold, H. 2003. *Smart Mobs.* Perseus Publishing.

Safa, H. I. 1982. *Towards a Political Economy of Urbanization in Thired World Countries.* Delhi: Oxford Univ. Press.

Sawyer, K. 2005. *Social Emergence: Societies As Complex Systems.* Cambridge University Press.

Scott, A. 1990. *Ideology and the New Social Movements.* London: Unwin Hyman.

Stefik, Mark. 1996. *Internet Dreams: Archetypes. Myths. and Metaphors.* The MIT Press.

Stepan, A. 1978. *The State and Society: Peru in Comparative Perspective.* New Jersey: Princeton Univ. Press.

Surowiecki, J. 2005. *The Wisdom of Crowds.* Anchor.

Tapscott's, D. 2008. *Wikinomics: How Mass Collaboration Changes Everything.* Portfolio.

Virilio, P. 1995. *The Art of the Motor.* University of Minnesota Press.

Virno, Paolo. 2004. *A Grammar of the Multitude.* Semiotext.

번역서

가타리, 펠릭스(Guattari, Felix). 1998. 『분자혁명』. 윤수종 옮김. 푸른숲.

네그로폰테, 니콜라스(Negroponte, N.). 1999. 『디지털이다』. 백욱인 옮김. 커뮤니케이션북스.

마르크스, 카를(Marx, K.). 1989. 『자본론 1』. 김수행 옮김. 비봉.

벤야민, 발터(Benjamin, W.). 1998. 「보들레르의 몇 가지 모티브에 관해서」, 『발터 벤야민의 문예이론』. 반성완 옮김. 민음사.

비릴리오, 폴(Virilio, P.). 2004. 『속도와 정치』. 이재원 옮김. 그린비.

엥겔스, 프리드리히(Engels, F.). 1988. 『영국 노동자계급의 상태』. 박준식 옮김. 도서출판 세계).

토플러, 앨빈(Toffler, A.). 1989. 『미래의 충격』. 이규행 옮김. 한국경제신문사.

하비, 데이비드(Harvey, D.). 1983. 『사회정의와 도시』. 최병두 옮김. 종로서적.

모스크빈, L.(Moskvin, L.). 1988. 『계급동맹론』. 이상인 옮김. 돌베개.

논문

강문구. 1993. 「변혁 지향 시민운동과의 과제와 전망」. ≪경제와 사회≫, 여름호.

고민석. 1987. 「한국자본주의와 도시빈민운동」. ≪현 단계≫, 제1집. 한울.

구해근. 1983. 「현대한국계급구조에 관한 시론」. 『한국사회의 재인식 1』. 한울.

권영길. 1993. 「노동조합운동의 나아갈 길」. ≪창작과 비평≫, 가을호.

김성기. 1987. 「후기구조주의의 시각에서 본 민중」. 『한국사회학연구 9』. 한울.

김성일. 2002. 「대중의 새로운 구성 가능성: 2002년 한국사회와 대중분석」. ≪문화과학≫, 31호.

김세균. 1992. 「시민사회론의 이데올로기적 함의 비판」. ≪이론≫, 가을호.

김우정. 1988. 「분단모순의 재인식」. ≪이화≫, 42호.

김원. 2005. 「사회운동의 새로운 구성방식에 관한 연구 — 2002년 촛불시위를 중심으로」. ≪담론 201≫, 8(2).

김익환. 1987. 「분단전후기의 민족·계급문제」. ≪서강≫, 17호.

김진균. 1986. 「노동통제의 복합적 구조와 노동자계급문제」. 『우리시대 민족운동의 과제』. 한길사.

김진균. 1988. 「민중운동과 분단극복의 문제」. 『사회과학과 민족현실』. 한길사.

김진균·임영일. 1986. 「한국사회의 계급연구」. 『제3세계와 한국의 사회학』. 돌베개.

김진균·임영일. 1987. 「노동자의 의식과 행동」. 『현대자본주의와 공동체연구』. 한길사.

김진균·조희연. 1985. 「분단과 사회상황의 상관성에 관하여」. 『분단시대와 한국사회』. 까치.

김형기. 1985. 「노동자계급의 성장 및 내부구성의 변화와 주체형성」. 『한국자본주의와 노동문제』. 돌베개.

민정우. 1986. 「식민지사회성격규명을 위한 일 시론」. ≪녹두서평 1≫.

박현채. 1984a. 「민중과 역사」. 『한국자본주의와 민족운동』. 한길사.

_____. 1984b. 「공동체론, 공동체운동」. ≪공동체문화≫, 제2집. 공동체.

_____. 1984c. 「문학과 경제」. 『한국자본주의와 민족운동』. 한길사.

_____. 1985. 「민중의 계급적 성격규명」. 『한국사회의 계급연구 1』. 한울.

_____. 1986. 「한국자본주의와 도시빈민의 문제」. 『한국경제구조론』. 일월서각.

_____. 1987. 「분단시대 한국경제구조와 자립경제에의 길」. 『변혁과 통일의 논리』. 사계절.

_____. 1988. 「분단시대의 국가와 민족문제」. ≪창작과 비평≫, 봄호.

박형준. 1988. 「외세와 지배계급 그리고 민중」. ≪실천문학≫, 여름호.

_____. 1991. 「계급분석의 지위에 대한 재론」. ≪창작과 비평≫, 겨울호.

백낙청 외. 1987. 「현 단계 한국사회의 성격과 민족운동의 과제」. ≪창작과 비평≫, 통권 58호.

백욱인. 1987. 「빈민론과 도시사회운동」. ≪산업사회연구≫, 제2집.

_____. 1991a. 「계급계층별 생활양식」. 『사회계층 — 이론과 현실』. 다산출판사.

_____. 1991b. 「한국사회 시민운동(론) 비판」. ≪경제와 사회≫, 겨울호.

_____. 1993. 「시민운동이냐, 민중운동(론)이냐」. ≪경제와 사회≫, 봄호.

_____. 1996. 「디지털 혁명과 일상생활」. ≪문화과학≫, 10호.

_____. 1997. 「디지털 경제와 지적 소유권」. ≪한국사회와 언론≫, 겨울호.

_____. 1999. 「네트와 사회운동」. ≪동향과 전망≫, 43호.

_____. 2008. 「한국 소비사회의 형성과 정보사회의 성격에 관한 연구」. ≪경제와 사회≫, 77호.

서관모. 1985. 『한국사회의 계급구성과 계급분화』. 한울.

_____. 1986. 「한국사회 계급구성의 사회통계적 연구」. ≪산업사회연구≫, 제1집. 한울.

_____. 1991. 「노동귀족 문제에 대해」. ≪현실과 과학≫, 10호.

손영원. 1986. 「분단의 구조」. 『국가이론과 분단한국』. 한울.

오건호. 1991. 『개량문제에 대한 정치경제학적 접근』. 다산출판사.

원종찬. 1993. 「새로운 시대의 민중운동과 시민운동을 위하여」. ≪창작과 비평≫, 가을호.

유팔무. 1993. 「한국의 시민사회론과 시민사회분석을 위한 개념틀의 모색」. 이수훈 엮음. 『한국정치사회의 새 흐름』. 나남.

윤진호. 1984. 「도시비공식부문」. 『한국자본주의론』. 까치.

이동연. 1992. 「지배문화 분석을 위한 제언」. ≪문화과학≫, 2호.

이병천. 1987. 「전후 한국자본주의의 발전의 기초과정」. ≪지역사회와 민족운동≫, 창간호.

이재열. 1986. 「공식 - 비공식 부문간 직업이동에 관한 일연구 — 무허가정착지 주민의 취업경력을 중심으로」. 서울대학교 사회학과 석사논문.
이진경. 2008.「흐름의 경제와 대중의 흐름」. ≪탈경계 인문학≫, 창간호.
이해찬. 1993.「향후 정세와 민중운동의 전망」. ≪창작과 비평≫, 가을호.
이현우. 1985.「한국사회주체형성론 시론」, ≪일터의 소리 2≫.
임영일. 1985.「노동자의 존재조건과 의식」.『한국자본주의와 노동문제』. 돌베개.
전규찬. 2008.「대중 커뮤니케이션 운동의 전략전술적 재구성」. ≪문화과학≫, 54호.
정건화. 1987.「한국의 도시빈민의 형성 및 존재형태에 관한 일연구 — 도시비공식부문론 비판을 중심으로」. 서울대학교 경제학과 석사논문.
정연정. 2004.「영리한 군중(Smart Mobs)의 등장과 디지털 정치참여」. ≪국제정치논총≫, 44집 2호.
정이환. 1986.「저임금구조에 대한 노동자들의 경제적 적응양식 — 생산직 남성노동자를 중심으로」. 서울대학교 사회학과 석사논문.
제정구. 1985.「수치로 본 12대 총선」. ≪실천문학≫, 봄호.
조민. 1986.「한국사회구성체 논쟁의 현황과 그 평가」.『국가독점자본주의론 1』. 한울.
조승혁. 1985.「기독교선교의 민중교육적 모색」.『한국민중교육론』. 학민사.
조형. 1985.「한국의 도시비공식부문과 빈곤」.『한국사회의 재인식 1』. 한울.
조희연. 1985.「종속적 산업화와 비공식부문」.『한국자본주의와 노동문제』. 돌베개.
_____. 1986.「현대한국사회 구조변동의 성격에 대한 연구시론 — 1960년 이후를 중심으로」.『제3세계와 한국의 사회학』. 돌베개.
_____. 1993.「새로운 정치현실과 진보운동의 진로」. ≪경제와 사회≫, 여름호.
한국교회사회선교협의회. 1985.『노동자의 살림살이 — 노동자의 임금과 생활실태조사』.
허병섭. 1985.「도시빈민과 그 조직화교육」.『한국민중교육론』. 학민사.

허석렬. 1985.「도시 무허가정착지의 고용구조에 관한 일고찰」. ≪한국사회연구≫, 제1집. 한길사.

홍성태. 1999.「정보화 경쟁의 이데올로기에 관한 연구: 정보주의와 정보공유론을 중심으로」. 서울대학교 사회학과 박사학위 논문.

江口英一. 1986.「生活の現代的社會化の諸特徵」. 相澤與一(編).『現代の生活と社會化』. 勞動旬報社.

中村哲. 1983.「近代世界史像の再檢討」.『歷史評論』.

平田喜久雄. 1983.「いあける勞動者階級の窮乏化法則」. 松隈芳男(編).『勞動者の狀態と運動』. 法律文化社.

Alves, M. H. 1984. "Grassroots Organizations, Trade Unions, and the Church: A Challenge to the Controlled Abertura in Brazil." *Latin American Perspectives*, Vol. 11, No. 1.

Beech, V. 1978. "Women and Production." Kuhn, A. & Wolpe, A. M. (ed.). *Feminism and Materialism*.

Cockcroft, J. D. 1983. "Immiseration, Not Marginalization: The Case of Mexico." *Latin American Perspectives*, Vol. 10, No. 2～No. 3.

Diaz-Polanco, H. 1982. "Indigenismo, Populism, and Marxism." *Latin American Perspectives*, Vol. 9, No. 2.

Etzioni, Amitai and Etzioni, Oren. 1999. "Face-to Face and Computer-Mediated Communities, A Comparative Analysis." *The Information Society*, 15, pp. 241～248.

Greiner & Letham. 1982. "The Influence of Infant Food Advertising on Infant Feeding Production in St. Vincent." *International Journal of Health Services*, Vol. 12, No. 1.

Harloe, M. 1979. "Marxism, The State and the Urban Question: Critical Notes on Two Recent French Theories." Crouch(ed.).

Kurland, Nancy. 1996. "Engendering Democratic Participation via the

Net: Access, Voice, and Dialogue." *The Information Society*, 12, pp. 387~406.

Lamarche, F. 1976. "Property Development and Economic Foundation of the Urban Question." Pickvance(ed.).

Lebas, E. 1982. "Urban and Regional Sociology in Advanced Industrial Societies: A Decade of Marxist and Critical Perspectives." *Current Sociology*. Vol. 31, No. 1.

Liepietz, A. 1985. "A Marxist Approach to Urban Ground Rent: The Case of Frence." Ball, M. & Folin, M.(eds.).

Lojkine, J. 1976. "Contributions to a Marxist Theory of Capitalist Urbanization." Pickvance(ed.).

Melucci, A. 1980. "The New Social Movements: A Theoretical Approach." *Social Science Information*. Vol. 19. No. 2.

Offe, C. 1985. "New Social Movements: Challenging the Boundaries of Institutional Politics." *Social Research*. Vol. 52. No. 1.

Perrot, M. 1986. "On the Formation of the French Working Class." Katznelson & Zolberg(eds.), Working-Class Formation, Princeton Univ. Press.

Pickvance, C. G. 1976. "Historical Materialist Approach to Urban Sociology." *Urban Sociology: A Critical Readings*, New York: St. Martin's Press.

_____. 1977. "From Social Base to Social Force: Soine Analytical Issues in the Study of Urban Protest." Harloe(ed.).

Poster, Mark. 1997. "Cyberdemocracy: The Internet and the Public Sphere." in D. Holmes(ed.). *Virtual Politics: Identity & Community in Cyber-space*. Sage.

Schatzkin, A. 1978. "Health and Labor-Power: A Theoretical Investigation." *International Journal of Health Services*, Vol. 8, No. 2.

Singer, P. 1982. "Neighbourhood Movements in Sao Paulo." Safa, H. I.(ed.).

Vanderschueren, F. 1973. "Political Significance of Neighborhood Committees in the Settlements of Santiago." Johnson, D. L.(ed.). *The Chilean Road to Socialism*. New York: Anchor Books.

Webster, Frank. 1988. "Cybernetic Capitalism: Information, Technology, Everyday Life." in The Political Economy of Information. The University of Wisconsin Press.

웹자료

Barbrook, Richard. 1996. "The Californian Ideology." in http://www.wmin.ac.uk/media/HRC/ci/calif1.html.

Wray, S. 1998. "Rhizomes, Nomads, and Resistant Internet Use." in http://www.nyu.edu/projects/wray/RhizNom.html.

찾아보기

(ㄷ)

(ㄹ)

(ㅁ)

(ㅂ)

(ㅅ)

(ㅇ)

지은이__백욱인

서울대학교 사회학과를 졸업(석·박사)했고 현재 서울산업대학교 기초교육학부 교수(사회학)이다. 네그로폰테의 『디지털이다』를 번역했고 저서에는 『디지털이 세상을 바꾼다』와 인터넷 문명 비평지 ≪구운몽≫ 등이 있다.

한울아카데미 1159

한국사회운동론

지은이 • 백욱인
펴낸이 • 김종수
펴낸곳 • 도서출판 한울
편집책임 • 김경아
편집 • 배유진

초판 1쇄 인쇄 • 2009년 9월 14일
초판 1쇄 발행 • 2009년 10월 1일

주소(본사) • 413-832 파주시 교하읍 문발리 507-2
주소(서울사무소) • 121-801 서울시 마포구 공덕동 105-90 서울빌딩 3층
전화 • 영업 02-326-0095, 편집 02-336-6183
팩스 • 02-333-7543
홈페이지 • www.hanulbooks.co.kr
등록 • 1980년 3월 13일, 제406-2003-051호

Printed in Korea.
ISBN 978-89-460-5159-1 93330(양장)
ISBN 978-89-460-4119-6 93330(학생판)

* 책값은 겉표지에 표시되어 있습니다.
* 이 도서는 강의를 위한 학생판 교재를 따로 준비했습니다.
강의 교재로 사용하실 때에는 본사로 연락해주십시오.